文革前的康生

周言
孫超

主編

導讀　康生與文化大革命的起源（1956-1966）

一、反右運動前後的康生

　　以往許多文革史的著作在探究文革的起源時，都沒有把康生作為中心人物加以探討，而更多地把焦點集中在〈評新編歷史劇《海瑞罷官》〉上。事實上康生的重要性在於，自延安整風結束乃至五十年代上半葉，康生一直沒沒無聞，鮮有出手。但是一九五六年康生逐漸重新嶄露頭角，尤其是在中蘇論戰中扮演至關重要角色，大力推動意識形態領域的反修防修，同時推動自中央到地方寫作班子的成立和建設，乃至引領六十年代初以來歷次重要的大批判運動，康生在文革前十年的這些舉動都可以視為在廣義上推動文化大革命的發生，因此有必要對一九五六年至一九六六年的康生做一番詳細的回顧。

　　康生因為延安整風中樹敵太多，因而中共建國以後，康生逐漸邊緣化，一度在中央社會部工作，但是卻受制於李克農和孔原，難以施展拳腳，因此長期稱病不出。蘇共二十大以後，中蘇關係交惡之後，康生逐漸走向前臺，毛澤東出於愛才之心，重新起用康生，康生進而在意識形態領域呼風喚雨。尤其是康生擔任中央文教小組副組長之後，在反右運動時期「居功至偉」。在一九五七年反右運動前夕，康生曾數次參加中央宣傳工作會議籌備，同時也曾經多次參加政治局擴大會議討論整風運動、反右運動的相關問題。[1]與此同時，康生在反右運動中坐鎮江蘇，尤

---

[1]　中央文獻研究室編：《毛澤東年譜：1949-1976》第3卷（中央文獻出版社，2013年），頁141-175。

其是抓了以陸文夫為首的探求者文學團體，成為江蘇反右運動中最大的冤案。而康生在反右運動前後歷次講話，更是雷霆萬鈞。

其一是關於重建社會學的講話，一九五六年中央提出雙百方針，隨著政治空氣的鬆動，一九五七年初費孝通等人提出了恢復社會學的主張。吳景超首先發表了試探性的文章〈社會學在新中國還有地位嗎？〉，隨後費孝通在《文匯報》上發表了〈關於社會學，說幾句話〉，談了他對恢復社會學的主要觀點。一九五七年三月，毛澤東提出「人民內部矛盾」理論，而且要求放開言路，繼續貫徹雙百方針。聽了毛澤東的講話，費孝通認為社會學就應該以人民內部矛盾為解決對象，費孝通提出：「資產階級社會科學應當按行改造，使舊人員能歸隊，做全面安排。」公開提出了恢復社會學的要求。該年四月，《新建設》根據中宣部的意見召開了社會學問題座談會，陳達、吳景超、李景漢、雷潔瓊、嚴景耀、潘光旦、吳文藻、林耀華、袁方等二十餘人參加了會議，會議由費孝通主持，會上著重談了社會學的研究對象和內容問題。這次座談會因為有中宣部的背景，所以與會專家都認為領導上已經同意恢復社會學，要討論的是怎樣搞法。同月二十三號，中國科學院社會科學部召集在京部分社會學家開會，會議由潘梓年主持，這個會議推出了陳達、吳景超、吳文藻、費孝通、雷潔瓊、袁方等人為中科院社會學工作籌備委員會委員。六月，在北京陳達家裡召開「社會學工作籌備委員會」第一次會議，即成立會議，會議由陳達主持，討論了恢復社會學的指導思想和具體步驟。就在恢復社會學緊鑼密鼓進行的時候，六月開始，整風變成反右，很快費孝通等人成為反右運動批判的重點人物。[2]

康生批判費孝通等人，目前可知的紀錄，是在一九五七年八月二十日康生外地來京的政治課教師座談會上，他首先點了天津南開大學教授雷海宗的名，康生說：「雷海宗的歷史很不好，在解放前公開宣傳法西斯，反動極了，似乎在解放後他還被管制了一年，他在學術上的錯誤，也容易看出來，實際上他不懂什麼是社會科學。雷海宗問題是件什麼事

2　李剛：〈1957年費孝通重建社會學的遭遇〉，《江蘇大學學報》2007年第2期。

呢？資產階級右派要恢復社會學反對馬列主義、反對黨的領導，他們企圖利用社會學反對四門政治理論課、反對學校中黨的領導，雷海宗的問題正與這個分不開。」

　　康生點名批判雷海宗以後，開始點費孝通、陳達、吳景超等人的名，康生說：「右派分子要恢復社會學系，他們企圖在北京以北大為中心、在上海以復旦為中心恢復他們的社會學系。首先在中國設立社會學系的是聖約翰大學，那時各文化侵略機關，然後其他學校也設立。資產階級社會學的作用是散布改良主義、緩和階級鬥爭，為帝國主義培養走狗，文化入侵的先鋒隊。中國一些學社會學的人都是從帝國主義系統學的……，中國的社會學教授們與帝國主義有千絲萬縷的聯繫，是帝國主義的第五縱隊，特別是清華這一夥……。費孝通是個突出的例子，最近他寫〈重返江村〉還是為了帝國主義服務的……。陳達的人口調查是依靠縣長和公安局長的，在鳴放時期，勞動幹校的陳達聯合人大的吳景超、李景漢等向高教部提出抗議，高教部、人大、勞動幹校等應該向陳達講清這筆帳，欠債總是要還的。去年我們提出了『百花齊放，百家爭鳴』、『長期共存，互相監督』的方針，……右派分子利用合法地位，利用鳴放，說社會學有它好的一面，……吳景超就在《新建設》上發表了一篇文章，題目是〈社會學在新中國還有地位嗎？〉，從表面上看不出這篇文章有什麼特殊的意圖……。大概是一月十六日，陳達參加北京市政協，提出恢復社會學的提案；後來，他們在全國政協又提出。人大以吳景超、李景漢為中心，勞動幹校以陳達為中心，中職學院以雷潔瓊為中心，開始一系列的恢復社會學的動議。在各校之間串聯和領導的費孝通，他是掛帥的。……費孝通在二月二十日《文匯報》上的文章所提出的恢復社會學的綱領，是章伯鈞政治設計院的理論基礎。雷海宗也是要恢復資產階級社會學，反對馬列主義，所以應該從挑撥矛盾、到處放火來看雷海宗的發言……。雷海宗的問題不是真正的學術爭論問題，首先應該把他們的政治陰謀揭開，而不是糾結在學術問題上，應該從政治上揭露學術的外衣。」其實康生的發言並不準確，當時北大、復旦確實有不少教授初步表示了恢復社會學的意向，但是在公開發言領域，復旦

的教授並未發聲。康生點了復旦的名，顯然來自於當時的彙報材料，而材料的來源，顯然是復旦內部。這也從側面說明，當時康生對於文教系統的掌控，相當深入。

康生在文教領域的掌控力，還體現在對於高等教育領域尤其是政治思想課的深度介入，一九五七年底康生曾說：「從什麼時候開始，我感到政治理論課有毛病？從去年（一九五六年）四月五號〈關於無產階級專政的歷史經驗〉（一論）發表時候感到的。那時候感覺還不深，接著主席報告〈十大關係〉，後來提出『百花齊放，百家爭鳴』。從〈一論〉到〈十大關係〉，我感到馬克思主義領域裡出現了許多很重要的新東西……。看看理論工作機關和教育機關，對這個問題也注意、學習、鑽研得很不夠。」

康生對高等教育政治思想課的介入，顯然和反右運動中湧現的諸多「右派學生」密不可分。一九五七年高教部組織了政治理論課程教學大綱編寫小組，為了明確一些問題，請康生於該年六月底至七月初召集大綱編寫小組進行座談，對高等學校政治課教學中的若干根本性問題做指示，康生做了相當長的發言，康生說：「你們怎樣估計你們七八年來的工作？是否成績是主要的？人家都說政治理論課很糟，好像比別的課都差，是否如此？我們教的當然不完全令人滿意，有缺點，但先要問你站在什麼立場上，用什麼觀點來看我們的工作，先把這一條界限劃清，然後再談缺點。當然你們遇到很多困難，黨對你們的支持幫助是不夠的。」隨後康生點名批判羅隆基、梁思成，康生說：「昨天報上梁思成講他們是小知識分子，我看有道理。自然我們馬列主義也學得少，說是小知識分子也還談不到，但說他們就是大知識分子，也不見得吧！羅隆基說我們是小知識分子領導大知識分子。」康生還點名批判了人民出版社社長曾彥修：「《學習》雜誌第十一期登了曾彥修的〈主觀辯證法與客觀辯證法的統一〉的文章，文章可以寫得好，他曾是《南方日報》的總編輯，延安馬列學院畢業；當過宣傳部長，在宣傳動態上登過他的檢討；他教書可能受歡迎，但他禁不起一點風浪——在人民出版社（任社長）領導整風，一開始領導權就被人家奪去；人家說撤換黨員負責幹

部，他就撤了兩個；記者逼著他發表談話，他就罵了一通黨。」一直到
一九五八年初，康生還再次點名重批曾彥修，當時有人說，最初看到揭
發黨內右派分子曾彥修的材料，大家都大吃一驚。康生說：「不但你們
吃一驚，我在開始也吃一驚。文化部的同志對我說：『曾彥修像匈牙利
的納吉。』我還不大相信，以後把材料拿來一看，真是像納吉一樣。」
康生當時還點名批了劉紹棠：「二十多歲的劉紹棠，卻要為幾萬元奮
鬥。他腰纏萬貫，黨費卻每月只交一角。」

　　康生在反右運動中大放異彩，絕非僅此一例，在八月份的講話中，
康生還點名批評了清華大學的反右運動，康生說：「這次鳴放中，有些
教師叛變黨國，變成右派分子。清華大學有四十五個政治課教師，其中
有黨員十九人、團員二十三人、群眾三人。除了兩個在外地，參加這次
運動的有四十三人。結果有十六個是右派、二十五個中間，只有兩個左
派。四十三人中有十六個右派，占百分之三十七，只有兩個左派不到百
分之零點幾。三個教研組主任、一個黨支部書記都是極右分子，代表黨
委會領導政治課的人變成了叛徒。這個數字還要仔細地研究核對，但不
管如何，情況是很嚴重的。」康生還說：「他們是打著馬列主義的招牌
反對黨、反對黨中央、反對馬克思列寧主義的。他們中的著名人物、政
治經濟學教研組主任朱聲紱很欣賞費孝通的一間房、兩本書，並且還補
充了一盒煙、一杯茶。他們主張在八年內讀完一萬兩千頁經典著作。他
們要求儘量減少社會活動、組織生活。他們反對黨的領導和監督，反對
黨委討論政治課，反對干涉他們的科學研究。他們主張黨組織是起保證
作用，不是領導作用。他們反對課堂討論中的自由討論，他們說自由討
論會忽視他們的理論，有巨大的自發性。他們這種反黨反馬列主義的狂
妄的反動言論是說不完的。他們沿著這種方針去發展變成了右派分子，
這是一個深刻的教訓，值得我們每一個政治課教師去深思。」康生點名
批判清華，在一九五七年底依然有所反映，十二月康生說：「關於理論
教育工作，幾年來黨內存在著看法不一致。問題是存在著，不必否認有
這樣的問題。這裡也有兩種矛盾。一種是敵我矛盾，像清華大學的政治
理論課教研室的有些主任和教員同黨委的對立。」

　　康生對清華反右運動的不滿，主要是因為其在中央文教小組的職責，康生在此期間，逐漸在教育領域嶄露頭角。按照陳徒手的概括，一九五八年初，凌厲的高校「雙反」運動開展不久，中共高層竭力推動的教育革命運動相伴而生，迅猛發展。休養、賦閒多年的政治局候補委員康生，此時已獲任中央文教小組副組長一職，以果敢、負責的姿態走上前臺，很快成為此次文教口運動的積極推手和重要謀畫者。[3]但是陳的概括從時間上看稍顯滯後，其實從一九五七年開始，康生在文教口已經開始指點江山。

　　一九五七年九月，康生在中宣部召開的各省市宣傳及文教部部長會議上講話，對各地的政治教育很不滿意，康生說：「關於中學小學的政治教育，我們過去考慮大學多，整風前取消中學校的政治教育是錯誤的，對中學生的思想，過去認為他們思想情況單純，但整風鳴放以後，初中、高中的學生，思想情況嚴重勝過大學，大量的事實把教育專家的腦子才打開了。青年團中央做過調查，大學生贊成儲安平的『黨天下』，中學生又還加上個『團天下』，還有破壞行動，勝過大學。有的放火殺人，有的要去找蔣介石。中等學校的特點：（1）年輕，思想未定型，這是純潔的一面，易於教育。（2）但也因年輕容易受壞人、右派的挑撥，人數多於大學，教育不好將影響工廠、合作社、部隊、大學。中學校是個環節，也會影響到團的組織和黨的幹部的品質，他們人數多，影響大。（3）矛盾比較大，如不能升學的問題，大學畢業是就業。矛盾大，矛盾多，高中生就業比初中學生就業的牴觸情緒就大（河南學生把我們的一個幹部殺死在廁所裡）。中學生的政治教育不僅應該而且必須。（4）中學教員的反右：各省市委要加強中學的領導，它的意義關係到部隊、工廠、農村及黨、團的幹部。中央考慮大學，中學要各省市自己準備。青年團如何在學校工作？省和中央都要來總結這個問題，特別是青年團要抓這個問題。」

　　康生在談話中，依然對反右運動中「暴露」的右派分子窮追猛打，

3　陳徒手：〈五十年代教育革命中的康生〉，《炎黃春秋》2011年第12期。

康生說：「現在有四類社會主義：（1）打著社會主義招牌反社會主義，恢復資本主義，例如章乃器、葛佩琦。葛說：『沒有共產黨也能建設社會主義。』還有清華錢偉長的社會主義，東北徐明的多樣性的社會主義。右派的總綱令：反共（葛、陳達），反無產階級專政（陳新桂）。他們不贊成社會主義，要走資本主義的說法較為隱晦。（2）修正主義的社會主義，對南斯拉夫很感興趣。特別是在學生中，但他們又不瞭解南斯拉夫，實際是無政府主義，尼赫魯的社會主義。前二者是敵人打著招牌反社會主義。（3）贊成共產黨領導、無產階級專政，但不贊成工業化的社會主義，不贊成社會主義中的城鄉關係、工農關係、統購統銷、物資供應、節約、合作社、資金積累、積累分配。實質不贊成工業化。……甚至連老幹部（某些）也不大懂得或瞭解得不大準確。（4）群眾中大量的，我叫他『空想的社會主義』，改變所有制以後，（許多人）認為一切問題都好了，把共產主義的最低及最高階級混同了，這是空想的糊塗思想。」

　　再如出版工作，康生也抓得很緊，一九五七年康生在一次談話中說：「湖北省委宣傳部的同志提出黨委應該管出版工作，這個問題提得好。報紙、刊物的出版要管，出版社也要管。現在出版社多的很，一個部一個出版社，政治思想工作沒有人管，右派出得不少。我看可以實行這麼三條：不管就取消；需要就得管；又要又不管，出了錯問該管的那個單位。」

　　一直到大躍進期間，康生對於文教工作，一直保持高度關切，一九五九年六月，教育部召開中學政治課教材座談會，會上政治教育司負責人傳達了中央文教小組關於中學政治課的指示。在這份材料中，康生表示：「（看了教育部送去的教學大綱『草稿』）中學問題完全不懂，有幾個問題可以考慮一下：（1）中學政治課到底要不要分兩部分？分兩部分有好處，不致被時事政策擠掉；但兩套都放在課內，是否將基礎知識課擠掉？是否控制得住？很可能向秀麗擠掉馬克思。在我腦中，無論高中、初中都是小孩，時事問題不知道些也無妨……。（2）感到偏高偏重，大學怎麼辦？徵求了意見沒有？徵求意見時要說清楚，不要怕

當『白旗』。（3）整個內容政治性的東西多了一些，道德品質少了一些。」康生一表態，周揚立馬跟上，表示康生同志「政治多了，道德少了」這條意見很重要，文藝等等都要強調為政治服務，結果不是為政治服務，是為抽象服務（概念化）。與其這樣不如道德教育多講一些。

二、大躍進前後的康生

大躍進期間，上海的柯慶施得到毛澤東的欣賞，在南寧會議期間大放異彩，而康生在大躍進期間的表現，則主要體現在廬山會議上，這一點已經有不少論述。在大躍進期間，康生經常在各地鼓吹躍進，在一九五八年，康生在中央政法幹部學校社會主義教育輔導組上講話，康生說：「有些專業部門常常糾纏在自己業務圈子裡，而把中國社會主義建設最重大的問題丟在一邊。當前生產大躍進，文化大躍進，形勢變化了……。一個食品加工廠工人告訴我，他們過去不知道理論學習重要，也不想學，也不敢學，現在是迫切地要求學，下雨天打了傘去學。同志們想想，為什麼工人學哲學這樣迫切？我開始也不大瞭解，到那裡一調查，知道了工人學哲學……，[和]生產大躍進是分不開的，……有個織呢車間的工人說，學了哲學，收穫很大。過去怕矛盾，學了哲學，就不怕矛盾，知道了矛盾就是問題。過去怕矛盾，怕當車間負責人，現在知道矛盾是一個接著一個的，解決了又會產生，解決得好，可以推動生產。」

該年十一月，康生在上海出席教育與生產勞動相結合展覽會上，多次為大躍進、集體化鼓與呼，在中專館康生看了動力學校和機器製造學校展出的機電產品，並詳細詢問了兩校的生產情況以後說：「學校的工廠設備不要按教學排列，要按生產排列，這樣可以提高生產效率百分之五十左右。」在復旦大學展覽室裡看了哲學系師生下鄉後和農民一起編的《農民哲學課本》以後，康生說：「這課本還要改進一下，不要像原來的哲學課本那樣，頭章還是『什麼叫哲學？有兩種哲學，一種是無產階級唯物主義的，一種是資產階級唯心主義的……』，這樣農民不容易

學。要從農民的實際出發，使農民懂得，什麼是哲學呢？哲學就是『明白學』，一學就明明白白。什麼是科學呢？科學就是『老實學』，一兩句話就說得很清楚。」復旦展覽室裡有一塊「猛攻尖端科學」的版面，康生看了，說：「你們今年講了，明年就上天，在天上看毛主席，行不行？別的省市許多學校都上天了，上海的學校為什麼不能上天？復旦是個大學校，很有基礎，有物理系、化學系……，明年一定要上天。」康生一進華紡展覽室，就找靜電紡紗展覽看，康生問：「靜電紡紗要用多少時間？什麼時候能大量生產？」康生說：「紡織業太落後了，搞了一二百年還是這樣，接紗頭還要用手，這太落後。紡織業要來個大革命，來個徹底的革命。這要抓關鍵，靜電紡紗是關鍵之一，還有其他……。明年『十一』獻禮，你們無論如何要想個辦法，使紡紗不再用手接頭，把女工解放出來，可以嗎？浙大明年『五一』就可以不用手接頭了。」

　　與此同時，在各校黨委書記座談會上，康生說：「展覽會還不錯，東西很多，各校一般產品的品質比其他省市的高，這證明上海是有技術基礎的。」康生問：「上海有多少個中專、技工學校？」教委負責人回答：「中專三十個，技校十二個。」康生又問：「技工學校招的是高小畢業生，還是初中畢業生？」負責人回答是初中畢業生。康生說：「那就與中專一樣了。初技和中技可以結合起來搞，不必分開，可以招收高小畢業生，將來還可以辦專科，把初技、中技、專科結合在一起。將來我們還可以辦高（高級研究學校）、大（大學）、中（中學）、小（小學）、幼（幼稚園），統一規劃，比現在分隔開來好。」康生又問：「三十個中專校有多少人？」負責人回答：「一萬六千人。」康生說：「平均一校五百人，太少，可以大一些。」他又問：「中專、技工最大的機床有多少臺？」負責人回答：「機器製造學校一百多臺，電機製造學校六十臺。」又問：「交大有多少臺？」負責人回答：「一百二十多臺。」康生說：「中專、技工的生產搞得不錯，這對大學是個威脅，大學在搞生產上與中專、技工比，勝負還未決定。今年春天北京技工學校的生產比中專好，中專比大學好，現在不知如何？也許有改變了，因為技工和中專沒有包袱，沒有架子。在教師中還有七級、八級的技術工

人，大學千萬不能輕視他們。全國如此，上海可能也這樣。」康生說：
「上海各大學也有許多發明創造，精密的、高級的，不錯。上海的教育
與生產勞動相結合展覽會與今年七月北京的紅專躍進展覽會比較，哪一
個好呢？」有人說北京好，康生說：「我看差不多，北京的多了下放幹
部在農村中活動情況的一部分，上海的產品在技術方面和精密度方面超
過北京；但上海也有不及北京的地方，尖端科學方面，上海是大大落後
了，能不能趕上東北和西南，還難說。上海的基礎好，技術高，尖端科
學也有一點，但是太少了。上海市委特別柯老再三說，上海的學校在科
學研究上應比其他地方多貢獻一些力量，尖端科學方面要有成就。市委
的方針是明確堅定的，我想上海的工業應該超過其他城市，科學研究應
該數上海好。我常對北京的同志說：『很可能外省外市要超過你們。』
這是我過去的想法，國慶日前我還是這樣想的。國慶日後，我回北京看
了教育與生產勞動相結合展覽會，在內部館裡，上海的尖端產品找不大
到，只有一二種。其他是些花花綠綠的表冊，當然也很有價值，但我是
去看產品的，不是去讀書的。我就問：『上海的產品哪裡去了？』有人
說：『還沒送去，上海在開展覽會。』我便問：『為什麼送些表冊去
呢？現在你們也許送去北京了，我想回去再看看，複查一下，也許這回
我能看到較多的上海產品。』」

　　康生當時講話天馬行空，顯然不是被大躍進沖昏頭腦，而是響應
中央號召，大放衛星，康生問：「復旦在研究高能燃料，什麼時候拿出
來？」復旦的人回答明年，康生說：「今年行不行？還有一個多月呢！
大上海、大復旦，難道搞不出來高能燃料來？最好今年，至遲明年『五
一』以前要實驗好，要裝上去完全沒有問題。」康生還問：「交大高溫
陶瓷搞不搞？」交大的人回答：「先搞金屬搪瓷，和研究所一起搞」。
康生說：「不要依賴研究所，要自己搞，等合作就慢了。合作是需要
的，原創也需要，這是辯證的統一關係。大學的條件比研究所好，一是
人多勢眾，好多『諸葛亮』，二是又窮又白，這兩條研究所沒有。許多
東西大學搞出來了，研究所還沒有搞出來。你們不要靠研究所，你們有
教授、大學生，有科學研究基礎。……什麼叫科學研究？就是在一定的

基礎上敢於胡搞，青年人是敢於胡搞的。明年國慶的時候，上海的學校，如果能放出三級火箭，放到三百公里的高空⋯⋯。不管你是名牌大學，是交大還是復旦，有三級火箭就夠幾個，沒有就六級⋯⋯，這容易得很。上海人過年都會放高空炮，學校難道不會放？一方面要普及，普及勞動生產，另一方面要提高，在普及的基礎上提高，在提高的指導下普及。」

　　如果說康生在上海的講話還不大離譜的話，但是換一個場合，其和另外一位文教小組的負責人陸定一在平谷的講話則驚世駭俗。一九五八年九月，康生在平谷對農學院下鄉的同學說：「當前正是苦戰三年，和三個元帥升帳的時候，你們下鄉去為鋼、為元帥服務，你們也是元帥的一部分，三個元帥中其中有一個元帥是糧食⋯⋯。在北京有的人自稱『小麥專家』，經常寫文章，今年他的試驗田換了三次牌子，他是權威，定了五百斤；聽說河南有產幾千斤的，他急了改成八百斤；以後又站不住，換成一千斤零二十兩；結果打不下，想法追肥；追不下去，最後查了許多書，決定噴；他的助教認為他配的藥量過大，偷偷給他減少一半，後來一噴三天之後統統死掉。這是美國牌的權威教授，你們看是跟誰學？農業學校有了危機，落在群眾後面，弄得學生不願學，教師不能教，這很危險啊！什麼人是專家，我看是農民，不是教授，躺在書本上的專家，遠遠落後於農民了。」陸定一說：「我們的黨要領導全國人民，將我國建設成為具有現在工業、現代農業、現代文化科學水準的社會主義強國，因之必須三個元帥升帳。過去糧食每人人平均三百斤、六百斤不夠吃，今年到一千斤就夠吃了；明年平均一千五百斤，以後搞它兩千斤到五千斤。鋼去年有五百三十五萬噸，比蔣介石時期九十萬噸多得多了；今年要翻一番，到一千零七十萬噸；明年搞它兩千五到三千萬噸，就超過了英國；到六二年搞到八千萬噸到一億萬噸，因之超美也用不了幾年。」

　　差不多同一時期，康生在平谷視察工作時說：「農學院教師評級也很簡單，一級的五千斤，二級的四千斤，三級的三千斤，以上這些都是指的大面積豐產，按現在試驗田五萬斤才算一級。像你們教授種的地

收一百七十斤，我也發文憑，叫托兒所畢業。（群眾大笑）學生、教授一齊下去，邊勞動，邊生產，邊學習，邊進行科學研究，學中做，做中學，學以致用，關鍵在於放下架子。」陸定一說：「我們的建設事業有遠景，也有近景，今年糧食過關了……，將來每人每年平均五千斤糧、一口豬、一百斤糖，我看誰吃不了，到那時又發生新問題了。過去誰能想到一畝地能產那樣多？將來糧食多了，財政部長要發愁，錢花不了，也浪費不了。」陸定一還說：「幾年之後，我們的土地得重規劃，將來種三分之一，讓三分之一的土地休息，綠化三分之一。將來村村林園化，像西湖，像萬壽山一樣……。人人進大學，消滅腦力、體力勞動的差別。將來到糧食五千斤、鋼一億噸，就到了共產主義社會了……。」

三、中蘇論戰中的康生

一九五六年蘇共二十大後，中蘇關係開始交惡，在官方編輯的《毛澤東年譜》中，凡是第一次出現姓名的都統一加注，《毛澤東年譜》一九四九年之後第一次出現康生的名字，是在一九五六年。當時毛澤東在十一月二十五日主持召開政治局擴大會議，討論蘇聯、波蘭關係問題，劉少奇、陳雲、鄧小平、張聞天、陸定一、康生、王稼祥、胡喬木、鄧拓、吳冷西出席，康生時任中央政治局候補委員，但是這一階段，康生與毛見面的次數並不多，甚至少於胡喬木和吳冷西，但是無論如何，康生終於在八大之後出場，這是一個鮮明的信號，意味著毛澤東準備使用康生，在意識形態領域發揮重要作用。果然在該年年底討論〈再論無產階級專政的歷史經驗〉修改稿問題時，康生的名字再次出現，和劉少奇、朱德、陳雲、張聞天、陸定一、薄一波、王稼祥、楊尚昆、胡喬木、吳冷西、田家英一起；後來數次討論，康生有時出席，有時缺席，而胡喬木則每次必到，顯然在這篇文章的起草和修改上，胡喬木起的作用顯然比康生更大，也凸顯出當時在意識形態領域，胡喬木顯然更得毛澤東的信任。

一九五七年十月底，中共中央政治局常委擴大會議召開，討論中國

代表團赴蘇聯參加十月革命紀念活動相關問題，康生罕見地出席了這次
會議。當時參加代表團的除了毛澤東之外，還有鄧小平、彭德懷、李先
念、烏蘭夫、陸定一、陳伯達、王稼祥、楊尚昆、胡喬木、劉曉、賽福
鼎、宋慶齡、沈雁冰等人，從當時代表團的構成來看，無疑鄧小平的地
位僅次於毛澤東，日後中蘇論戰的格局鄧小平也處於領導地位，而康生
則是在鄧小平領導下中蘇論戰最為直接、一線的領導者。

　　到了一九五八年，情況持續激化，當時的原因是一九五八年九月
創刊的《和平和社會主義》雜誌問題，當時這個雜誌是在布拉格辦的。
開辦之初，中國和蘇聯約定，雜誌不能凌駕在各國黨之上，不能有批判
兄弟黨的文章，兄弟黨內部有意見可以內部協商解決，不能在雜誌上發
表，但是創刊後沒兩個月，中蘇兩黨便在雜誌問題上發生嚴重衝突，十
一月一日，因為雜誌連續發表攻擊阿爾巴尼亞、影射中國的文章，中方
代表趙毅敏寫信通知編委會，表示中國對於雜誌在道義上、政治上都不
負責任，中文版也無法繼續出版。康生在十一月底的宣傳文教工作會議
上說：「我們遵守〈莫斯科宣言〉、莫斯科聲明和創刊會議決定準則的
文章，雜誌不予登載，相反登載了修正主義的文章，這是違背了〈莫斯
科宣言〉、聲明，也違背了創刊會議的決定。趙毅敏兩次寫信給編委
會，指出他們的錯誤，要求制止，可是編委會兩次拒絕了我方正確立
場，說我方的主張是對他們黨誣衊性的一種表現。問題不是你這個黨、
我這個黨的問題，這是一個共同辦的刊物，又不是你蘇聯一國辦的刊
物，怎麼可以這樣講法？！對雜誌提了一些正確的意見，就是對蘇聯的
誣衊？！……雜誌的性質起了變化，已經不是一個共同的刊物了，變成
了是蘇聯黨的隨心所欲地攻擊別國黨的雜誌，是破壞各國黨的團結和雜
誌了，所以，我們去了信，指出他們的錯誤，並通知今後我不負政治
上、道義上的責任，中文版也不辦了，我們還準備撤回我們的人員。」
康生還說：「辦這個雜誌，我們一年要出二十五萬美元，這兩年我們也
沒有繳，出了錢辦一個專門辱罵我們的雜誌，沒有這麼笨！這個問題在
國際上可能會有很大反映，可能還有人來罵我們，今天趁各地同志都在
這裡，通知一下，可能有外國朋友、黨外人士要問，要瞭解一下，以後

中央可能要發一個文件，也可能不發，要看中央的決定。」

當時由於中蘇論戰，反修正主義也被提上日程，康生說：「反對修正主義的鬥爭，各省應掌握，原則上要堅定，策略上要靈活，處理上要謹慎。不要因為在北京聽了報告，看了文件，就去放手大搞。要注意，修正主義特別注意搜集地方報紙的消息，搜集地方報紙最便當的地方是圖書館，圖書館是搜集情報的好地方。」除了中蘇關係之外，康生還對當時的新聞、出版做了大量指示，康生說：「各地對新華書店，出版部門要好好抓一下。就在北京，十中全會以後，西單新華書店還大做廣告，新書出版《劉志丹》。」這是目前所知的康生較早提到小說《劉志丹》的材料，當時小說才剛開始寫作不久，康生便已經嗅到了苗頭。

在中蘇論戰中，康生和鄧小平的作用幾乎並駕齊驅，甚至康生的作用比鄧小平還大，尤其是在一九六三年以後的反修防修戰役中，康生居功至偉，一九六四年康生在高等、中等學校校政治課座談會上的講話中便提出了反修內部刊物的問題，康生說：「如果辦刊物，應該有三不怕的精神：第一不怕校，第二不怕低，第三不怕錯。因為它是內部未定稿，第一叫內部，第二叫未定，第三叫稿嘛！」康生認為，內部未定稿凡是沒有大錯誤的就可登，允許有些錯誤。只要第一沒有大的修正主義錯誤，第二不誇誇其談，沒有內容，第三不是抄襲來的。只要持之有故、言之有理就行，康生還說：「九評的水準高，不是我們的水準高，沒有主席、常委的領導水準是搞不出來的。聽說大家的要求太高，都以一到八評蘇共中央公開信的文章為標準，要求高，要求大，想不鳴則已，一鳴驚人。還有怕犯錯誤，怕沾上修正主義的味道，那就不得了。這幾點要打破才行。」

為了應付正在進行中的中蘇論戰，組織理論隊伍，一九五九年三月，康生和胡繩蒞臨上海，參加上海社科院的座談會，康生在座談會上說：「中央準備把理論工作抓一下，提高、提高。從全國來看，自然科學空氣很活躍，社會科學也須活躍起來。原來有個設想，提高理論隊伍，準備改變高級黨校的任務為培養秀才，將北京人大與上海社會科學院用來培養理論隊伍，或稱為政治師範。先準備在本年上學期在理論教

師中開一個短期的學習會。建國十年來，在中國馬列主義學說，特別是對立的同一學說是大大地發展了一步，隊伍也有了提高，但是有許多問題還需要提高到理論上進行分析，而理論隊伍還是很薄弱的。」這顯然是在中蘇論戰的大背景下針對理論隊伍建設的一種看法。當社會科學院唐文章彙報該院政治理論課程開設情況，康生問：「現在一個政治理論教師管多少學生，一百還是五十人？」唐文章回答：「現在一個教師不只管一百人，甚至有的管二百至三百人。」康生提到自己從莫斯科帶回一本《馬列主義哲學基礎》，可以翻譯作為教材。在唐文章彙報後，社會科學院李培南彙報了該院的今後擬成立幾個研究所的問題。康生說：「你們是將科學院哲學、社會科學部分包下來了，歷史研究所有兩個也可以。」楊西光插話說：「我贊成將歷史研究所拉出來，集中一些。將來培養學生，復旦哲學系招一百多人，師大政教系招四百多人，這裡（指社會科學院）搞一百多人。這裡可多搞一些研究工作。」康生說：「這裡可搞一些的人，一個是培養，一個是研究，主要是培養秀才，舉人也可以。」石西民插話說：「最近感到這個問題，開了幾次會，學術空氣就活躍起來了。這是好現象。上海過去的學術討論也是幾起幾伏，經驗還未總結起來。去年學生起來了，要批評誰就批評誰。問題是如何領導。雖然不必要有結論，但也要有一些結果，寫出一些好文章來。不然今天曹操是白臉，明天是黑臉，很熱鬧，但是不解決問題。」楊西光說：「去年學術批判的好處是，青年人起來了，問題暴露了，問題提出來了。缺點是：一、是領導沒有很好抓；二、是在運動以後接下來搞的，有些講整風方式來搞，有些亂了；三、青年人起來了，怎樣培養，沒有很好地培養力量，在醫學院批了四個專家，復旦搞了周谷城、劉大杰。」康生說：「劉大杰是有些學問的，他那本書我很喜歡看。」楊西光說：「由於領導沒有細微地抓，下面已經搞起來了，劉大杰也檢討了，領導不好說話。」陳其五說：「但是劉大杰的檢討中有一句話：『如果是黨的意見，我接受。』」楊西光說：「現在對周谷城的方式是請他講，他要開四次講座，有許多人聽，聽後學生鼓掌歡迎，準備將他的講稿發表。」康生說：「發表要注意起什麼作用，不要是為了整他才

發表。……學術批判這個問題值得研究，在反右中，我們反對右派的反社會主義綱領，為了批判費孝通、吳景超等人，中央準備成立綜合小組，現在才知道這個工作量很大，必須看他們的著作，才能瞭解什麼問題，明確要點，確定政策，才能組織力量、分配任務，進行準備。看起來首先要有領導，要有頭管，討論問題，確定政策，不能糊里糊塗地開，一點結果也沒有。」石西民同志說：「目前報紙在宣傳學術界的空氣活躍，實際上空氣沒有什麼可宣傳，主要是要拿出文章來。」

當時復旦大學歷史系總支書記余子道彙報復旦大學歷史系師生關於中國歷史問題的學術討論情況：「譚其驤從北京參加歷史問題討論會回來以後，瞭解了百家爭鳴的方針，已寫了文章準備批評郭老的替曹操翻案的文章，關於曹操對黃巾的關係、對待少數民族問題、曹操的個人品質問題。他已做了報告。……。」康生問：「大家的意見怎樣？」余子道回答：「學生中有擁護郭老的文章，認為基本上是對的，也有學生準備寫文章，而古代史教研室大多數教師也擁護譚其驤的意見。」康生同志插話：「黨內意見怎樣？有沒有分歧？」余子道同志：「黨內意見也有分歧，有的說，郭老引用的材料也有些問題。」康生說：「《人民日報》刊登郭老的文章有些確定啊，因為登得很大，使有人懷疑這是黨的意見。一定要使大家能自由討論。」

康生問余子道：「譚其驤的八千字文章什麼時候發表呀？」余子道說：「今明天準備在《文匯報》發表，現在正在修改。」談到一些學術爭鳴問題，康生說：「我考慮這次搞，不要搞大辯論，即使是右派言論也不要鬥，要心平氣和，不要那麼緊張。于光遠告訴我這回事，我還不知道。我有三點意見：第一，不要做結論，這是學術問題。蘇聯發表一個東西，往往等一年，要引起大家敢於講話，要百花齊放；第二，是不要鬥，即使是很錯的東西，也可以商量，不要武斷；第三是要領導，上海市委要領導。」石西民說：「上海哪能領導，要請你去。」康生說：「誰叫你們答應的，要盡地主之誼，我根本不去。周揚來了，叫他去好了。」石西民說：「中央負責同志來了，不一定做結論，但可指明一下方向。」

　　康生在這次會議上，也時不時展露出自己淵博的學識，當社聯胡少鳴彙報說目前上海佛學尚未有人研究時，康生說：「上海有個人將我一軍，有位老先生寫了一本書，龍門書店出版的，他聽人說我家線裝書最多，佛學也最全，要我替他審查這本書，我說絲毫不懂，交給了別人。上海有沒有人懂？這是缺門。」胡少鳴說：「缺門很多，如亞非史，如希臘文，目前懂的只有徐懷啟一個。上海懂外文的很多，要好好地摸一下。」康生說：「這個想法很好。有一天看左拉的一本書，是從文學角度談到拿破崙的歷史情況。是否可考慮叫張恨水寫袁世凱一生，叫個人寫閻錫山、張作霖一生？我很喜歡香港出版的《末代皇帝》，還有些用處。你叫這些老傢伙寫社會主義、現實主義是不行的，搞這些還可以。社聯來個調查，上海有些什麼人物。」陳其五說：「師大有個徐懷啟，通神學、希臘文。」康生說：「到蘇聯，人家問我景教碑，因碑後面有外文，很有用處。回來搜集一下，果然有外文。英國要開一個漢學研究會，要中國人參加，但不要國民黨人參加，蘇聯正在準備，而我們還不知道，這很值得研究。」

　　康生當時在會上還著重談了組織理論隊伍的問題，康生表示：「哲學、社會科學要抓，隊伍也是有的，領導抓得不緊，沒有計畫。如何抓法，大家可以研究。你們提些意見，怎樣搞好……。要將理論性文章加重，也想到理論隊伍問題，要系統地研究理論，要專門地討論一次。考慮高級黨校改變任務，將輪訓任務交給地方省市。小平同志想將黨校一邊搞輪訓幹部機關，一邊是學術研究機關，零星的力量不小，問題是未組織。中央有政治研究室、翻譯局、檔案局，還有《紅旗》雜誌，中國科學院哲學社會科學部下十個研究所，一個是科學院，一個是各大學，一個是中央機關，是有些人的，實際還不止，在軍委各部還有些研究所，還有些力量，要組織起來，加強領導。有人提出中央再組織一個哲學、社會科學小組，有人認為就由文教小組管，尚未意見統一。總之要有人管，將主要學科指定人負責，高級黨校有些力量，可搞土改史、整風史等。」

　　顯然康生已經把反修防修、組織寫作班子作為一項重要的任務來

抓。日後江青來上海組織評《海瑞罷官》，也出於偶然，其實不過依靠姚文元背後的寫作班子而已，卻意外釀成文革的滔天巨浪，恐怕是康生、江青、姚文元這幾位歷史當事人無論如何也想不到的。從這個意義上來說，康生與文化大革命的起源問題，恐怕值得進行更加深入的探究。此書的出版是一個引子，希望更多的學者投入到康生與文革起源的研究中來。

目次
CONTENTS

1957

康生同志談政治理論教學中的若干問題

（1957年6月27日—7月1日）

高教部組織的政治理論課程教學大綱編寫小組，為了明確一些問題，特請康生同志給予一些指示，康生同志於一九五七年六月二十七日、二十八日、二十九日及七月一日，召集大綱編寫小組的同志們進行座談，對於高等學校政治課教學中的若干根本性問題，諸如：（1）對幾年來政治課教學工作應如何估計；（2）政治課教員的奮鬥目標；（3）政治課的目的、任務與要求；（4）教學與研究等，通過漫談方式，提出許多寶貴的意見，並對下學期的教學工作，提出一個具體意見。我們現在把康生同志的談話紀錄整理於下，以供大家改進工作的參考。（紀錄未經康生同志審閱）

6月27日談話

今天大家漫談，我對你們的情況一點不瞭解，必須你們談。我希望你們具體地、生動地來談各種情況。我有一些問題，希望你們能加以介紹。

一個教員如何準備功課？都經過一些什麼具體步驟？根據我的經驗，給學生上課，課前瞭解學生是十分重要的。如果不瞭解，我就不去講。因為不瞭解就必然產生教條主義。毛主席說要「有的放矢」就是這個意思。否則，教學大綱（按：指講授提綱）就很難搞好。瞭解學生，包括你教的這一班有多少是黨員、團員？多少地主、資本家家庭出身的？多少家庭被鎮壓的？多少有歷史問題的？瞭解學生當然不只是瞭解

他的成分、出身，我們不是唯成分論者，他本身的品質、思想狀況，經歷也很重要，他們都有些什麼思想？……準備提綱有兩種方法：（一）從自己的體系出發；（二）從本班學生出發。這是不相同的。

你們如何領導討論？如何考試？標準是什麼？我們提倡什麼、反對什麼？在考試時表現得很突出的，你們怎樣考？

你們怎樣估計你們七八年來的工作？是否成績是主要的？人家都說政治理論課很糟，好像比別的課都差，是否如此？我們教的當然不完全令人滿意，有缺點，但先要問你站在什麼立場上，用什麼觀點來看我們的工作，先把這一條界限劃清，然後再談缺點。當然你們遇到很多困難，黨對你們的支持幫助是不夠的。這一次總理的政治報告中對政治教學，特別多說了幾句，以支持你們。你們自己也要抬起頭來不要灰溜溜的。過去人家說我們「有術無學」，現在說我們「不學無術」，又降了一級。不要聽那個。我們有學有術。昨天報上梁思成講他們是小知識分子，我看有道理。自然，我們馬列主義也學得少，說是「小知識分子」也還談不到，但說他們就是大知識分子，也不見得吧！羅隆基說我們是「小知識分子領導大知識分子」。主席在四月三十日給民主黨派講話時說：知識有兩種，即階級鬥爭知識和自然知識。階級鬥爭知識是很重要的。資產階級知識分子說，他們在社會科學上有很多學問。我們應該把舊中國的法學、政治經濟學、社會學等著作、課本都找來研究，看看他們究竟講了些什麼，每次上課時都要好好地批判它。這樣就把右派的祖墳挖了。

你們還可以談一談，政治教員們，你們自己都在那裡想什麼？如何看待自己？比如說：想多一些時間多念兩本書、寫點論文、寫幾本書出版、想當博士等等，這種希望有所成就的想法，也無可厚非，但除此之外還想什麼呢？你們有什麼任務在學校裡？是個教書匠呢？還是個馬列主義思想戰士？

再有，怎樣開始去上政治課？有的先講哲學，有的先講馬列主義……。不管先上什麼課，學生第一年第一週幹什麼？是開始就上課還是先向他們講清楚不管學什麼的都要學四門政治理論課？我看應該先使

他們建立學這四門課的基礎。中學決定加強政治課，到大學怎麼講？有人說再講那些就不行了。我們要與學生講清楚，馬列主義這門課絕不是只從書本上學的。它與數學不同，中學是學了二加二等於四，大學再搞還是如此，這是自然科學。但馬列主義就不是這樣。中學講了階級鬥爭，到大學就不必要講了嗎？沒那麼回事！你們教書的能夠說階級鬥爭都懂得了嗎？這一點與自然科學確是不相同的。既然這樣，就必須重複，有的問題還要反覆講。在學生學習的第一週，用一週時間把這個問題講清楚，大家討論一下，把不對的思想打下去，我看很有必要。討論時可以討論學什麼？目的是什麼？學生討論，教師一定去參加，從中瞭解學生思想情況，而後把這些思想情況補充到大綱（按：指講授大綱）裡去，也就找到哪些問題必須當作重點了。

有人說課堂討論沒興趣了，這是一個新聞。我在蘇聯當研究生時，最有興趣的是課堂討論，但當時條件不同，第一是只有三個人，這樣每小時至少有十五分鐘發言，我認為超過十個人就不可能討論好。第二個條件是有爭論，不是重複教師講的。大綱如果民族化，爭論就會多。比如蘇聯同志對我國不瞭解，他發言就會有不合情況的，那就會有爭論，教員的結論，學生也可以不同意。

我們教員講課時應該告訴學生，凡是學生不同意的，應該允許反駁。這樣就把不同意見在平時解決，免得像這次似的，一次爆發，算總帳，譚天榮……什麼都出來了。

現在的空氣是大家都感到政治教育不夠了。過去學生覺得馬列主義特別好學，這是很奇怪的。也有人說政治經濟學、哲學教得較好，馬列主義基礎、中共黨史不好，特別不受歡迎。當然，可能有的教得不好，有它的原因。但我又懷疑，哲學是什麼？就是「費拉索菲」（俄文字），我們開玩笑把它叫做「空話」。空話好學，哲學容易講空，不打擊青年學生和一般群眾的「階級意識」，不接觸到他們的「階級實質」。是否青年學生喜好空的東西，認為它比較易於接受？經濟學倒是系統的東西，這兩者雖都涉及階級鬥爭，但聯繫實際總要差一些。而黨史則政治性強，階級性強，聯繫實際也更多、更直接。比如批判資產階

級思想，如批判第三黨，就更直接些。

民主黨派有人很反對我們，他們說黨史沒有把民主黨派的功勞放在一定地位。張治中說：孫中山是中國馬克思主義的祖宗。對我們給孫中山的評價不同意，孫中山的思想觀點，不對的應該批判。學校中碰到這樣的問題，政治教員就應該與黨委配合，發動黨員來批判他。

政治課大綱中缺少一件東西，即對舊社會科學的批判，一定要加上去，例如：江亢虎的社會主義就需要批判，整風中民主同盟的千家駒等提出的社會科學的綱領（見六月九日《光明日報》及其評價）是錯誤的，要逐條加以駁斥。民主黨派的綱領也要找來，聯繫起來批判。加上這些批判的內容才能使我們這門科學具有戰鬥性，成為戰鬥的科學。蘇聯的提綱中常常批判社會民主黨，我們的提綱中要寫上批判章伯鈞、章乃器等人的條文。近來報紙、學校大字報、雜誌上面的材料，我看比中央檔案室的還更好，我們要運用來在課程中批判，把我們的科學組織成為戰鬥的科學。要知道社會主義和資本主義在思想領域中誰戰勝誰的問題尚未解決。

我看原來的大綱比較有系統而一般化，從學生思想、從過渡時期實際等出發不夠，所以戰鬥性差。正如飛機大炮和步槍都按戰鬥條例擺著，但真正作起戰來總不能還按戰鬥條例吧！

馬列主義是一門戰鬥的科學，我們一定要從這種觀點教育學生。

《無產階級革命與叛徒考茨基》、《左派幼稚病》這兩本書很便宜，一是反對修正主義維護無產階級專政的，一是反對小資產階級思想。

我們要作戰，要瞭解過渡時期的各種思想，在講課中加以聯繫批判。讀經典著作在不同時期也要有重點，比如在延安，決定讀《兩個策略》、《左派幼稚病》，這是針對王明路線來的。現在讀《左派幼稚病》就更有必要。

關於和平過渡問題，赫魯曉夫[1]未講清楚，引起了思想混亂，他未根據《叛徒考茨基》講。馬克思以前說英美有和平轉變的可能，當時一個

---

[1] 編按：Nikita Khrushchev（1894-1971），臺灣譯名為赫魯雪夫。

很重要的條件是英美當時尚無軍事機構，我們〈再講〉中從兩方面講就全面了。

四月主席曾講：「我們教員在堂上講馬列主義頭頭是道，下堂以後，他就與馬列主義分家了。」你們也可以考慮一下，馬列主義有各色各樣的，有黃藥眠的馬列主義，而沈志遠的馬列主義，天氣好時把東西擺出來，下雨就把東西收起來。〈共產黨宣言〉中也提出很多種社會主義，應該很好地研究。

《學習》雜誌第十一期登了曾彥修的〈主觀辯證法與客觀辯證法的統一〉的文章，文章可以寫得好，他曾是《南方日報》的總編輯，延安馬列學院畢業；當過宣傳部長，在宣傳動態上登過他的檢討；他教書可能受歡迎，但他禁不起一點風浪——在人民出版社（任社長）領導整風，一開始領導權就被人家奪去；人家說撤換黨員負責幹部，他就撤了兩個；記者逼著他發表談話，他就罵了一通黨。你們理論教員要管管，從此吸取教訓。

在北大、清華……等校，這次反右派鬥爭中，下邊出了一些好同志，他們是能夠作戰的。

爭取多數，打擊少數……，這個公式可以講得很好，但一反右派就忘掉了，這是不行的。在文藝界的一個座談會上，一位女子演員韓蘋卿說：「你在臺上唱秦香蓮，下臺挖人家的牆角，這樣藝術怎樣能搞好呢？」我看她說的是很對的。理論與實際統一不要看得很簡單，不要簡單化，也不要庸俗化。

高教部的一個材料中談到，教員願做理論家，不願當個政治宣傳家，這是個很有趣的問題，也是個帶有根本性質的問題。這問題很流行，學工科的學生畢業後願意去科學院，不願去工廠，這是同一思想根源。

有人以形而上學的觀點來對待馬克思主義，以為只有馬恩列斯講的才是理論，把毛主席的報告作為「時事」，而不是理論。

在分配問題上現在寫的文章不全面。馬克思在《哥達綱領批判》上講到在革命勝利後，共產主義再不能僅僅糾結在分配問題上。

　　六月九日《光明日報》上的民盟對科學規劃的意見是右派分子的社會科學綱領，他們認為政治經濟學不能根據政策、法令和首長的報告去研究，他們說這些不是客觀規律，主張講客觀規律；他們的目的是在政治經濟問題不要根據黨的領導，而是根據他們自己的所謂客觀規律，這是有其政治目的在內的。

　　資產階級在經濟問題上是有些手段的，比如他們攻擊我們在浙江種糧食作物，浙江產茶、橘等經濟作物，他們主張不種糧食作物，說經濟作物可以賣錢，糧食不夠可從別省運來，再不夠還可以進口，好像很有道理。在廣東有些農民退社，搞經濟作物，因而收入多了，他們以此來攻擊合作社，說合作社沒有優越性。這些人不像龍雲，而是以學者面目出現。至於龍雲，他本身是大地主，硬說同情農民，真是有點不像樣子。

　　給學生發講義有問題，比如頭天發生的問題，晚上我要寫到講稿上，又怎麼樣印上去呢？

6月28日談話

　　有人認為缺乏資料就會產生教條主義，例如政治經濟學中講到積累與消費間比例關係問題時就缺乏材料。對薄一波同志關於積累和消費間比例數字布置怎樣得出和不知其所以然，因此，在講課和研究這樣問題時，就碰到資料缺乏的困難。

　　我倒不是這樣看。關於積累和消費間比例數字不知怎樣計算和不知其所以然，問題不大，我們不能因此而責備你們教條主義，因為這個間隔還有待研究。如果有人斥責你們是教條主義，不管他是黨委還是教員，就請他來教教看，就叫他來一個馬列主義吧！因此，我們要把迷信資料的想法打破，不要期望有了資料能解決什麼問題似的。

　　我們並不是把經濟規律、建設規律等問題摸清過後才能搞革命，問題還在於我們遇到這問題時究竟應採取什麼態度。現在是處在大變動、大革命的時代，比如對經濟規律、積累與消費間比例關係諸等問題一下

摸不清,就說教條主義,是不合適的。如你們把薄一波同志報告中材料硬讀,可能鑽到牛角中去。我告訴你們知道,那些材料搞不住:例如勞動生產率增長到底按什麼來計算,是存在問題的。有按直接參加勞動者數目來計算的,還包括非生產管理人員,沒有計算勞動生產率也是不恰當的。

每個問題都脫離不了當前具體環境條件和任務,如果不這樣,我們教書就教不好,我們建設要出問題。如建設長春汽車廠,當時看是合理(從一廠看),但現在看卻不合理了(從全國工業情況和任務來考慮)。鞍鋼非生產人員,外賓驚奇,但他們未從我們一面生產一面要擴大建設,支援包鋼、武鋼方面看。

毛主席說,一切問題要從六億人口出發,不能離開六億人口。我國人多,就業是問題,當然工廠不是個失業收容所,它不可能完全解決就業問題,但工廠仍要解決勞動者就業問題,所以用人多不見得不合理,這與歐洲相反。

我贊成你給你們材料,但應該當心慎重,可能會被材料害了。有了材料是好事,但沒有材料也是好事。所以,我們從國家計委等單位弄來的材料不一定可靠,它不過是提出問題,而我們應用的時候要活一些,並且這還涉及到應該取什麼態度去對待它的問題。

此外,工資問題也是很複雜的問題,在高級黨校,會講人做過這問題的報告,結果大家越弄越模糊。我曾勸過高級黨校不要再講這報告,不報告比報告好些,因為報告只能造成混亂模糊;但他們不通,直到迷信報告的地步。

有的問題,可以提出來,不一定下結論。人家說你們教條主義,你們一定要問一問,究竟教條在什麼地方,問他怎樣聯繫實際,不要一下就讓人家說倒。

科學研究問題,多數人沒有具備條件,應該具有條件後再做。如何研究,我說至少要到工廠或農村中去一年,才有可能。如毛主席解決一個合作化問題,就幾次下江南。陳伯達同志為解決農村幹部參加生產、合作社帳目向群眾公開以及民主辦社的問題,就到福建待了三個

月時間。

社會主義社會如何進行科學研究，是個很值得研究的問題，我們絕不像費孝通所講的一間房子、二本書那樣去進行科學研究。

毛主席曾在一篇報告中提出價值法則究竟在農村適用不適用，這是很重要的問題。它在蘇聯未解決，斯大林[2]的《蘇聯社會主義經濟問題》，在這一問題上有很大毛病，影響了蘇聯農村經濟發展。這問題帶有世界性，各國都存在這問題，因為農業生產涉及到國家經濟。這問題也是我國的新問題。

我國農村到底如何機械化？無材料，我跑下去過幾次。使用拖拉機到底是否合算？這個問題應從我國農村農民方面同我國經濟兩個方面來考慮。京郊農民同意使用拖拉機，因為他是可以抽出勞動到城內搞運輸。從國民經濟來看，拖拉機用的汽油為什麼不可以去運輸。

所以，我們要想真正做到科學研究，一定要下去。主席講，書房裡學不好馬克思主義。今天各學校包括高級黨校，還沒有具備進行科學研究條件。如果以為你給我材料，我就寫篇科學論文、進行科學研究，這是靠不住的，是不能用的，至多不過騙個學部委員。

現在，社會科學的科學研究，我看如何搞還未解決。外國有好經驗，研究這不能脫離教學。我們現在科學院的人卻存在不教書的現象，這是不好的，他們一定要教書。主席的「矛盾論」、「實踐論」的研究是與「抗大」教學分不開的。總之，我是贊成同志們進行科學研究，但是如何進行研究，還是個問題。目前很多人無條件而著急研究，為什麼？這是因為人們總覺得馬克思列寧主義容易學。以為弄點資料、寫篇論文，就懂得了馬列主義了。

再下去時，首先要參加人家的生產鬥爭，絕不是向人家要數字。高教部，各校應把教員有計畫送到前線，去參加推大炮。未經過鬥爭，沒有打過仗，怎樣去教？也可以送到邊疆去開荒，送到工廠裡去抬土。

如果不改變方法，潘梓年這一攤社會科學家，是沒有什麼用處的，

---

[2] 編按：Joseph Stalin（1878-1953），臺灣譯名為史達林。

頂多培養出幾個書呆子來。

有人常講「實踐論」，實際上與實踐脫節。

高級黨校明年不招生，讓教員下去鍛鍊。中央政治研究室結算了，下去參加各校整風，完了再回來。黨校有的教員說：學生整風耽誤了他的實際。

我們要注意革命勝利後的和平環境，我曾開玩笑說過，讓大學生要演唱一年，分四段實際（每一段為三個月），一段到前線，一段到邊疆開荒，一段下工廠或農村，最後一段搞總結，批判思想。也可準備百分之一開小差，百分之五被飛機炸死。到前線是推大炮，到工廠不是學習什麼，就是去抬土勞動。當然，這些絕不是說不要讀書，這正是為了把書讀好，學習好，鍛鍊好。

教員下去，說事倍功半。這在前三年是必然的，知識分子下去，農民不向你說實話，你不和農民打成一片是不行的。

同老百姓能談心，講實話，打成一片，這是個大學問。有的民主人士說下去後，說共產黨有布置，不叫群眾和他們說實話。我說我們黨員下去也是如此。「人大、政協代表下去，不可能一下去就聽到人家實話，應先向人家說明白下來是學習的。否則，農民可能看著你是欽差大臣。」調查這是一門大學問，當我說後，哪位民主人士說他沒有當欽差大臣，說他很虛心，「總是人家講我就記」。糟糕！這不是上課，越記人家越不說，因為他們不瞭解你們。你們自己以為虛心地把人家說話記在筆記本上，人家越發引起顧慮，以為你在記口供，就越發不說。不是事倍功半，甚至得不出結果，或得出相反結果來的。

問題不是那麼簡單，這一條學不到，什麼樣的科學家都是假的。

陳伯達同志下去，提出民主辦社一條，很多地委都不同意，怕弄亂了。

我國現在的高級知識分子，在工廠中的比學校中的好。學校中的高級知識分子的確是「樑上君子」。而工廠中高級知識分子（如工程師）因為他們參加勞動實踐，他們對建設有感情，而學校的高級知識分子就不是這樣。為什麼每個人都覺得自己的小孩好（哪怕長得不好），因為

他有勞動和感情。

教員中有些黨員，對工人階級沒有感情。我也經歷過這一階段，過去我想：工人階級是好，但我比工人好。知識經過「四一二」後，才看到知識分子的真面目。有不少人逃跑了，叛變了，只有工人階級付出了鮮血，堅持鬥爭到底。瞭解工人階級是一個長時間的過程，實際長短各人不同。

在民主革命時期，學生鬧事，工農總是同情和支持他們；今天社會主義革命時期，學生鬧事，工農不但不給予支持，而且反對他們。為什麼呢？因為時代變了，現在不是民主接力棒，而是社會主義接力棒。到處工農與學生發生衝突，如蘭州醫學院組織糾察隊與學生對抗起來，從這次活動看來，學生應該覺悟過來，西安交大學生出外坐公共汽車都不敢戴校徽了。

教員下去，可以一兩年，也可以一年出去幾個月。下去時間問題很大，黨的組織，宣傳部、高教部等要計畫，不要聽教員的，他們總是想搞什麼材料，下去就是當勤務員，當鄉文書。

培養一個大學生，大約要七千元，應該把培養學生費用數字發給教員，使得學生知道人民究竟花了多少血汗來培養自己的。舊社會時常還掛「民脂民膏」的牌子，以資警惕自己，社會主義的學習不如人家。

教員是否能和學生談心？是否有像資產階級教授那樣的架子？不要裝，要告訴教員如何看自己，也要告訴學生如何看教員，教員不是聖人。另外，學校和黨組織也要教育學生尊敬教員。

教書也要有批評與自我批評，可以和學生講清楚，自己本事不大，叫學生瞭解自己。

現在教員讀的書很多，這是好現象，不是讀得少，四九年以後幹部一般讀書多，但消化不夠。

過去幾年來政治理論教學中，把解放區的經驗丟了，所以周總理特別提了一句。

對馬列主義考試方法應該改變，馬列主義利用過去口試方法，使得老師忙累得很（自找麻煩），學生只得靠死記。然而，馬列主義理論絕

不能單靠死記,這是不解決問題的,不是好辦法。過去我們考學生,只是出個問題,給同學自己準備,時間長寫,這樣教員就可以休息了。今天考試方法需要改變,請大家研究。但一下要加以改變會有困難的,首先要解決思想問題,統一思想。考馬列主義不能考記憶的話往往成年人或者老頭子就不如年輕人了,此外,這樣考馬列主義越是革命的人考得越差,越不革命的人考得越好。

毛主席說:似乎馬克思主義不是行動指南,而是學術指南了。

今後馬克思主義理論學習一定要,而且時間要加多。總理報告中也給你們很大支持和撐腰。對主席報告認為是時事政策,這種思想認識要改,出來了,就要學習時討論。

在學校中,政治課地位,總理報告已經很明確了,培養大學生,先是忠於社會主義。時事政策教育應該包括在政治理論課計畫之內。

目前,政治課教員欣賞馬、恩、列、斯經典著作,強調科學體系,強調理論,而把學習八大文件和人民內部矛盾問題當作時事學習,這是因為:第一,他們不認識這是生活的活的馬列主義科學理論;第二,他們若真教起這些東西未來有困難(這一點領導上要幫助他們。)

領導同志要下去聯繫政治委員,我願意去聯繫北大一百政治教員。咱們兩星期座談一次,不定題目,海闊天空,隨便談談。劉子戴、黃松齡等部長,以及政教司的司長們,都要下去具體聯繫一個學校。我們在北京先做,然後推廣經驗,要各省宣傳部長也都下去聯繫政治教員。

6月29日談話

《高教通訊》第八期有毛病,要收回來,何必呢?我疑心你們還是怕暴露。《學習》雜誌第十一期除羅家倫之流亂說一通還不是也發了。揭露矛盾麼?有問題就揭出來,別掩飾。應該讓它們揭露出來之後,然後去批判它。

教員有缺點儘量暴露,人家罵你們混帳王八蛋也好,你們不要怕。我們要尋找、揭露和正視矛盾,以後才能解決矛盾。總之,你們是馬列

主義教師，絕不會教成反動的東西，在學生面前不要掩蓋缺點，勇於正視教與學之間的矛盾。有的生怕因此而垮臺，沒有這回事。

下學期政治課怎麼辦？有一個意見請同志們考慮一下：

四門政治理論課一個學期平均各課時數約五十一小時，把我們過去所謂體系打破一下，來個大變動，四門課合起來，學習〈關於無產階級專政歷史經驗〉、〈再論無產階級專政的歷史經驗〉毛主席兩篇文章、周總理報告及〈事情正在起變化〉（按：此為黨內文件）等，不管哪年紀都學。在這些文件中都有哲學、政治經濟學、馬列主義基礎以及中國革命史。這些人根本不理睬過去哪個體系，來個革命，以後再搞課，用此辦法破壞原來那樣的體系思想，這樣教員們會有很大進步。

這問題只是意見，到下禮拜一把你們的意見告訴我。

南開大學雷海宗不帶講稿上課，得到清華大學學生的崇拜，這是不對的。這是形式，主要應看內容，他的社會學簡直是無知。舊教授用兩種辦法嚇人，要麼不用講稿，要麼就報很多名。如果說不帶講稿上課是好的，那麼唱戲的就都是高明的了。因為多不好的演員也不會拿著戲本上臺。

暑假在家念書，可規定每個人都念一念《無產階級革命與叛徒考茨基》。什麼是科學？這問題還可以研究。研究的東西，總在一般規律上轉，那怎能叫科學呢？

有的人的邏輯是：似乎越接觸群眾得少，越出理論；越接近群眾多，越不出理論。

現在我們黨內的祕密文件是很少的。一個執政黨的政策，不能不同群眾見面，不能不在報紙上宣傳，而我們很多同志不會從報紙上看出黨的政策動向。而帝國主義特務、美聯社記者們，倒很會這一著，他們很會從報紙上猜測我們的政策動向。你把報紙打開，看看哪一個問題宣傳得多了，必是又一個問題被重視了。

我們說不瞭解下面情況，世界上報紙通訊中有很多材料，教研室若好好積累一下，對教學幫助很大。

當然，也有民主人士知道，而黨員還未知道的事情和消息，這黨委

應注意。

　　關於聯繫同學思想，如講政治經濟學時，講到關於剝削問題，是否可以教學生講一講他的資本家、地主家庭的剝削情況。

　　有的學生說他資本家家庭是好的，對工人有恩惠，這就大有問題討論，這個問題不解決，政治經濟學幹什麼呢？這些應該成為討論的內容。當然，覺悟是個過程，也不可能一兩次討論就改變過來。

　　搞科學研究，一定要從具體實踐出發，樑上君子的科學（學問）是靠不住的，站不住腳的。

　　黨委不管政治課還管什麼？他們就勢必管事務、事情，本來四隻手（四門政治課）二十個指頭都不要？

　　誰上課應該是誰領導課堂討論，且上課教員若是一百分，領導討論的教員就應該一百二十分。如果不是講課的領導，而是有水準低的助教去領導，這就不如取消討論，由助教去領導一定緊張。討論比講課還困難，如要提高教學品質，就要提高課堂討論的領導。搞討論是教學中的群眾路線。小組討論，教員重點參加的辦法是好的。

　　在大學裡學中國革命史，不過是初步知道一些東西，最多是知道馬克思主義是創造的、發展的。

　　你們教黨史課時有沒有這樣的傾向：把我們黨說得很美滿，不夠實事求是。結果出現問題後使人失望了。

　　就中國的資產階級學者的社會學、經濟學、政治學等書籍，應該廣泛搜集，印它一批，要駁他們就需要這些材料。

　　對不同的意見，在講課時，教員應該首先說明教研室、黨的意見是什麼，把肯定的教給同學，然後允許他們說明自己不同看法（最好把看法在教研室內弄清）。沒有前者是不對的，不允許他講自己的意見也不對。

　　教黨史的除讀經典著作外，還應該讀一讀過去的《解放日報》。那上面的材料多得很，要一張一張讀。每個政治教研室應該有一份黨史資料（包括《解放日報》合訂本等），隨時可以參閱。

7月1號談話

你們寫論文，要學著寫《人民日報》社論這樣的論文。你們不要羨慕登在學報上的那種又臭又長的文章，那不一定解決問題，寫文章要能戰鬥。今天《人民日報》的社論你們看見了（指七月一日社論〈交彙報的資產階級方向應當批判〉）？這就是你們科學研究、寫作的方向。

講立場，有人說是老生常談。當一輩子的共產黨員，要講一輩子立場。小生要談，老生也要談，階級立場不要迴避，常提一提有好處。

前途問題，在今天特別流行。學生也問：「我的前途何在？」教員也講：「我的前途何在？」提前途問題，要從兩方面分析：一種講前途，是講自己如何成名作家；另一種是在獻身於社會主義的事業基礎上，如何為人民服務的問題。換句話講，提前途問題，也有立場問題：你是站在資產階級立場上，還是站在無產階級立場上？是站在集體主義立場上，還是站在個人主義立場上？

現在許多學生（教員也如是）個人主義的東西非常多，小資產階級個人得失非常嚴重。教黨史的教員，特別要講一講，做一個革命者，做一個社會主義建設者，應具備什麼品質。共產黨員優秀的品質的典型事例，過去我們也宣傳，如電影中有董存瑞，戲劇中有劉胡蘭，但在中國革命過程中，這種例子多極了，我們要多宣傳這一方面。

列寧曾經說過，一個革命勝利的黨，要想擺脫那些投機分子，相當麻煩；而黨在祕密狀態中，沒有這問題。在黨掌握政權以前，許多人加入共產黨，他們那時有一個「可愛的錯誤」，即認為革命勝利，不是他們這一輩子可以親眼看見的，而他們自己認為獻身革命，是做墊腳石，是為下一輩的人的幸福鋪路，因此他們捐獻了一些；個人前途，個人打算想得很少。這是當時條件、環境覺得的。當時敵我立場尖銳，今日入黨可能明日就被殺頭。

過去我們在莫斯科搞烈士傳，後來說太多了，寫不勝寫。現在看起來，在這方面對青年進行教育還是必要的。

　　現在大家考慮個人前途，但沒有想將來人民要不要你，好像民主黨派似的，一說「長期共存」就認為是命定了。這次主席說，要長期共存是我們共產黨的願望。但人民要不要你們，還要看你們的表現。

　　我們教給學生考慮如何為人民做事。如這次師範大學有學生在街上貼反動標籤，工人看見，反對說：「以後你們當了教員，我們的子女絕不交給你去教。」

　　教研室也如此。看清哪裡考慮向科學進軍的號召好，但是把人弄糊塗了。我看是應向報紙進軍，報紙上（如《人民日報》）社論是科學，學報上的那些，大概也不能說完全不是科學，但總不如報紙社論這個科學性強。

　　這次貼大字報，有的一個鐵道房間內去，我很羨慕，有沒有給我貼在這階級鬥爭？貼一下很好。

　　下學期講幾篇文章，我不只是從政治上考慮，也從理論上考慮。考慮如何解開教條主義這一個口子。中國黨史上左右傾機會主義者都有一個共同的東西，那就是：毛澤東的東西不是理論。過去在延安，他們說馬克思主義不在山溝，而在京滬。若干歷史問題決定它們稱之為狹隘經驗論，土改中他們說是富農階級。總之說毛主義右。後來他們在抗戰時期，則又說主席左。他們「左」就說毛主席右。他們右了就說毛主席「左」，不管他們說「左」說「右」，其一個共同的東西，就說毛主席的東西不是馬克思主義，不叫理論。今天許多人把中央決議與毛主席文章看成是時事政策，不是理論，這種思想是危險的。我們這樣做，除政治上意義，除反對教條主義外，還有上述理論上的意義。

　　我們四門政治課中，有些大綱戰鬥性不強，即批評反面的東西很少，這就缺乏戰鬥性，這樣教出來的學生只記得條條，而遇到事情就辨別不清。毛主席在報告中非常強調馬克思主義在戰鬥中才會發展。北京大學應把舊北大教的社會科學拿來逐條批駁，這才會有戰鬥性。

　　教研室中報紙雜談多不多？除中央各報紙外，各地方報紙也談論，會上階級鬥爭常在報紙上反映出來，報紙材料應該很好地掌握和重視。

　　北大提出啟發報告由馮定做，我看不只馮定，你們的江隆基、馬適

安等校長，都拉下來叫他們講一講，考他們一下。周培源也可以講講黨能不能領導科學。馬老師也可以請他講講。高教部的部長、政教司的司長，都下來講一講，參加這次考試。曾昭掄也可以叫他下來講一講，叫他有宣傳社會主義之權。

黨員校長，也要逼他們一下，改變他們的事務主義作風。你們不是怪他們不管政治課麼？給他們戴上一頂「政治科教員」的帽子，他們就不能不管了；若不叫他們做報告，恐怕他們一天忙到晚，主席的報告，都不見得抽出時間來靜心讀一讀。當然也包括我在內，我也可以下來講一講，但也得你們逼著我才行。

下學期學這幾個文件，要不要抽出幾個重點問題擬個提綱，可以考慮（王惠德同志插嘴說：「分題擬提綱不一定好，因為文件比較具體，一搞成幾個問題，怕就又回到老路上去，變成抽象的幾條了。」）也可以參考一下延安整風經驗。

延安整風，分幾個單元：

第一單元粗讀文件，教員輔導幾個文件，解釋些字句問題，例如原來說「對抗性」現在又說「對抗」。這些地方解釋一下。另一方面在這一單元中，教員也要熟悉一下文件。過去我們就是不熟悉文件，這是一大缺點。教師對文件掌握不夠，教學中是一大困難。

第二單元：在幾個文件中，找出一兩個做重點，例如把主席的十二條作為重點把當前思想問題及其他文件中的有關問題，進這十二個問題中去，然後展開爭論。

第三單元：綜合起來，把問題集中明確，聯繫思想，批評自我批評，最後寫一新的，也可算作考試。

一般是三個單元，加上最後一個考試。當然，運用時要靈活，不能機械地按照這個公式做。過去的《解放日報》上有延安整風時各部門的學習計畫，可以把它們集中起來參考。定計畫是一個好經驗，要注意搜集材料、文件。延安時的許多文件，現在找不到了，很可惜。

此次整風，是一個偉大的馬克思主義思想教育運動，它的意義深遠，要充分估計，它在保證社會主義建設與理論思想建設上將有重大意

義，它將是馬克思列寧主義的重大發展。一九四二年整風，當時不覺意義重大，十幾年後的今天，知道了它奠定了新民主主義革命勝利的思想基礎。這次整風，對政治理論教員的提高，要起很大作用。

同志們也可以反覆想想，我提出的這個下學期教學方向會不會搞壞了？幾年以後會不會做結論說我們這樣做是犯了歷史性的錯誤？目前，可以把它當一個可考慮的方案。要估計到下半年，中國的黨、中國的政治生活，還是在整風運動中。

下面我談一下大學裡四門政治理論課的目的與要求問題：

四門政治理論課的目的與要求，你們可以繼續研究，特別是主席、總理報告中已經提出了問題，你們可以結合考慮。也可以注意「六條標準」，它對研究此問題也有關係。

四門政治課教出的人，起碼應達到六條標準。

考慮此問題時，首先要考慮下面三個問題，要從下到三點出發：

一、要考慮政治課目的與要求時，首先要考慮到我們處在什麼時代、什麼環境，過去是怎樣的，而將來又可能怎樣。

二、考慮政治課目的與要求時，不能脫離學生中的政治思想情況。

三、考慮政治課目的與要求時，要估計到黨與社會主義建設對學術的要求。

過去我們處在社會主義深刻革命時代，革命的要求是把廣大農民集體化，把資產階級消滅變成自食其力的勞動者，這樣思想上就不可免地有問題，它會反映到社會上以至黨內來。

我為什麼提出這個問題？總理召集討論「交大」的問題，七八個學校提的問題都反映了對高教部、二辦、宣傳部的意見，不管他們對不對，都反映了下面工作的困難，事情不像上面想的那樣容易。也反映出黨員校長有意無意地把目前是社會大變動、大革命的情況忘掉，如院系調整等。孤立看他們的意見有理由，但從全面看，從大變動看，就不一樣。高教部不一定都不對。高教部變動是多了些，但在社會大變革中要求一點不改變，也不可能。

為什麼有些人處在大變動中而不考慮這種變動？原因與和平改造

有關。和平改造好處很多，少遭受破壞、損失，可以一面革命，一面建設。經過「馬列主義基礎」同志就知道，蘇聯十月革命勝利後，經過十年，即在一九二八年才提出第一個五年計畫。而我國在革命中提出來五年計畫，社會主義革命在去年（一九五六年）基本完成。前幾年是在革命中進行建設，如果沒有和平方法革命，這就不可能了。

另方面，正因為這個革命不是用武裝，不是流血，就使人在日常生活中對革命感覺，覺得不像流血革命那樣地親切。此次總理「政府工作報告中」的第一部分標題就叫做〈關於社會主義革命〉。把五大運動拿到大革命中去看，這就很好。自然，教學改革也同樣處在大革命、大變動環境中。

我們的教學目的與要求也不能脫離開這種環境、時代去考慮。

八大提出大規模的群眾性的階級鬥爭基本解決，社會主義和資本主義誰戰勝誰的問題也基本解決。這兩個問題，基本上是指改變所有制方面的問題。現在回頭看一看，是處在誰戰勝誰的鬥爭中。由此可以看出過去教學大綱的缺點，即聯繫現實不夠。

當前情況如何？大規模的群眾性的階級鬥爭基本結束，但階級鬥爭還沒有結束；所有制問題解決了，但在意識形態方面的誰勝誰負的鬥爭還沒有解決。

人民內部有階級鬥爭，有政治上的、思想上的。思想上的誰勝誰負尚未解決。我們的教學，要從這裡出發。今後學校中不但還會有思想鬥爭，而且將會成為社會主義和資本主義思想鬥爭的前線。

另方面大家應把《叛徒考茨基》看一看。裡面談到革命勝利後，在一個長時期內，資產階級思想，特別在文化教育中占有長期優勢。民盟綱領中特別攻擊我們這一點，錢偉長提「一視同仁」、「機會均等」，實則是抱有大不平。他們提出選留學生問題為什麼沒有駁？在革命勝利後一個長時期內，資產階級在文化上占優勢，他們的兒子在家中接觸書報、文化，農民的兒子在家中接觸鋤頭，因此一時還不能一視同仁。

第三條要看到學生成分。現在學生勞動人民出身的還很少，高教部還應該很好地調查，學校要一定心裡有數。

　　所以，考慮教學時，要考慮時代環境，要考慮到思想戰線上階級力量的對比，學生成分思想來源要弄清楚。

　　也可以想一想未來。當思想戰線我們打勝以後，大概社會條件像蘇聯那樣了（它在思想戰線也不是誰勝誰負的問題了），那時還有沒有思想鬥爭，那時七八歲小孩，他們都是共產黨員的小孩，不是地主資本家的子弟，也無被鎮壓的，那時大學生中工農占百分之八十了，那時人們思想是否會產生不合乎馬列主義，甚至是反馬列主義思想？我覺得是可能的。為個人向上爬、不愛勞動等，也還會有的。蘇聯有一篇文章（大概登在《學習論叢》四月號），談到蘇聯革命已經四十年了，二十歲的青年偷東西，考試還作弊，這些問題如何解釋？作者提出因為蘇聯過去是受資本主義包圍影響，這是對的，又說是舊社會思想影響，這也是事實。他又提出是否就在社會主義社會中，也還有產生這些東西的物質基礎。我們的老黨員的兒子也還有勞動教養的。這是一個問題，思想戰勝了，也還不一定就不產生壞思想了。政治思想工作好些，可能少一點，但不會根本不產生。

　　除上述外，也要考慮黨在這一時期思想戰線上的任務是什麼。如下學期是整風。

　　綜合上述各項問題，考慮我們的目的與要求重點，脫離開它，是找不到的。

中共上海市委教育衛生工作部關於康生同志1957年4月24日的講話要點

一、這次編教材，要約法三章：（1）不戴帽子；（2）不抓辮子；（3）不敲棍子。人家是在看你的政策，總要使人家敢於心情愉快地做這件事，得些好的結果。寫錯了也不要緊，不是做了又倒楣了，那就不要再想叫人家寫東西，這一點要在黨內外反覆講清楚。

二、學校保衛工作治安工作相當惡劣，想詳細檢查，違法亂紀事情到了不能容忍的地步，任意搜查等，希望各校深刻檢查一下，立刻採取防止的方法，堅決加以制止。

三、學生中普遍劃左、中、右，這是非常嚴重的問題，這個問題很複雜，青年人搞這東西沒有辦法的。反右時排一排，沒有什麼不可，但不能成為學生經常的制度，花了許多力氣，反而搞糊塗了，自己布置自己犯錯誤。

四、畢業班學生調查一下，那些課沒達到畢業程度的，補課，晚放假或不能畢業。

五、學校領導教育一般化，不照顧地區，學校特點，學校歷史，要實事求是，不要聽到一個風立刻動起手來，千萬不要上這個當，有時要甘於寂寞，從實際出發。

六、把百家爭鳴瞭解成等於解決對抗性矛盾的手段，這觀點現在還存在，當然有時有這個東西，但主席當時提出的重點還是解決人民內部矛盾。問題的提出，恰恰不是老教師的問題，而是我們同志們的問題。有的把百家爭鳴瞭解為不是研究學問，而是在會上吵架。現在有使學生思想僵化、簡單化，將社會主義庸俗化的危險。

七、校長、黨委書記、總支書記如何想想辦法讀點書，不讀書要就是自

由主義，要就是簡單化。可不可以輪流有個把月離開學校讀點書？教育計畫是：你願讀什麼書就讀什麼書，無所不讀，畢業成績就是腦子不僵化就行了。

八、主席這四年對社會主義客觀規律提了七大問題：（1）社會主義社會有沒有矛盾？（2）回答了社會主義社會中有沒有革命：有革命，不斷革命。（3）有了革命，有沒有階段？（4）社會主義社會階級可否消滅？（5）社會主義社會生產關係中所有制的問題（農村的三級半所有制）。（6）農業生產在社會主義建設中的作用。（7）百花齊放，百家爭鳴。社會主義社會到底怎麼樣，還不是那麼清楚了的，要逐漸認識，不要簡單化、僵化。

九、三年來，對文科抓得不緊，文科學生比例抓大體看來，少了一點。

十、有一個教育思想十分危險：九年、十年制是革命的，十二年是落後的，集中力量抓九年、十年的教科書，那是理想，行不行還不知道。大量的現實是十二年，對十二年制不關心，是極大危險，這是完全脫離實際的，各地文教書記千萬注意。

康生同志在北京馬列主義教師報告會上的報告紀錄

（本紀錄未經報告人翻閱過，如有差錯，概由記錄者負責）
（1957年8月17日）

高等學校政治課怎樣教和社會主義教育如何進行
──康生同志

今天主要是討論政治課如何教法？社會主義教育如何進行的問題，這應當從當前的形勢說起，這個昨天陸定一同志已講了，今天集中講下半年如何進行社會主義教育問題。

今天在座的是從北京和全國各地來的高等學校的教師，社會主義人民教師，即為人民、為工人大眾、為社會主義服務的，教馬列主義政治課──馬列主義哲學、馬列主義基礎、政治經濟學、中國革命史，是一種光榮艱鉅的任務。

我國解放後在黨的領導下開始建立了一支教授馬列主義的隊伍，從全國各方面來說，從教育部門來講，這支新隊伍有一萬五千人左右，高教部來講（不包括教育部）就有四千二百人左右，短短七年間建立了這個隊伍，這是社會主義理論建設的一個大事。

這支隊伍在進行教育革命和馬列主義教育中起了很大的作用，成績是應該肯定的，成績是主要的，缺點是次要的，這不是一個公式。道理很簡單，我們工作中是有缺點的，但我們進行的是馬列主義教育而不是資產階級教育。正因為我們反對資產階級教育（資產積極的政治經濟

學、理論等），因此引起了資產階級右派的仇視，特別今年他們利用整風想出一切方法向馬列主義進攻，無恥地以「反對教條主義」來反對馬列主義。

章伯鈞、羅隆基和工商界中的資產階級右派都在反對教條主義，他們所謂反對教條主義，實際上就是反對馬列主義。他們說我們的政治課，把學生思想束縛了，使學生不能獨立思考。而我們說正是因為政治課才能分清敵我，幫助學生樹立了無產階級立場，如果沒有這立場如何進獨立思考，只能是資產階級的俘虜。他們把馬列主義立場、馬列主義教員看成是「衛道者」，這是不是恥辱？不是，這是光榮的，我們是保衛馬列主義，保衛我們的黨。

右派集中力量來攻擊我們的政治教員，攻擊我們的政治課，我們要盡力擴大政治課的影響，和盡力支持維護馬列主義教員。這雖然他們與我們是兩種立場，當我們看到工作中有缺點檢查時，是為了改革缺點和錯誤，為了更好地加強馬列主義教育，而右派則是要取消馬列主義。

我們建立的隊伍進行馬列主義教育，但暫時隊伍並不大，品質還不夠高，陣容不夠齊。總的說來，教師們大家都熱心學習馬列主義，而且近年來都讀了一些馬列主義理論和名著。但具體分析一下，我們隊伍大約有三種狀態：（1）一部分是比較熟悉馬列主義，開始建立馬列主義新的世界觀，這是相當不多，是少部分人。（2）也有少部分人課堂上講馬列主義課，寫的也是馬列主義文章，但講的、寫的都是為了吃飯賺錢，馬列主義對他們本身沒有關係，他們並不相信馬列主義，他們在課堂上講馬列主義，但在行動上並不實行馬列主義，甚至有少數反對馬列主義，在大鳴大放中變成資產階級右派。據北京市委初步估計，在反右派鬥爭中，大中學校的右派政治教員占全部政治教員的百分之十，這與百分之九十比較起來究竟是少數，但在馬列主義教員中有這少數人也足以引起注意。（3）絕大多數人是願意學習馬列主義的，而且也學了一些，但不很熟，對怎樣才會學會馬列主義，在這一點上並不十分清楚。他們在報告中聽到、書本上也看過馬列主義，但他們新的世界觀還未或完全建立起來，願意在書房、教研室、研究機關等研究馬列主義，但他

們不願接近工農民眾，與工農民眾沒有感情，與工農沒有共同語言，他們現在是中間過渡狀態。這可以理解的，因為真正運用馬列主義理論是不簡單的。有人認為很簡單，這是錯誤的。尤其要去掉舊的世界觀，建立新的世界觀——共產主義無產階級世界觀不是一下子能辦到的，所以我們不能不現實地去要求他們。

毛主席宣傳會議工作上說，知識分子對馬列主義情況是不贊成的少數，贊成而熟悉的少數，絕大多數是贊成而又不熟悉的。這對我們政治教員來說基本上是適用的，我們應該看到七年來他們的努力進步和成績，以及學習的高漲。如不正確地低估計馬列主義隊伍的理論，就會降低我們隊伍的理論，就會喪失信心；但是如果過高估計我們的理論，就會降低我們對馬列主義學習的理論，就會降低教師對思想改造的任務。

一個馬列主義教師，要求他加入馬列主義世界觀是不易的，因此我們目前和今後有不斷改造自己的任務，如忽視這點是很危險的。很難想像馬列主義教育者，自己不是馬列主義世界觀的人能擔負起這光榮的任務。

因此，召開這個會議的目的，一方面討論社會主義教育在下半年如何進行，如何以馬列主義改造學生的思想，正式課本身如何進行社會主義教育，如何以此來改造自己的思想。因此，這不僅是對學生，而且是對教員來說的，所以不僅討論如何教，而且討論自己（教師）如何學的問題。

在座的同志都參加了前一時期的反右派鬥爭，取得了經驗，提高了自己。不久前聽過了北京市彭真市長在第二次人民代表會議上的報告，昨天又聽了定一同志的報告，因此曉得了在我國社會主義革命時期，資產階級與工人階級的矛盾性質是敵我矛盾，是對抗性質的，是你死我活的鬥爭。資產階級右派是怎樣的人呢？從《人民日報》社論中可以知道他們是一小撮反黨、反社會主義、反人民的資產階級右派，全國人民在黨的領導下，對右派的反擊是政治、思想戰線上的偉大的社會主義革命。因為一九五六年在經濟戰線上的生產資料所有制的社會主義革命，如果沒有政治戰線和思想戰線上的社會主義革命，社會主義革命

是不會鞏固的。如果政治戰線、思想戰線上不取得勝利，社會主義也不會勝利的。我們重複說這些問題，是為了以後在教政治課時，以這個作為出發點。

這一場社會主義與資本主義兩條道路的鬥爭，這場保衛社會主義的鬥爭，經過幾個月的戰鬥，已經取得了勝利，但戰鬥還未結束。目前形勢是向地委、縣委深入開展，城市是向企業、廠礦、基層開展，中央一級各地區包括打中學校是「進一步深入再深入」（社論）。擺在我們面前的任務是在全國政治界、教育界、新聞界、科學技術界、文藝界、衛生界、工商界，工人階級、農民階級和手工業小生產者等各階級中要進行一場偉大的社會主義革命，要求在全國中進行全民性的大辯論。通過這個大辯論來解決：社會主義建設和社會主義建設是否正確？社會主義道路是否要走？要不要黨的領導、人民民主專政和無產階級專政？要不要民主集中制？外交政策是否正確？等等。而且要在這次辯論中取得完全的勝利，來促進社會主義建設和社會主義改造，這一場大革命和一場大的尖銳的階級鬥爭不是一件小事，如果這個鬥爭取得勝利將有偉大的國際意義。

在這一場全國各階級辯論中，在這偉大的社會主義革命中，對社會主義建設和社會主義革命，對國際上都有重大的意義和具有全民性的大辯論與社會主義教育，如何在大專學校進行社會主義教育，這就不難看清楚，如果離開現實的階級鬥爭，當前的革命運動政治人物，也就離開了具體的教學對象，就是離開當前的政治形勢和任務，也就是離開當前的革命實踐和實際的教學方針，這是任何時候對馬列主義教師所不允許的，這是不對的、錯誤的，希望同志們著重注意這一大辯論。

我們備課當然一方面是從科學系統性出發，因為馬列主義是有科學性的，但另一方面往往有人忘記了當前的政治形勢、革命運動、政治人物和具體的教學對象，即理論與當前的教學方針相脫節，只有普遍真理沒有革命的實踐是不行的，所以在一般情況下離開這個方針是犯錯誤的，只有密切結合當前實際才能制定出教學方針，才能知道如何進行教學。

　　當前各大學情況怎樣？在不同程度上都進行了反右派鬥爭並取得了很大的勝利。據北京市委統計，從北京大學和全國各大中城市的大學的反右派鬥爭經過來看，群眾激烈的情緒和高潮大概告一段落，今後除繼續解決還未解決的問題外，還要轉入系統的教學改進和系統的思想教育。

　　但不是說，我們的整風運動與反右派鬥爭已完全結束，只是說群眾反右派的高潮在各學校已告一階段，但還未完成。

　　就廣度和深度來說，各地學校是不平衡的，有的學校在學生匯總進行較好，在教師中進行交叉，有的與此相反，有的在學生和教師中進行得還好，但還需要深入地挖根，有的進行得較差、草率，還需要繼續深入的。

　　在反右派鬥爭比較深入地學習，經過了一階段，今後必要從狂風暴雨轉入和風細雨地深入下去。我們是為了從政治上、思想上進行得更深入、更細微的工作，即從政治上、思想上粉碎錯誤的思想和謬論，這樣思想教育成為各學校所需要繼續解決的問題。為了要解決這個問題，高教部曾在北京召開各地政治委員的座談會，中宣部也曾召開過各校、各機關、各界……的幾次座談會。結果大家一致認為在下半年的社會主義教育，除了在課堂外，除了通過各專業教學聯繫社會主義教育進行外，還必須在課程中專門去進行。在今年下半年或明年上半年把原來的四門政治課的提綱和方法加以改變，或增加一些時間，同時開始種種的社會主義教育一課，目的為了通過這個在各大學中系統地進行整風和社會主義教育，這個步驟曾與省委書記交換過意見，他們一致贊成。

　　這門社會主義教育的課程是什麼性質的教育？——即是高等學校師生參加政治戰線、思想戰線上的社會主義革命運動，是一門整風社會主義教育的課程，同時也是當前全民大辯論的一個組成部分。如果把這一門課當成一門普通課程去進行是得不到教育和說明的，是錯誤的。

　　這是一門整風學習，是社會主義革命運動中的社會主義教育，這門課的主要材料有四個部分：

　　1. 首先主要的組成部分是以毛主席在最高國務會議和宣傳工作會議

上的二個報告，加上周總理的政府工作報告、彭真市長反右派鬥
爭的報告，配合討論中的重要部分，聯繫〈再論無產階級專政〉
組成一部必讀的內容；

2. 選讀馬、恩、列、斯的經典專作。如〈共產黨宣言〉，傳達綱領
批判，論杜威、列寧的左傾幼稚病，論蘇維埃政權等。

3. 在反右派鬥爭中，特別是「八大」開會中，一些民主人士的發言
和文章，使我們能明確和認識到他們的狀況，這是正面的參考
材料；

4. 選擇一些資產階級右派最反動、最突出的文件，或把它們出一本
選集。這是反面的參考文件，這是很重要的。

通過學習來解決兩條道路、六條標準、四個主義的問題，但主要是
靠各學校各班去努力研究，搜集材料、編輯，你們完全有權利將宣傳部
規定的根據實際去增減，必須密切聯繫實際。

進行社會主義教育要不要大綱？一般地說，大家很希望有，尤其
政治教員，沒有，不好辦事，希望開完會各帶回大綱。一般說來是要有
學習計畫和學習大綱，但要再三說明進行這門政治課要打破過去去履行
大綱的缺點，這是一種陳舊、錯誤的缺點。因為這是一次全民性的大辯
論，是社會主義革命中的整風和社會主義教育，各學校各班在進行辯論
學習中可能再出新的右派分子，可能提出許多新的問題，同時各學校各
班可能發生新的情況。總之，這是一種偉大的社會主義革命運動，是一
種社會主義教育運動，這是教學大綱所不能把握的。因為，如果出來一
個右派分子，他是不按你的大綱辦事的，因為我們不是敵人的參謀部，
不能幫助他們定計畫，這是階級鬥爭，不能按大綱來進行的。

當然這是一門課程，也需要一個參考提綱。中央宣傳部，《學習》
雜誌討論將擬定一參考提綱，還需要修改，將來要發表。但這僅僅作為
參考，在各校黨的領導下，甚至在各班教員領導之下，根據參考提綱，
根據各學校各班的情況，自己去編一個；如清華大學進行這個問題，其
大綱就可以根據他的學習情況制定。同時要注意隨著辯論的發展、形勢
的發展，把大綱隨時修改。

　　有人會問：我們的計畫就不可能同齊並進了？這是應該的，必然的，因為要求學習各班同樣進度進行這就不是整風學習。因為這是一種革命，是一種階級鬥爭，如有的班沒有右派分子，進度較快，有的班出現右派教員，當然進度較慢，所以要求同一個進度來進行是不可能的、不合理的。

　　怎樣進行這門教育？

　　我們要看到當前的政治、思想戰線革命，涉及到全國每一個人的問題，涉及到各校的每一個學生、教員、黨員共青團員的問題，即每一個人必須過這一關。為了要經過這一關，要求每一個人都要有思想總結，老資格、小資格都得過關。不許擺老資格，我說老資格，但從來沒有過過社會主義管，十八歲學生，八十歲老教授都得過，過這關總是不容易的，也都沒有過過。

　　從前過過大革命、土地革命、抗日、解放戰爭……關，前四種關都是用流血過的，即這都是全武行過的，是武昭關；而社會主義這一關是文昭關，是不流血的社會主義關，伍子胥過這一關鬚髮俱白，不好過，社會主義這一關還未過過，正在過，是很難過的，可能過這一關鬚髮都要灰掉，學校是政治教育，實際上就是過這一關。

　　過社會主義關人人有份，在社會主義革命中進行社會主義教育，就是階級鬥爭和自我改造的教育，要做得好，就要做到徹底，打倒右派分子，徹底達到改造全體師生的思想教育的目的，因此要反對以一般的知識課程來進行。馬列主義政治課與一般的自然科學不一樣，一個學生當他學了算數、代數、幾何時，一輩子會用，但一個人從中學到老，學習了階級鬥爭知識，學習了馬列主義，但馬列主義並不是學一學就會運用，而是一輩子終生奮鬥的，如果把馬列主義當一般知識來販賣、當成四書五經來讀是不對的。

　　不僅這一門課的教員是教員，而且也有學生群眾是教員，教員是學生的教員，學生也是教員的教員，尤其留在學校各班的右派分子也是反面的教員，因此學這門課有三方面的教員。當然教員是有領導的，是在各校黨委、校長、教員和各班黨團支部領導下組成。

在全部學校過程中應以無產階級思想去批判資產階級、小資產階級的思想，以馬列主義的觀點、立場、方法去克服非馬列主義觀點、立場、方法的過程，總之是一場尖銳的政治思想上的階級鬥爭。因此首先的關鍵問題必須把個人的觀點、思想、言論、不正確的事實擺出來，經過辯論、說理鬥爭、爭鳴。這是教學中最主要的關鍵，否則教不好，學不好。

初步設想，全部學習過程可以這樣：

包括閱讀文件、材料和讀報告，小組熱烈討論和辯論，必要時可以全班、全系、全校展開辯論，解答全校提出的辯論問題，以及學習小結、自我反省、自我檢討等種種具體活動。

在討論與辯論中必須給予充分的時間，討論問題也要使大家暢所欲言，甚至教員所教授的課，允許學生反駁，運用百家爭鳴的方針。討論中應該說理，以理服人。在這次反右派鬥爭中，有的人學會了，初步掌握了它，應該繼續發展。所以將來政治課討論中，要實行「百家爭鳴」的方針而不是過去的一套。

過去抗日時陝北延安整風學習小組討論中就已實行過這個方針，但以後沒有加以發揮。過去大學討論死板，有人說是學習蘇聯搬來的教條主義，但我反而是多年前在蘇聯研究時，親身知道那時蘇聯就允許辯論，允許學生對教員所講的課可以完全不同意或反駁，教員允許學生保留自己的意見。以後我們的課堂討論應該是這樣生動活潑的，平時應該如此，今天進行社會主義教育時更應該如此。前一時期的說理鬥爭是一個很好、很寶貴的經驗，應該繼續發揚和研究。除了少數反黨、反人民、反社會主義的右派分子允許其做我們的反面教師外，對討論中學生或教員的錯誤言論應用「團結—批判—團結」公式，採用和風細雨的方法進行說理的教育，達到政治思想上的教育。但目前還存在的是很多人對這種上課方法沒有經驗。當然過去延安整風學習時，有一定的經驗，但還不夠。要根據時間、地點、條件的轉移，必須在工作中進一步摸索，要創造性地不斷地豐富它，在實踐中不斷地區補充、修正。

我們怎樣準備這個工作呢？

1.首先使教員同志們在思想上認識這種改變，政治課是社會主義思想教育的必要性和重大意義。即要教員同志在思想上明確起來和統一起來，這是準備工作的重要問題。今年下半年和明年上半年進行這門社會主義教育，我們從以前的階級鬥爭，尤其參加這次反右派鬥爭會議，認識到這門課的必要性。各地各校的黨與教研室要相信我們的教員會接受這樣做，當然有些同志不瞭解或一時不瞭解，這必須耐心揭示，從各方面的座談會中可以進行教育，我們設想有那麼幾種人：

首先我們的教員在過去工作中是有成績的，但只是熟悉過去一套教學方法和教學大綱，尤其現在突然一變，有些同志可能在思想上、工作上不能一下子轉過來，因為過去都是教研室準備大綱……。有些同志缺乏工作的階級鬥爭的經驗，因此缺乏在社會主義革命運動、階級鬥爭、社會主義教育中的經驗，只安於老一套，雖然認識到以上是必要的，但是進行起來因沒有經驗而難以進行，這是很自然的。

教員同志對過去所熟悉的一套，要好好研究一下，因為我們肯定它有它的成績，也有缺點，即我們工作偏重於科學性、系統性，但比較忽視現實性、戰鬥性、具體性，常常從抽象的科學體系出發，而忽略當前革命運動、黨的任務，更忽略教學對象，即在這個問題上把它的科學性、系統性之普遍真理與實踐結合不夠，甚至脫節。現在教員有很多同志不瞭解學生情況，沒有覺得有必要去研究它，如學生中有多少家庭被鎮壓過、占多少百分比，不熟悉所教班的學生的階級情況，有多少是勞動人民家庭出身的，這些學生的經濟、政治、思想情況如何？這是我們教學中開始講課時不可缺少的組成部分，但卻往往被教師所忽視，認為只講課，不必向學生聯繫實際，否則就等於大炮打麻雀，即自己否定了自己的力量，這樣勢必會認為我是教書不是教人，其實是放棄了主要的任務——對學生的思想改造。有人認為學生年輕、單純……沒有什麼問題，這等於自己否定了物質本性的理論，是非馬列主義的看法。毛主席說：馬列主義者，教員如對新事物不感興趣，看不到新的變化，從而隨之改變思想、工作，就不能成為人民教師，就不能成為馬列主義教育者。因此我們應該從整風觀點上來看問題，即從階級鬥爭、黨的任務、

對學生思想改造中來看問題。這就是為什麼陸定一同志要做報告,即要從哪方面出發來考慮問題。

有人說,我們沒有經驗;但不能說完全沒有經驗,最近從反右派鬥爭中已取得了經驗,我們要繼續研究它——當然很多經驗是沒有的,因此每人要積極投入到鬥爭中、實際工作中和大辯論中去,我們就會取得經驗。我們相信同志們在工作中是會取得經驗的,所以顧慮可以不必要。

有的同志可能考慮到以後四門政治課的問題,認為這樣進行是否會對今後的馬列主義政治課有影響呢?我認為又有影響,又沒有影響。有影響就是簡單從實際上,教學大綱上來看,是有影響的,如從去掉半年或一年的實際來看是有影響的;從另一方面來看,從革命實踐、從教育實踐效果、從改造思想、從提高思想水準來看,那麼這樣教育,不會有害處,而是有好處,不是少學而是多學馬列主義。有許多學生說,經過二三個月的整風學習比學三四年政治課還好,因為他是從時間中學馬列主義,而不是從書本上、課堂上學馬列主義。在課堂上學馬列主義只能給學生一個基本知識,從毛主席的實踐論來考慮效果。不要認為馬列主義可以完全在書本、課堂上學會,不要認為馬列主義教員是萬能的。

現在在反右派鬥爭中出現了一個謬論:認為我們所以成為右派是因為你們沒教好。具體到高級黨校來看,右派分子王譚認為:「過去王明犯過左右傾機會主義路線的錯誤,難道毛澤東沒有責任?為什麼不教育他?」說:「高饒的錯誤你們中央委員就沒有責任?為什麼中央委員不去教育他?」民主黨派中的右派分子說:「我們之所以成為右派,就是因為過去中央統戰部沒有把我們教育好。」在學生的右派分子說:「我們是來學習的,你們是叫我們學馬列主義,正是因為你們教得不好。」教條主義,沒有聯繫當前的革命運動,把他們教壞了,所以他們成為右派分子,因此國務院決定不分配他們工作。但好心的黨員、教員卻說不出話來,認為自己工作中確存在缺點,加以原諒,這是一種溫情主義。我們應怎樣看這個問題?馬列主義是可以改造絕大多數的學生的,有些學生在大放大鳴中一時受蒙蔽,但經過教員指出會覺悟過來,我們要相

信馬列主義教育。右派分子之所以成為右派分子,我們教師和馬列主義理論課是不負責任的,因為如果認為馬列主義可以把敵人教好,就是否認馬列主義和馬列主義的階級教育。

中央也曾指示過,對一些右派分子我們是沒有領導權的,因為他們是敵人。如果認為我這話說錯了,那你就試試看到臺灣用馬列主義教育蔣介石去。不能夠想像馬列主義在章、羅、龍雲等的思想中有領導權。階級鬥爭是客觀存在的,不能設想說敵人的反黨、反社會主義、反人民的反動言行,要我們馬列主義政治課負責。當然對廣大群眾是例外的,我們要以馬列主義教育他們分清是非,站穩立場。這種教育是不會影響他們學馬列主義,相反地是會影響他們更好地去學習馬列主義。

毛主席在宣傳工作會議上說過,在整風中間我們更多地學會馬列主義,因為整風是普遍學習馬列主義的運動,延安整風學習證明了這一點真理。整風是實際中的馬列主義學習,現在幹部的馬列主義比過去提高了;馬列主義在中國比過去取得了更高的勝利,這是與過去的延安整風學習分不開的,與延安整風奠定了思想基礎有重大關係。現在有許多同志對這次整風運動是普遍的馬列主義教育還沒有足夠的認識,如果十年以後來看這次整風,就可以看出他說我們的理論建設,具有重大的革命意義。這次學習教會我們教政治課的,怎樣提高四門政治課的品質,好好研究它,以便將來好好改造我們的教學計畫和教學方法。

另外有一部分人,平時雖然教馬列主義政治課,但對馬列主義的態度平時就不對,以資產階級個人主義的觀點、立場來對待馬列主義,把馬列主義當成個人打算的工具,個人爭名奪利的工具,在課堂上教授馬列主義的目的是為了吃飯、賺錢。他們願意作為為個人服務的有名有利的空頭理論工作者,他們不願意作為無產階級、階級鬥爭、社會主義服務的政治宣傳員,他們每天可能教馬列主義而「人心向個人主義」、「人心向院」(中央科務院)。當然想到科學院去,想當博士,想在歷史研究所、各雜誌上寫寫文章,這都不是壞事,但問題看你的出發點怎樣——是為了無產階級利益?還是為了資產積極個人主義的「人心向院」?當然這是不對的,馬列主義教員無產階級者首先是「人心向

黨」、「人心向革命」、「人心向無產階級」、全心全意為人民服務的，做人民的勤務員；但他們對偉大的革新運動不感興趣，這種態度很危險，這是修正主義思想。這不僅不能作馬列主義科學家，而且會成為修正主義者，成為右派分子。沈志遠現在變成了右派，因為沈先生的馬列主義是為了做生意的，就像擺小攤子一樣，天氣好就擺出來，一颱風就收起來，害怕灑到一點小雨點。

從這次反右派的政治鬥爭中可以看到，右派分子採取反馬列主義的態度，他們之所以要背熟馬列主義，是為了不讓他們在向馬列主義進攻時失敗，要和共產黨做鬥爭。錢偉長就是這樣，他要學生趕快學馬列主義，趕快入黨，目的為了向馬列主義進攻，趕走黨。

因為馬列主義在世界上、在中國取得了偉大的勝利，因此敵人不敢正面反對馬列主義，而是以馬列主義來反對馬列主義。但我們人民中有兩種對待馬列主義的不同態度：一種是以資產階級個人主義來對待馬列主義，把馬列主義作為爭名奪利、升官發財的階梯，這種人實際上是假馬列主義者，在這次鬥爭中很危險，會拉到右派泥坑中，這與馬列主義是不符的，如曾彥修就是這樣，這種觀點必須改變。另一種人是把馬列主義當作無產階級鬥爭的武器，把它當作改造自己和鬥爭的武器，他一方面反對教條主義，一方面反對修正主義。

1. 有一些人，本來不是右派，但他們思想中有右派觀點，在反右派鬥爭中有懷疑，我們對他們要進行說服教育，使他們認清敵我與是非，與敵人劃清界限，積極地投入到這次鬥爭中去。

2. 第二種工作準備是：各個學校必須有計畫，立刻著手研究反右派鬥爭的經驗和教訓，研究右派分子在你校提出什麼論點，他們反黨、反人民的手法（方法與策略）以及右派分子的具體做法。同時研究我們在反右派鬥爭的經驗，採取什麼方式、方法、策略，有什麼反右派鬥爭的規律，這是我們教社會主義教育這門課的重要準備。

3. 教師首先要向群眾學習，因為我們要教育人，首先要先受教育。同志們在這次運動中，首先受到教育，應該好好研究整理、提

煉。另外，要把材料文件加以學習，在這裡應該提醒一下不要輕視這次文件學習，尤其是毛主席二篇報告，在這次學習中，有些教員對這些文件認為一看就懂，即不是理論更不是經典著作，而是時事政治，認為不能占用教課之內學習，而是在課外學習，這是非常錯誤的；有的表面上認為可以，思想上有牴觸，甚至輕視《人民日報》社論，這樣就不可能投入運動中去。

另外，現在學校的反右派鬥爭還沒有結束，因此要投身到這個運動中去實際學習。有的人認為你們去搞你們的運動，我去搞我的功課；有的說你們在前線，我在家裡學習四門理論課。

我不反對系統去研究右派的社會學，同時我也不反對讀經典著作，如學習〈共產黨宣言〉，其中有各種各樣的社會主義，好好讀讀《哥達綱領》，看看〈再論無產階級專政〉，如列寧所寫的《叛徒考茨基》和《左派幼稚病》等，但如不根據現在需要而想搞科學報告，我們反對，我們反對的是無的放矢，脫離政治去學習經典著作，學習馬列主義，所以我們需要「學習，學習，再學習」。

4. 要系統地去搜集材料，特別是資產階級右派的材料，如他們的經濟學、哲學、政治學等解放前後的著作，以及右派的經濟綱領、講稿以及報上所發表的言論等，而且今後的工作應密切地結合這些材料來進行批判。過去在教課中沒有現實性和戰鬥性，僅僅是過去歷史上的、枯了的，而且是以外國的毒草來批判，而不是以現實的毒草來批判。我認為這種現實的東西才有力量，才有戰鬥性。

5. 整理我們自己的隊伍。隊伍打仗後要整理，如受傷的、叛變的……要整理，北京市百分之十的右派分子與我們同行，我們應該很好研究這些人什麼成分、為什麼會變成右派，這是大學問，如果誰做這報告我一定去聽。同時我們在整風中要提高自己，把這門課當作自己學習馬列主義、提高水準的重要一環。並且要改變我們自己，接近工農群眾。我們大多數人不會與工農交朋友，

不會與工農談話，這怎麼能做無產階級知識分子呢？

　　所以每個人要在整風中提高自己，把這門課當作我們學習的一門課程，把它看作提高我們政治思想的課程，既教學生，又向學生學習。

當時我們對這些準備工作，要加以分工，這種準備工作很多情況也不一樣，需要各校去研究。

這一工作進行得好不好，決定於黨委的領導，因此建議各校黨委要抓緊這一工作，對這一工作和將來的四門政治理論課應當作中心工作。如果一個黨委脫離了馬列主義政治課要做什麼呢？過去黨委對這問題主義不夠，所以今後要改變這種工作方法，這與他們的整風、反右派鬥爭分不開的，甚至有些黨委書記要親自出馬去領導和教這門社會主義教育。

政治教員應該承認自己是一個光榮的黨的政治宣傳員，不論是黨員和非黨員都應團結在黨的周圍來進行工作，而黨委也給予具體幫助，而且還要求各專業教員幫助他們和一切非黨員，政治教員來共同進行這門社會主義教育工作，進行社會主義的全民大辯論，以取得徹底的勝利，當然我們經驗不多，但我們可以在實際工作中去創造，困難是可以克服的。

　　　　　　　　　　　　　　　　　　　　（李蔚英整理）

康生同志在北京政治理論課教師報告會上的總結報告

（1957年8月22日）

經過幾天的討論，大家一致同意下學期開設社會主義思想教育課，今後是怎樣實行的問題了。

同志們提出了很多問題，今天只能就主要的問題談一下，還有許多問題，要在各個地方上、在實踐中去解決。

有人問：是不是會有中間路線？

陸定一同志在上次的報告中說，在中國，中間路線是不可能的，要麼走社會主義，要麼走資本主義（這在中國就是殖民地），沒有中間路線。有人說蔣介石、汪精衛是假的中間路線。請問難道章羅聯盟的中間路線是真的嗎？在中國的條件下，主張中間路線，本身就是假的，實際上就是要走資本主義道路。

我們反對第三條路線，並不是反對一切中間勢力，這完全是兩回事，前者指道路問題，後者指政治態度。我們反對中間路線，更要把中間勢力團結到我們這方面來。如果認為反對中間路線，就要打倒一切中間勢力，必然要犯「左」傾機會主義。反之，要犯右傾機會主義。

有人問：社會主義思想教育的目的要求、馬列主義政治課的目的要求是什麼？

這是帶根本性的問題。對於這個問題，有兩種不同的方針，兩種不同的目的。在人民教師內部、在政治課教師內部，對待馬列主義有兩種不同的態度。一是：「空談理論、鄙視實際，提高個人，反對改造。」這一方針是錯誤的，也是反馬列主義的，是：「學習理論、聯繫實際、

提高認識、改造思想。」這一方針是正確的，是馬列主義的。

這兩種方針、兩條路線不斷進行鬥爭。當前最主要的問題是馬列主義政治課要不要擔任思想改造的任務。錯誤的論調是反對聯繫實際、反對思想改造，結果只能培養一些「以馬列主義詞句裝飾起來的資產階級知識分子。」正確的方針是認為改造思想是馬列主義教育的主要任務，必須要聯繫歷史實際、革命鬥爭實際、學生思想實際。以培養通曉馬列主義思想基礎的、被改造了的工人階級知識分子。

前一種錯誤方針實際上也是資產階級教育的方針，他們以為自己也沒有改造自己的必要。後一種方針認為教育者本身要受教育，要改造自己。

這兩個方針，過去有過，在第一次整風中存在過著問題。現在有，將來還會有。兩個方針的鬥爭是長期的、尖銳的政治鬥爭。清華大學的政治課教研組與黨委在這問題上有過長期的鬥爭，知道這次鳴放中，有些教師叛變黨國，變成右派分子。

清華大學有四十五個政治課教師，其中有黨員十九人、團員二十三人、群眾三人。除了兩個在外進修的外，參加這次運動的有四十三人。結果有十六個是右派、二十五個中間，只有二個左派。四十三人中有十六個右派，占百分之三十七；只有兩個左派，不到百分之零點幾。三個教研組主任、一個黨支部書記都是極右分子，代表黨委會領導政治課的人變成了叛徒。這個數字還要仔細地研究核對，但不管如何，情況是很嚴重的。像清華這種情況是個別的，不能因此否定七年來整個政治課的成績，也不能否認一萬多人的政治課的隊伍。從個別來否定一切，是要犯錯誤的。

這些人變成右派還有其他的原因，但是很主要的原因之一是他們對政治課的態度正代表資產階級的一套。他們有很多反動論點，他們對馬列主義政治課的方針，總之，有以下幾點：

（一）否認政治課有改造思想的任務，反對理論聯繫實際。

（二）從資產階級個人主義出發卑視和厭惡黨的宣傳工作，反對參加實際鬥爭和進行自我改造。

（三）鄙視黨的組織，認為作黨的工作低人一等，一個人做黨的工作比資產階級教授低一級。把一個無產階級先鋒隊看成一個不學無術的落後的低級組織。

（四）要求取消黨委對政治課的領導，以為黨委對政治課也是外行，因此，主張教授治校。

（五）最後，他們要求取消政治課。

這五條是他們的綱領，他們還發表許多謬論。他們說改造思想就是使學生閉門思過、修身養性，就是使學生不要學政治課。他們認為聯繫實際是「狹隘實用主義」。他們認為要他們搞思想工作就是使他們變成一個不學無術的宣傳員。他們要求理論工作與宣傳工作要憤慨，理論工作者比黨的工作者高一等。他們認為聯繫實際就是不要理論，使他們的學術荒蕪，造成一種很大的壓力，使大家不敢讀經典著作。他們反對與工農聯繫，認為下廠下鄉與他們的理論研究是不可調和的矛盾。他們認為理論教員應該首先在理論上提高，不要在社會工作中鍛鍊。他們抱怨說：「實際，實際，實際的壓力越來越把培養出來的理論空氣排除得乾乾淨淨了。」他們認為聯繫實際是不要基本建設和長期打算的經濟主義。他們狂妄地輕視黨中央的決議、文件、黨中央同志們的著作。他們把毛主席的著作不叫理論，叫「政策」，他們說以政策代替理論，使得他們更沒有力量了。

他們是打著馬列主義的招牌反對黨、反對黨中央、反對馬克思列寧主義的。他們中的著名人物、政治經濟學教研組主任朱聲綬很欣賞費孝通的一間房、兩本書，並且還補充了一盒煙、一杯茶。他們主張在八年內讀完一萬兩千頁經典著作。他們要求儘量減少社會活動、組織生活，儘量讀完副博士。他們反對黨的領導和監督，反對黨委討論政治課，反對干涉他們的科學研究。他們主張黨組織是起保證作用，不是領導作用。他們反對課堂討論中的自由討論，他們說自由討論會忽視他們的理論，有巨大的自發性。他們這種反黨反馬列主義的狂妄的反動言論是說不完的。他們沿著這種方針去發展變成了右派分子。同志們，這是一個深刻的教訓，值得我們每一個政治課教師去深思。

　　至於清華大學黨委的方針是對的，他們根據一九四二年整風的方針來要求政治課是完全對的，他們要求政治課的目的是改造思想，因此必須貫徹理論聯繫實際的方針。必須貫徹「這種方針是對待」方針。右派分子說：「學習理論、聯繫實際，提高認識、改造思想的方針是從華大、革大搬來的，因而是過時了的。」我們看來沒有過時，沒有錯誤，而且是正確的。

　　同志們看到這十六個字，一定想到這是高級黨校的方針。這個方針能否在一般大專學校中去實行呢？

　　的確這個方針是高級黨校長期堅持執行的方針，是有成績的，但也引起一些人懷疑。他們懷疑這個方針將使馬列主義庸俗化。我們反對庸俗化，但是認為執行這個方針就會庸俗化，是不對的。黨校在執行中也會有缺點，有缺點是方針貫徹到各個環節不夠的問題，而不是庸俗化的問題。高級黨校為什麼長期堅持這個方針，因為它不是黨校的方針，而是黨中央長期堅持的方針，是一九四二年整風以後更明確提出的方針。實際上，這也不是政治課的方針，是黨的思想建設、理論建設的方針。這個方針明確地寫在「八大」通過的黨章上。在黨章的總綱，一開始就說過這個問題。

　　把這一段重讀一遍不是多餘的。總綱說：「中國共產黨以馬克思列寧主義作為自己行動的指南。只有馬克思列寧主義才正確地說明了社會發展的規律，正確地指出了實現社會主義和共產主義的道路。黨堅持馬克思列寧主義的辯證唯物主義和歷史唯物主義的世界觀，反對唯心主義和形而上學的世界觀，馬克思列寧主義不是教條，而是行動的指南；它要求人們在實現社會主義和共產主義的鬥爭中從實際出發，靈活地、創造性地運用它的原理解決實際鬥爭中的各種問題，並且使它的理論不斷地得到發展。因此，黨在自己的活動中堅持馬克思列寧主義的普遍真理同中國革命鬥爭的具體實踐密切結合的原則，反對任何教條主義的或者經驗主義的偏向。」

　　在這裡面，同志們就自然找到所提出的問題的解答了，找到在學校中長期不能解決的爭論的解答了。

　　當然，黨校與大專學校不一樣，各個學校、各系、各級、各班也不一樣，因此，執行起來有許多差別。不能否定這些差別，應從實際出發。也不能保證執行起來沒有偏差和庸俗化的缺點，但是既然要進行馬列主義教學，就不能不執行這個方針。這個方針是普遍真理。

　　清華大學的右派分子頑強地反對這一方針，拒絕實行這一方針，拒絕深入到學生中去作工作。他們認為這樣是要他們做總務員。他們極端鄙視老幹部、工廠幹部、管總務工作的幹部，他們認為這些人是要為理論教員服務的。他們沿著這條路發展下去，最後就要求取消馬列主義政治課，他們認為規定政治課為必修課是斯大林的教條。這種思想發展下去，必然否定自己，結果變成右派、錢偉長的走狗。這是錯誤理論的必然結果。

　　清華的情況是個別的，但是他們所提出的政治課的方向不是個別的，會或多或少地存在於相當大的一部分人的思想中。應該說有許多學校要同志堅持中央的方針，是不動搖的，但也有不少動搖的，這種情況不是個別的。為什麼他們發生動搖？我看，因為：

一、一九四二年毛主席在整風報告中所說的，在許多人中間流行著一些什麼是理論、理論家、知識分子、理論聯繫實際的糊塗觀念。這種糊塗觀念現在還有，因此對資產階級的教育方針與無產階級的馬列主義的教育方針弄不清楚，從而動搖了。

二、由於資產階級思想的影響。中國人民自解放建國以來，為了改造思想會進行了大規模的思想改造運動，這是社會主義革命不可分的一部分。但是帝國主義、特別是美帝國主義激烈反對，他們說是「洗腦」，沒有人道主義。資產階級知識分子用各種言語反對思想改造，他們把反對思想改造的口號在鳴放中作為放火的種子。絕大部分的政治課教師站穩了，與他們做鬥爭。但也有一些在鬥爭中動搖了，極力把自己的課說成與思想改造無關，因此想出各種藉口說馬列主義課程沒有思想改造的任務。或者本身思想就有牴觸，不要改造自己。

三、他們雖然教馬列主義，但不用馬列主義的階級分析方法，對青

年學生加以具體的分析。有些人認為大學生是青年，絕大多數是在新社會成長起來的，以為他們沒有所謂思想改造問題，他們純潔得很，像白紙一樣。同時也覺得大規模的階級鬥爭已經結束了，階級要消滅了，因此，青年們更無所謂思想改造了。我們認為青年人覺得大多數是好的，現在的青年與舊社會的青年面貌不一樣，他們在黨的教育下是有所提高的，他們容易接受真理，缺點容易改造，馬列主義對他們是起作用的。否定了這個現實，就會否定自己，但不能說大學生不要進行思想改造。毛主席說，就是工人、共產黨員也要繼續不斷地自我改造。懂得這一點就會知道，現在階級尚未消滅，生產資料所有制的改變基本上是勝利了，但資產階級的殘餘還存在著，而在思想領域中，無產階級思想還沒有取得勝利。就是在階級消滅之後，馬列主義教育對於青年還有思想改造的作用。有的人不用階級分析的方法，只看到好的一面，就認為青年的思想改造是不必要的。這些錯誤觀點必須要澄清。

現在流行著對思想工作的不正確的看法，似乎思想工作與理論工作無關，似乎馬列主義教員只管理論，思想工作是由黨委管的。把二者割裂開來或者加以歪曲都是不對的。世界上沒有不管理論的思想工作，也沒有不管思想的理論工作。

有人說，我們下學期搞社會主義思想教育，這種教育能不能解決世界觀的問題？

首先要搞清楚，我們所說的是什麼世界觀，沒有離開階級的世界觀，我們講的是無產階級世界觀。當前的社會主義革命、階級鬥爭，怎能與世界觀毫無關係？同志們也不要以為世界觀在課堂上就能建立起來的。世界觀的建立不是一時的，或上幾次課就能解決的，這是長期的實踐與理論認識提高的結果。但是參加這一次鬥爭、這一次學習對於建立共產主義世界觀是很重要的一個步驟。這一次鬥爭不僅對個人而且對馬列主義的發展也有重大意義。

有些人說政治課不好搞，容易挨罵，不如改行好。如果因為黨的需

要，要改行也可以，改行對某些人也有好處。但是問題不在這裡，問題在於你願不願做無產階級的知識分子，要不要做紅色專家。願意這樣做的話，無論如何，要學馬列主義，這在社會主義社會中是不能逃避的。毛主席說每個人都要學政治，沒有政治就沒有靈魂，不是改行的問題，而是有沒有靈魂的問題。

有些人說，剛從黨校或人大回來，就搞社會主義教育一課，原來學的會忘了。如果你學得好，能用，在鬥爭中會致富。要是會忘的，那你沒學好，忘了倒好。

南斯拉夫的問題，主要的問題是硬著頭皮在講〈再論〉，這文件本來學過了，但不會用，現在有的放矢，再學學就會用。

有些問題通過明確方針就會解決，有些問題必須通過研究、分析，在實際工作中解決。

其他工作上的問題：

學習實際，可根據各地情況，由黨委決定。

進行步驟，要看各地各校反右派鬥爭到什麼程度再定計畫。

大綱問題，有些人說沒有大綱怎樣講？你沒有大綱也能上課，你能夠空手到課堂上，講反右派鬥爭的重大意義。動員班上總結反右鬥爭的經驗，做得好不好？如果沒有右派，為什麼沒有了右派，又為什麼？右派的論點是什麼？如果大綱再不來，可以根據總結把班上的重點問題，一個個討論。經過考試、調查、總結、討論重點，就是沒有大綱，也能編出大綱來了。步驟可以很靈活，反右派也沒有先發大綱。革命這件事，沒有先發大綱再進行的。

怎樣計算成績、怎樣考試？過去考試的方法要改，馬列主義考試是不行的。考試成績應當把平時的思想、反右鬥爭中的表現、平日學習，綜合起來看。

同志們提議出個刊物，我請同志好好地讀報紙，特別是《人民日報》，從其中可以看見黨的政策、運動方向。

黨如何領導？黨委應當把政治課作為黨的工作中心，政治課教師應當把自己的工作看作黨的工作的一部分，是光榮偉大的任務。認為黨

的工作是沒有研究能力的人幹的，是很危險的，最終必然會反對黨的領導，輕視黨的先鋒隊的作用，不能做無產階級的知識分子。

總之，經過幾天討論，我贊成這個辯法，困難是有的，建言不足，可能走彎路、犯錯誤。只要思想一致，用革命的精神辦事，馬列主義是攻無不克、無堅不摧的，我們又有反右鬥爭的經驗，有黨的領導，工作一定會成功的。（完）

記錄者附注：康生同志還在八月二十日、二十一日與外地來京的政治課教師舉行了兩次座談會，座談會的內容基本上已經包括在以上的總結報告中了。現在將批判資產階級社會學的問題補充於下：

八月二十日康生同志在外地來京的政治課教師座談會上的講話（部分）

康生同志詢問了天津南開大學的同志如何與雷海宗做鬥爭，然後做了以下的談話：

今天我們向右派分子做鬥爭，首先不是學術思想上的鬥爭，而是政治鬥爭。雷海宗的歷史很不好，在解放前公開宣傳法西斯，反動極了，似乎在解放後他還被管制了一年，他在學術上的錯誤，也容易看出來，實際上他不懂什麼是社會科學。學術問題上要鬥，但首先是鬥政治，所有其他都是為了揭露他的政治陰謀。這是表現在學術思想上的政治鬥爭。北京大學陳振漢的經濟科學綱領也是如此（上海也有）。我們平時搞學術思想工作，容易一下子就轉到學術方面去，右派就是要引導我們到學術思想方面，不要搞政治。

雷海宗問題是件什麼事呢？資產階級右派要恢復？社會學反對馬列主義、反對黨的領導，他們企圖利用？社會學反對四門政治理論課、反對學校中黨的領導，雷海宗的問題正與這個分不開。

下學期我們要遇到帶學術形式、思想形式的政治鬥爭，各大學要遇到兩件事，第一是右派分子要恢復社會學系，他們企圖在北京以北大

為中心、在上海以復旦為中心,恢復他們的社會學系。第二要遇到右派分子宣傳和恢復凱恩斯學派的經濟學,來反對馬克思列寧主義政治經濟學。可能還有反動的法學,復旦的楊兆龍有一套跟龐德學的實用法學。這些看來是學術爭論,實際是政治鬥爭,我們首先要看到它的政治性質。

哪天有機會應該把資產階級社會學談一談。什麼是資產階級社會學呢?首先在中國設立社會學系的是聖約翰大學,那是個文化侵略機關,然後其他學校也設立。資產階級社會學的作用是散布改良主義、緩和階級鬥爭,為帝國主義培養走狗、文化入侵的先鋒隊。中國一些學社會學的人都是從帝國主義系統學的。社會學有兩大派:一是理論派,如俄國的克魯泡特金;一是實用派,從英國傳到美國,就是各種調查。牧師都會這一套,調查為了便於外國的經濟、軍事、文化的侵略。清華大學搞的社會學是從美國販賣來的,更突出了。在中國從事社會學研究的人大概有兩個作用:在國內,他們通過農村調查瞭解共產黨在農村中的活動、防止或組織農民運動,保證地主階級;通過工廠調查瞭解共產黨在城市中的活動,挑起工人階級的不團結,破壞工人運動,保護資產階級;通過少數民族調查,宣傳國民黨的大漢族主義,挑撥分裂少數民族,便於統治階級壓迫他們。中國很多的社會學家都與國民黨的社會部有關係,甚至就在社會部工作,例如陳達。大家知道,國民黨社會部的頭子是谷正綱,實際上是個偵探部,專門破壞革命。所以,中國的社會學家們改良主義也不多了,他們是要消滅和壓迫共產黨和革命運動。在國外,中國的社會學教授們與帝國主義有千絲萬縷的聯繫,是帝國主義的第五縱隊,特別是清華這一夥,他們留英、留美回國後做調查就是為帝國主義服務的。費孝通是個突出的例子,最近他寫〈重返江村〉還是為了帝國主義服務的。

他們說他們的調查詢問,有一套好的辦法和技術,實際上也是反動的東西。陳達的人口調查是依靠縣長和公安局長的,另外一套就是偵探技術,我們是都不能用的。

解放以後取消反動的社會學是完全對的,這是個很大的成績,也是

他們最不滿意的，一談起來就像挖了他們祖墳似的。當然，老搞社會學
的要改行了，所以很不滿。在鳴放時期，勞動幹校的陳達聯合人大的吳
景超、李景漢等向高教部提出抗議。高教部、人大、勞動幹校等應該向
陳達講清這筆帳，欠債總是要還的。

　　去年我們提出了「百花齊放，百家爭鳴」、「長期共存，互相監
督」的方針，前者是文教藝術的方針，目的是發展社會主義的科學文
化。右派分子利用合法地位，利用鳴放，說社會學有它好的一面，他們
首要利用蘇聯《新時代》雜誌上的一篇文章，這篇文章說蘇聯出席了國
際社會學會，東歐各國也都參加了，只有中國沒有參加。吳景超就在
《新建設》（本年一月號）上發表了一篇文章，題目是〈社會學在新中
國還有地位嗎？〉，從表面上看不出這篇文章有什麼特殊的意圖。此後
他們就開始了一系列的活動。

　　大概是一月十六日，陳達參加北京市政協，提出恢復社會學的提
案；後來，他們在全國政協又提出。人大以吳景超、李景漢為中心，勞
動幹校以陳達為中心，中職學院以雷潔瓊為中心，開始一系列的恢復社
會學的動作。在各校之間串聯和領導的費孝通，他是掛帥的。費孝通在
二月二十日的《文匯報》上發表的〈關於社會學，說幾句話〉，為右
派分子恢復社會學的企圖提出一個總的綱領，這是他最壞的一篇文章。
〈早春天氣〉不顧這篇文章的發揮，把它現在再看一遍。費孝通說他和
他們這一夥人過去是搞社會學的，世界上是藉這鬼牌子販私貨的，究
竟該叫什麼，他們也說不大清楚，我說那些叫做「帝國主義高級偵探
學」。費孝通說他們搞的實際上是人口調查、農村調查、工廠調查、民
族調查等，大概可以人走頭留下，不過外國學者說不能歸之於人類學，
實際上是社會學的旁支別派。他說他原來早已不想搞社會學了，吳景超
的文章才提醒了他。他說搞社會學是中國社會所需要的，不是蘇聯要搞
了，我們才要搞。他說首先要調查黨群關係、人民代表大會制度、人民
民主專政，所以，他說這也可以叫做政治學。總之，他覺得共產黨和人
民民主專政有問題。其次他說人事制度有很多問題，要研究人事制度，
這可以叫做管理學或行政學。第三他要研究知識分子問題。第四要研究

兩性問題，第五要研究人口問題。他說總之要把各方面的矛盾集中起來研究。實際上要研究矛盾、揭露矛盾、挑撥矛盾，將人民內部矛盾變成外部矛盾。於是費孝通重返江村，李景漢重返京郊。他們說矛盾多得很。李景漢還說過去把農民當作牛馬，現在把農民當作拖拉機。所以，費孝通在二月二十日《文匯報》上的文章所提出的恢復社會學的綱領，是章伯鈞政治設計院的理論基礎。

雷海宗也是要恢復資產階級社會學，反對馬列主義，所以應該從挑撥矛盾、到處放火來看雷海宗的發言。

三月三十日費孝通在宣傳工作會議上提出恢復社會學的七條綱領。費孝通說聽了毛主席的發言，現在社會科學才有了前途。我們當時聽不懂，後來在宣傳工作會議上的小組座談會上，聽了雷潔瓊的談話我才懂了，原來他們所說的社會科學是資產階級社會學。他們說中國的社會科學落後，說的就是資產階級社會學。他們利用宣傳工作會議，大肆宣傳社會學。

右派的思想經過發展，搞了個「科學綱領」（六月九日公布）。在同一天，費孝通又在陳達家裡開了一個會，對於恢復社會學更具體了，說明了他們的任務是調查，要設立機構。這說明了在六月八日我們發表社論後，他們還要利用社會學來販運私貨。黃藥眠、費孝通、陶大鏞等還在搞黨系制問題。陳振漢、徐毓枬、羅志如、巫寶三、寧嘉風、谷春帆六教授還起草了反動的經濟學綱領。羅隆基的大將趙文璧已經被批判了，但在七月底還提出了一個〈物產積極的社會學綱領〉，其中雖然批判了吳景超，但還是那一套，調查、調查。所以，恢復社會學的綱領，他們始終沒有放棄。

雷海宗的問題不是真正的學術爭論問題，首先應該把他們的政治陰謀揭開，而不是糾結在學術問題上，應該從政治上揭露學術的外衣。

「百家爭鳴」是發展學術的方針，在學術上提出不同的意見，我們還是歡迎的。如雅典制度、邏輯的與辯證法的關係等問題還是可以提出的。但是雷海宗是政治進攻問題。「百家爭鳴」與利用「百家爭鳴」向社會主義進攻應分開。

　　社會主義思想教育這門課與政治鬥爭是不可分的。我們要準備同人家打社會學這一仗，我們過去的教學聯繫批判社會學很不夠，今後應該重視對社會學的批判。今後的鬥爭或大或小都會有的，政治課教師應該在鬥爭中提高覺悟，學會運用馬列主義、保護馬列主義。

中共上海市委黨校二部教學研究室關於座談康生、陸定一同志報告的情況反映

（1957年9月9日）

茲將我們教研室同志初步座談中的幾個問題，簡要彙報如下：

一、馬列主義理論和實際相結合的教育方針問題

這個方針在我們黨校是主義的，然而，堅持和貫徹它卻不是一件簡易的事。往往到了具體行動中，就顧此失彼，產生結合與脫節的矛盾，而且認識上也有分歧。我們工作中最薄弱的一環是「加強政治思想和反對各種不良傾向及缺乏從當前鬥爭形勢任務出發，提高到理論高度加以教育的領導」，缺乏戰鬥性和現實性。在實際工作中，雖經常做關於基層骨幹思想和實際問題的調查研究，但不能適應需要，這個原因，主要是對社會主義革命時期，再去全黨範圍內，給以深入的政治上思想上的教育認識不足，對馬列主義思想是我們工作上的靈魂體會不深，康生同志說，進行馬列主義的政治課，注意它的系統性，完整性是對的，但是脫離當前階級鬥爭、革命運動、黨的任務和具體的教育對象來進行備課是不對的，然而，我們對於理論和實際的關係，有些同志認為「理論是很重要的，是長期派用場的，實際問題，思想問題，只是在一定時期內派用場」，因而認為「我們的教育目的，應是以系統的進行理論教育，即傳授知識，至於他們思想上有些什麼問題，工作上有些什麼困難，主要是黨日活動和實際工作部門的事」。這樣，在教員備課講課時，照抄照搬多；不生動，不具體，在一定程度上脫離了實際。尤其對於反面的

錯誤思想，就缺乏原則的對待，提高到應有的高度，進行批判教育，存在著教書不教人的現象。同時對於實際生活中許多問題的理論意義也時常忽視，甚至個別同志認為，黨的建議和時事政策以及「八大」文件都能算是理論學習。這在實際上是貶低了理論的意義，對立了理論與實際的關係。

二、教育的方法問題

我們在以往教學方法掌握上，強調正面教學為主，以講好課為主要環節，而對正面教育與批判反面錯誤思想關係上不明確，對辯論意義瞭解不夠，對教學過程中如何貫徹群眾路線認識也不深刻，不知道除了與講師外，學員反面人物也是大家教員。這就影響了我們對馬列主義政治教育的基本目的是改造思想最有效的方法，是貫徹「團結—批評—團結」的方針的正確貫徹，還沒有完全抓住貫徹教育方法的根本關鍵，通過座談，有些同志認為教育方法中講課固然重要，但辯論更為重要的，這不僅是社會主義思想教育課程中的重要關鍵，也是其他如政治理論課程，都是以從當前的鬥爭形勢相結合的，但有些同志看法與上不同，認為這些課程中，自學為主，輔之以教授、輔導、討論的方法仍是基本的。

三、加強社會主義四性教育，努力做一個工人階級的政治教員

黨號召努力做一個工人階級的政治教員對我們也是迫切的，因為我們教員中極大多數都是非無產階級出身的知識分子，過去雖讀了寫馬列主義書，也不熟，參加過一些實際鬥爭，但很少經過大風大浪考驗。正如康生同志說的，自己的舊世界觀沒有去掉，或沒有完全去掉，新世界觀沒有建立，或者還沒有完全建立，只願意在書房裡研究馬列主義，不

願意接近工農群眾，和工農群眾沒有密切聯繫，還處在中間過渡狀況。有的同志說，我們是近似這一類的。在運動鬥爭以前，有些同志自以為許多「關」都過來了，自己的立場該沒有什麼問題了，無產階級的世界觀哪還有什麼問題呢？在座談中，許多同志表示，思想改造是我們進入社會主義所必經的道路，忽略了這一點，我們隨時隨地會被資產階級的思想所俘擄，被階級的敵人所欺騙。因此，一定要努力學習馬列主義，繼續進行思想改造，積極參加實際鍛鍊。

對於陸定一同志號召所有馬列主義教師，首先做個宣傳家，做個馬列主義的革命家。不少同志在學習和座談以前，在自己的思想上缺乏新的認識，有些同志不願意到實際中去，平時對黨和政府當前的路線、政策、方針的具體研究較差，聯繫理論、聯繫實際來研究政策更差，有些同志存在著做專家、副博士的思想。

如果說目前我們教育工作上主要的是教條主義偏向，那麼我們教育工作者既要克服教條主義，又要防止右的機會主義，因為我們的成分和思想即是上述，而責任比一般教育工作者更重。

上述幾個問題，只是我們在座談中所提及到的，打算在整風學習中，進一步討論研究。

（中共上海市委黨校二部教學研究室）

康生同志在中宣部召開的各省市宣傳
及文教部部長會議上的講話

（1957年9月22日）

（一）從事社會主義教育的人，這兩年都有一個大綱，教馬克思主義的
　　　沒有了這大綱就成了死人，他們認為只有大綱才是經典著作，毛
　　　主席的文章也不能列作主課實際。這種說法狂妄至極。大綱把馬
　　　克思主義教死了。

　　　　　各地已帶回去一些大綱，我們討論認為不要，今後學習應以
　　　文件為主，以毛主席在最高國務會議上的講話為主，其中十二條
　　　就是大綱，應按此去討論，作為中心教材，按照每一問題再組織
　　　一些經典著作和黨的文件去學習；最高限度一百四十五萬字，最
　　　低限度七十五萬字，各地可酌情增減。

　　　　　如何教法已經講過，要他們放下架子，不要無所不知似地，
　　　採取老老實實的態度，各地要堅持這個辦法，今後可能作為四門
　　　課的基礎教程。如哲學以毛主席的矛盾論、實踐論為主，再採用
　　　些經典著作。

（二）會附帶通知各地，中等專業學校的政治教育，也按最高國務會議
　　　毛主席的報告為主，對他們的社會主義教育課程要管。

（三）以下問題請各省考慮，這些問題目前尚未請示中央。

　　　　　關於中學校的政治教育，我們過去考慮大學多，整風前取消
　　　中學校的政治教育是錯誤的。對中學生的思想，過去認為他們思
　　　想情況單純，但整風鳴放以後，初中、高中的學生，思想情況嚴
　　　重勝過大學，大量的事實把教育專家的腦子才打開了。

　　青年團中央做過調查，大學生贊成儲安平的「黨天下」，中學生又還加上個「團天下」，還有破壞行動，勝過大學（廣東、河南的事例登在宣傳動態上），有的放火殺人，有的要去找蔣介石。

（四）中等學校的特點：

　（1）年輕，思想未定型，這是純潔的一面，易於教育。

　（2）但也因年輕容易受壞人、右派的挑撥，人數多於大學，教育不好將影響工廠、合作社、部隊、大學。中學校是個環節，也會影響到團的組織和黨的幹部的品質，他們人數多，影響大。

　（3）矛盾比較大，如不能升學的問題，大學畢業是就業。矛盾大，矛盾多，高中生就業比初中學生就業的牴觸情緒就大（河南學生把我們的一個幹部殺死在廁所裡）。中學生的政治教育不僅應該而且必須。

　（4）中學教員的反右：各省市委要加強中學的領導，它的意義關係到部隊、工廠、農村及黨、團的幹部。中央考慮大學，中學要各省市自己準備。

　　青年團如何在學校工作？省和中央都要來總結這個問題，特別是青年團要抓這個問題。

（五）考慮到一下幾個問題，還不成熟。

　（1）中學的方針、目的。

　　　現在是肯定培養勞動者（不是培養狀元），大學也不過是培養一些有知識的工人而已。要知道萬般皆下品，惟有讀書高。斗大黃金印是深入人心的。

　（2）教育課程內容：

　　　政治教育（堅定再不動搖）。

　　　知識教育。

　　　勞動教育（體育、生產知識）。

　　　教員不會，請些農民、工人來講，讓教員也做學生，誤工就給農民工分。教員的來源，應與合作社、工廠聯繫，進行這

一門教育，不要去辦工廠，辦小農場。

中學社會主義的教學基本方法與大學一樣，選些文件去讀、講、討論，結合學生的思想，進行討論和辯論。教材可以精簡，淺一點。

方式：可以多種多樣靈活的方式。

這個問題請各地考慮研究如何辦好，另外，要通過各種課程去進行政治教育。為什麼要把青年一定培養成文學家，馬、恩、列、斯都不是學文學的。毛主席的八大開幕詞好，但他們說不是文學範圍的。少奇同志寫的中學生下鄉，不能作為文學課本。《人民日報》的社論，語文倒比丁玲、蕭三、艾青的好，但不能列為文學的範圍。可以考慮在中學的文學課本中刪去幾篇，插進一些毛主席的文章、社論，而且要他們背過，例如參加合作社、農村決議等，應該補進教材中去，各地可以試試。有一個烈士的小孩整天寫「舉杯消愁愁更愁」，他小小年紀愁什麼？這種古典文學對他有什麼用處？脫離孩子的生活，政治教育時間不夠，可以插進文學中去，文學史好像在培養「浪漫詩人」。

（六）招收學生問題。

楊樹浦與徐家匯不一樣，希望各地把學生的成分研究一下，看要否新政策，要逐漸保證勞動人民子女的成分增加。

（七）體制問題。

要放到省委去管，有些中學縣委沒有管。反正，各省市要抓中學教育，政治教育要聽地方黨。辦學校補習班要注意防止流氓騙錢及壞人利用。至於河北教會辦學問題，辦學是政府的事情，信教可以自由，但教會不能辦學，堅決制止，群眾辦學與教會辦學根本不同，是公民辦學，它必須與教會斷絕關係，接受政府領導，不可以在學校裡傳教。

（八）關於科學界反右問題。

九月十一日中央有過指示，科學界要進行反右。自然科學與

社會科學不同，開展的方法也不應當一樣，各地應按指示檢查一下，向中央反映。

有四類社會主義：

（1）打著社會主義招牌反社會主義，恢復資本主義，例如章乃器、葛佩琦。葛說：「沒有共產黨也能建設社會主義。」還有清華錢偉長的社會主義，東北徐明的多樣性的社會主義。右派的總綱領：反共（葛、陳達），反無產階級專政（陳新桂）。他們不贊成社會主義，要走資本主義的說法較為隱晦。

（2）修正主義的社會主義，對南斯拉夫很感興趣。特別是在學生中，但他們又不瞭解南斯拉夫，實際是無政府主義，尼赫魯的社會主義。前二者是敵人打著招牌反社會主義。

（3）贊成共產黨領導、無產階級專政，但不贊成工業化的社會主義，不贊成社會主義中的城鄉關係、工農關係、統購統銷、物資供應、節約、合作社、資金積累、積累分配，實質不贊成工業化。右派攻擊我們說是封建性的社會主義，托派說我們發展工業要適應發展農業，是農業勞動黨。要工業化不能忽視農業，特別是農村、部隊，甚至連老幹部（某些）也不大懂得或瞭解得不大準確。

（4）群眾中大量的，我叫他「空想的社會主義」，改變所有制以後，認為一切問題都好了，把共產主義的最低及最高階級混同了，這是空想的糊塗思想。

只知農村集體化、沒有剝削是社會主義，自從毛主席提出社會主義存在矛盾，這是理論認識上很大的問題，啟示我們認識了社會主義是怎麼回事。《哥達綱領批判》要好好地讀一讀，馬列主義認為經濟到底會不會消滅資產階級社會的痕跡，資本主義的社會起很大作用。主席指示、啟示我們做研究，特別是學生青年團存在的小資產階級的空想社會主義。馬克思講社會主義不是空中來的，必然帶著舊社會的痕跡和殘餘，因此對青年人的改造是很重要的。

　　列寧說：「沒有資產階級的資產階級式的社會」說明了分配有資產階級分配的源泉的存在，列寧講：「人是不相等的」（勞動不同，年齡不同，……商品法則決定產品分配），青年工人每月六十元，有負擔也是六十元，工資的平等不能各取所需。

康生同志在理論教育工作座談會高教小組會上的講話

（1957年12月23日）

（根據紀錄整理，未經本人審閱）

　　想瞭解各地方高等學校的情況：各地方高等學校的整改情況如何？特別是中間分子，發動起來沒有？學生、教授對黨的領導提了什麼意見？嚴重的有哪些表現？有哪些學校的黨員校長帶頭開展批評和自我批評？這些方面的問題，請同志們談談。

　　整改要大放大鳴，這一環搞不好，今後容易被動。無論課程改革，還是社會主義教育，都要實行群眾路線，開展辯論。整改階段建立不起這樣的風氣，以後的工作很難搞好。我在天津看了一些學校的大字報，批評黨員校長很少，給學校黨委提意見的甚至一張也沒有，至少我沒有看到。

　　目前，高等學校工作的環節，應該是發動群眾搞整改，各學校都緊張得很：整改、勤儉辦學、下放、考試……，許多工作壓到頭上，不曉得辦哪件事情好。不少學校的負責同志，不知道利用整改進行自我批評，來發動群眾，他們沒有自我批評，我看不一定是怕「引火焚身」，主要的是任務中，找不出中心環節。

　　通過處理右派教育群眾，也是目前的一件重要事情。建議北京高校黨委抓緊這件事，結合處理右派進行社會主義教育，學習主義報告〈兩類不同性質的矛盾〉那一段和〈《文匯報》的資產階級方向應當批判〉那幾篇文件，分清敵我，辨明白立場。不要只想今後怎麼系統進行社會主義教育，放過眼前的這個機會。

　　學生負擔過重基本上是教學內容的問題。這方面實際浪費很大，有的課發現可以根本不上，有的一節課上十分鐘就可以了。最近到一些大學去聽課，聽過以為教授講「魏晉樂府」，〈結客少年場行〉一篇教了兩節課，光題目就講三十分鐘，「結客」兩個字占二十分鐘還沒有講清楚，真冤枉！這樣的課，我每週二十節，常去聽聽課就會知道學校的問題在哪裡，就會曉得教師工作量該怎麼定。解決教學方面的問題是大工程，將來再講。

　　馬克思主義理論教育怎麼進行？看來有兩種情況：一種是經常的理論學習；一種是結合運動學習馬克思主義，兩種不可偏廢，系統學習是要的，馬克思主義理論既是科學，總要有個系統。有同志說：運動來了，理論教育沒有事可做；其實，來了運動恰恰更要抓緊理論教育。

　　我一九三八年在延安辦黨校，現在二十年了，二十年來究竟黨校有些什麼最基本的經驗，將來高級、中技黨校的同志可以研究一下。回頭看看，看來情況也是兩種：一種是經常進行的系統教育，它對幹部的提高也起作用；但是，從過去中央黨校和現在高級黨校來看，馬列主義教育最深刻的是兩次，就是兩次整風。是用整風形式進行馬克思主義教育，或者說在馬克思主義教育中整風。這樣的馬克思主義理論教育是不是正規的、是不是系統的呢？我看，既是正規的，又是系統的。

　　這次整風效果如何目前還很難估計，但是，上一次整風的效果可看得清楚。這一次據高級黨校的學員講，用整風形式學習馬克思主義跟平常大不相同，經過這幾個月，再來讀〈共產黨宣言〉、《國家與革命》、《無產階級革命和叛徒考茨基》、《哥達綱領批判》……，這些書就活起來了。今天高級黨校集中的幹部和過去中央黨校不一樣，在延安集中了更高級的幹部；因此，不一定設想所起的作用跟延安整風完全一樣，但是，從馬克思主義教育來看，這一次也確實起了作用。二十年得出這樣的結論：每當用整風形式進行馬克思主義教育，總是得到好結果的。少奇同志在整風中講過：現在看來，黨校一方面要進行系統的馬克思主義教育，一方面要用整風形式開展批評和自我批評、檢查思想，兩方面要互相結合。這個問題很值得我們注意。

延安第一次整風，從黨校看，還不完備，因為沒有搞完，日本就投降了。按原來計畫後面還有一大段，準備在整風基礎上學五本書，有關哲學的有《社會主義從空想到科學的發展》，還有《俄共黨史》、《「左」派幼稚病》、《國家與革命》、《兩個策略》。主席準備自己講哲學，還計畫每本經典著作前面寫一篇我們自己的序言。沒有這樣的序言，很難使這些書適合於我們的需要。為了寫序言，組織五個小組學習這五本書，後來只有學《「左」派幼稚病》的小組開個頭，其他都沒有開始。當中插進「七大」，後來來個日本投降。檢查起來，延安整風要說有缺點，就是讀書還不夠。這一條大家懂得，搞運動不是不讀書；相反，結合運動讀書，書就活起來，有用了，也不容易忘掉。

（有人插問：「是否把中級黨校學習實際延長到一年半，半年整風，其餘的時間系統學五門課？」）

先不要從時間上去想，時間長也好，短也好，首先是方法問題。系統也好，不系統也好，首先也是方法問題。

什麼叫正規？什麼叫系統？我現在沒有弄得很清楚，聽來講正規、系統，好像是說只有哲學、政治經濟學、馬列主義基礎、中共黨史幾門課才算，我看，這幾門課也算正規、系統，又不是正規、系統。我們正處在社會主義革命、社會主義建設的時期，為什麼不學《無產階級革命和叛徒考茨基》、《哥達綱領批判》？這兩本書對當前十分重要，在我們正規、系統學習裡面恰恰沒有重視這兩本書，這算正規嗎？我看不一定，問題的關鍵在於說清當前的革命環境，說清黨的任務，說清階級鬥爭的現實，毛病就在這個地方。

我總覺得，黨校教育思想上有形而上學，馬克思主義是發展的，隨著階級鬥爭形勢的發展，一個時候需要重點解決的問題，到另一個時候會變一下的。比如延安整風，當時要集中批判王明路線，批判教條主義，在那個時候，在馬克思主義理論課程裡，可不可能設想集中研究社會主義社會的矛盾呢？顯然不可能，實際生活裡面沒有提出這個問題。可是，今天就不同了，一面要批判教條主義，一面還要用很大理論批判修正主義，因為這種思潮是當前世界共產主義運動的主要危險，不能把

延安時代的正規、系統，當作今天的正規、系統，普遍真理還要和革命
實際相結合，不然就不是馬克思主義。這個問題請向同志們研究。

今天，馬克思主義理論裡面有許多新的東西，特別是主席提出的社
會主義社會的矛盾問題，這是馬克思主義發展到目前階段的重要問題，
為什麼不把這個問題看作正規、系統？為什麼對這個問題不系統地研究
研究？社會主義矛盾問題確是當前國際理論界十分重視的問題，我們對
這個問題卻瞭解得很少。

再講政治經濟學方面，前年主席交下任務，說價值規律是不是適合
社會主義農村？這是理論性的問題，又是現實性的問題，為什麼不把這
個問題看成正規、系統的呢？現在看來，斯大林在《蘇聯社會主義經濟
問題》上對這個問題的說法，是不妥當的。政治經濟學方面，還有一個
按勞取酬的問題，現在連農民也都在講按勞取酬，學校裡政治經濟學是
不是系統地講講什麼叫按勞取酬呢？不要求講什麼新發展的東西，就是
把馬克思在《哥達綱領批判》上「公平分配全部勞動所得」的幻想講講
也好，講講勞動創造的價值不能全部分掉，得扣除了生產消費、擴大生
產費用、後備基金、生產管理費、社會共同消費、對喪失勞動力的保險
基金，然後再分，這該是系統的東西吧，但也沒有看見我們經濟學界有
人花點力氣寫文章講講這些問題。

農村經濟裡面價值規律的作用問題，按勞取酬的問題，工資政策
的問題，在分配方面國家、合作社和個人之間的關係問題，這些都是當
前實際生活提出的重大問題，既是現實的問題，又是經驗問題。馬克思
曾經批判德國的經濟學家把「分配看作事物的本質並不把重點放在它上
面」，總認為，分配不是重要問題，生產才是最重要的。今天，在我們
社會主義社會裡，分配又顯得很重要，對馬克思當時的提法，應該怎麼
瞭解？過分強調分配不恰當，但是，完全不估計今天社會主義社會和馬
克思講話的時候，時代已經不同，不注重分配也不行，這個問題在政治
經濟學裡也沒有好好講。更重要的是，無論在政治經濟學、哲學、馬列
主義基礎教學裡，都沒有通俗地講講社會主義社會在分配上還保留著資
產階級式的法權商品等價交換原則還起著作用，青年工人跟老工人拿錢

不一樣,有八個孩子的人和只有一個孩子的人拿同樣工資,他們生活好壞的差異很大,這都設計到資產階級式法權在不同角度上的作用,這些在講課裡面都沒有講。

上面講的,都是社會主義矛盾的問題,主席報告裡還提到,社會主義社會上層建築和經濟基礎之間的矛盾,這個矛盾到底是什麼樣的形態,需要好好研究。我總覺得,同志們對主席報告在理論上的重要性認識不足,不好好研究主席的報告,講課是講不好的。準備將來講課,不在乎讀多少萬字,重要的是研究馬克思主義理論新發展的東西,把當前新發展的東西統統丟了,講課還不是老一套,那還叫什麼正規、系統呢?有的學校把教員分作兩半,一半搞社會主義教育課程,一般準備原先的幾門政治理論課。不先把社會主義教育這門課學好、教好,取得經驗去改原先的幾門課,而躲開了社會主義教育去系統地備課,想把將來的課備好,簡直是「緣木求魚」!

中共黨史、黨建,如果不研究、總結上一次整風,特別是這一次整風、反右的經驗,那就無話可講。硬要講,無非還是講《進一步,退兩步》、《聯共黨史》上的幾個條條,這樣教來教去,就是用形而上學觀點來對待馬克思主義,把形而上學當作是系統的馬克思主義。我這樣講,就不是說不要系統學習哲學、政治經濟學這幾門理論課,而是說學習方法上有問題,對待馬克思主義理論的態度上有問題。教馬克思主義理論課程和教學是不一樣的,馬克思主義理論經常在發展、變化,教員也要進修、提高,一個教學大綱教到底是不可能的。

比如,主席報告裡「團結—批評—團結」這個公式,從井岡山歷史說起,這是個發展,教中共黨史的同志,如果不把這個公式作為重要的線索之一,黨史又怎麼能講好呢?再如,中共黨史、黨建裡講群眾路線,如果不把現在全民社會主義大辯論這一種群眾路線加以研究,加以實踐,黨史、黨建又怎麼能教好呢?最近的《哲學研究》上,有一位同志寫了一篇關於群眾路線的論文,東抄一段,西抄一段,錯誤倒也沒有,最重要的就是絲毫沒有結合到〈正確處理人民內部矛盾〉報告裡已經提到的問題,好像根本沒有這回事似的,這樣,群眾路線怎麼能講得

好，像這樣的教法又怎麼能給學生系統的知識呢？

　　黨校的任務是什麼？我心裡沒有數，應該就是中央、省委給的任務，就是訓練幹部。黨需要訓練什麼樣的幹部？一種是普遍培訓，一種是訓練馬克思主義理論隊伍的骨幹。今天似乎更迫切的是培養、建立馬克思主義理論隊伍的骨幹。那麼，黨校該做什麼？一種可以培訓為主，主要是普及；在一種可不以培訓為主，搞培養、建立理論隊伍的骨幹，主要是提高，也就是講一些經過實際鬥爭考驗，同時有培養條件的幹部，加以訓練，訓練後派到學校和文化戰線其他機關去做理論隊伍骨幹；另外還有一種，就是兼顧普及和提高兩種任務，同時設培訓班和高級班。高級班年限長一些，多讀一些書，或者直接教教書，或者多參與一些馬克思主義理論隊伍的活動。湖北省委的同志曾經建議：高級黨教師資部調老幹部學兩年，培養他們成為理論隊伍的骨幹；人大馬列主義研究班也要調老幹部來培養，這個意見值得考慮。過去拿一條從青年知識分子當中培養理論隊成員的路，事實證明是走不通的。到底黨校怎麼辦好，一點論還是兩點論，還需要同志們座談。

　　假定說，任務是培訓，只是設培訓班，從某些黨校來看，我看是存在著這樣一個問題；任務是培訓任務，思想是訓練理論隊伍骨幹的思想，課程也是，這就發生了所謂時間段、課程多的矛盾。培訓可以有各種方法和目的，當然也可以是現在通行的這一種，就是估計入學幹部實際經驗很多，入學後讓他們好好讀一點經典著作，把馬克思主義理論系統地學一學。現在進黨校的幹部，一般是抱著這樣的目的：「我是來講馬克思主義理論的，實際問題到工作裡面去搞。」有的幹部學校，也採取這種辦法。這種辦法不是不可以；但是，裡面有個問題：所謂系統的馬克思主義理論，學了之後跟他的工作對不起來，哲學是哲學，主觀主義還是主觀主義，政治經濟學是政治經濟學。處理經濟問題還是老一套，裡面存在著理論和實際結合不起來的問題，看起來，教學的內容和方法都需要改進。

　　既然培訓的方法和目的不止一種，就可以有不同於現在同行的培訓方法。學員都從實際工作中來，實際工作裡面會有各種問題，解決嚴重

存在的問題也可以是培訓的一種目的。比如中央政法幹校，實際是黨校的政法班，過去也是系統地學哲學、政治經濟學和業務課程的，這一期開學時候，正遇到政法工作不要黨領導的傾向和嚴重右傾思想被大量揭發，當時就拒絕了學院系統學哲學、學業務課的要求，集中實際和經驗搞社會主義教育、搞整風，來解決政法工作的右傾問題。通過這樣一種辦法培訓，首先可以摸清楚政法系統幹部的思想情況；其次可以理解地方政法機關的問題；第三可以檢驗領導方針、政策是否正確；最後，經過學習幫助學員明辨是非，結業後撤出去一批掌握中央正確方針比較好的骨幹，就能準備全國的工作。

還講一種培訓辦法，拿廣東來說，現在黨校要培訓幹部，教育計畫根本不是什麼原先規定的幾門課，也根本不是什麼系統的理論，就是集中力量整地方主義。過去廣東送些幹部到黨校培訓，學了一年，地方主義並沒有減少，而是更多。又如新疆黨校，如果空談哲學，空談政治經濟學，還不如整地方民族主義。又比如煽動，哪裡本位主義、地方主義是個很大的問題，培訓就要解決這個問題。總的說來，培訓應該密切結合地方黨的需要，解決當地幹部普遍、突出的思想；不能說，我管系統進行馬克思主義理論教育，不管這個。要是這樣，那你的馬克思主義理論是幹什麼的？

所以，不能把培訓這個問題看死了，可以採取各種辦法，而不是一種樂意有平時和戰時，而不是什麼時候，什麼對象都是一種，鐵板一塊。

至於理論隊伍骨幹的訓練，我設想過辦一個「百人大學」，還搞原來規定的四門課，一個系二十五個學員，教員除了正面的以外，要找陳振漢講凱恩斯的經濟學，馮友蘭、賀麟講唯心主義哲學，陳達、吳景超講社會學，請些右派來教書，我看效果不見得比現在黨校師資班壞。現在，咱們自己覺得很正規、很系統，其實很不正規、很不系統，而且片面得很！敵人方面的全不知道，算什麼系統？馬克思主義不遇反面的東西就很難發展，老幹部有鑑別能力，要把他們的腦子的領域放寬廣一些。咱們也不想當凱恩斯專家、歌德專家，但知道那些東西是怎麼回

事，再碰到他們就不至於被嚇倒了。

曾經同志搜集資產階級學者、教授的文章、講義、講稿，作為批判資產階級社會科學的材料，不知道進行得如何？這個工作要就繼續。德國黨校的黨史資料工作搞得很好，值得我們學習：一間房子陳列黨的資料，對面那一間就擺著祕密警察的檔案材料。我們卻不大研究敵人；沒有敵人，沒有社會，孤立講中共黨史，怎麼能講得好！黨建這門課，能不能單獨成立，我是懷疑的。講主席的〈正確處理人民內部矛盾〉的報告，難道這不是黨的建設？現在講的黨建，大概還是黨在地下祕密環境講的東西，思想內容很少，也可以說是脫離實際；很多是經驗主義的，要講，就要照主席〈共產黨人發刊詞〉那樣的方法教。整風就是最大的黨建。黨建這個概念，現在一般理解得太窄狹了，總是那麼幾條條，從前黨在祕密環境的時候講講還可以。

總起來看，黨校這幾年成績很大，幹部讀了很多書，這是件好事。講哲學也有成績，十二國宣言也強調要學習唯物辯證法。我們的縣委書記在工作裡多少能用辯證法看問題；從地委書記在中央開會時候的發言看，政治理論水準比延安時候確實大大提高了，應該說，成績是主要的，但從實際需要看，還有毛病。最主要的是同實際結合不夠，同黨的當前主要任務和幹部思想結合得不夠，有那麼一點危險；一面深入學術研究是好的，但另一面脫離實際，不大關心政治，對政治問題不那麼敏銳。延安整風是黨校帶頭，這次整風，許多黨校動作遲緩，很被動，沒有起帶頭作用；有的把學院也放掉，讓他們回原來機關去整風。這種想法、做法不對頭，整風不是檢查具體工作，是普遍的馬克思主義思想教育運動，這是一個思想問題，不是哪一個地方才有的。教學，停止招生，發現出我們黨校同志對整風認識不足，應該是一個教訓。當然，這也和當時有這樣一種想法有關，覺得右派出現在黨外，黨內大概沒有。社會在打大仗，中央團校那裡還在搞他們的幾門課，為什麼這樣子？政治上不敏銳，看不到政治思想戰線上的社會主義革命，這很值得注意。對現實鬥爭注意得少，有點關門辦學校；教員也是兩耳不聞窗外事，只怕闖進什麼運動，把他們課程的「系統性」給破壞了。我對他們所謂正

規、系統，實在懷疑！

同樣，看看我們理論教育隊伍，也存在著危險。老隊伍，在延安教書現在還教書的老骨幹，只有數得出的這麼幾個，這些同志讀書多，有的文章寫得不少，有經驗，有成績，對宣傳馬克思主義有功勞，自己也有一定成就，這一方面要肯定；但細細一看，老骨幹危險得很，不妙得很！長期一直教書的有僵化趨勢──像水，不大動。這理在什麼地方？除了個人的原因以外，長期脫離實際、脫離群眾是最重要的一條，長期關在房子裡不見陽光，不透空氣，是要長霉的！新起來的第二批、第三批的同志，要在意這個問題，經常參加實際工作，到工廠、農村去看看，鍛鍊一下，很有必要。教員是不是和黨的機關、工廠、農村掛點鉤要好一些？蹲在學校裡，外面的事情就難於知道，對他們要有個政策：如果不願意接近群眾、不願意接觸實際，要加一點強迫。這個問題教員個人要注意，黨組織方面也要注意；不然，隊伍建立不起來，建立起來也會停滯的。

有的黨校周圍農業合作社很多，工廠也有，還有學校，要去跟它們發生關係，不要關在校門裡面。是不是還可以進行一點社會調查？李景漢在圓明園搞社會調查，地點就在高級黨校附近，他寫出調查報告在《人民日報》發表成為權威：好像我們共產黨人倒不懂得搞社會調查！調查結果還可以拿到學校講講，這比請人做報告要生動。以外，還有工廠的大字報，上面有許多理論問題，比如，新、老工人的工資問題。子女多的工人提出：孩子是社會的，為什麼要他個人負擔的問題，把這些問題接受過來，加以研究，可以豐富我們教學的內容。

各地黨校，在馬克思主義理論教學上應該做出榜樣，對一般學校起點推動作用。

還有許多問題可以研究。比如文藝方面，到處講人民性，這也有人民性，那也有人民性；到底什麼是人民性、什麼是人民，卻不知道。又如，什麼叫工人階級知識分子？你有你的想法，我有我的想法，誰也說不清楚，應該寫文章講一講。學校裡，什麼叫系統，什麼叫正規，這也可以研究研究。

總之，無論如何不能看成：運動會妨礙馬克思主義理論教育。整風運動本身就是馬克思主義思想教育運動，黨裡面當前的事情，黨校一定要管，每年都要研究有哪些實際問題需要解決，這樣培訓就有了目的。

理論隊伍骨幹的訓練，就應該跟培訓不一樣，可以不可以考慮辦這樣一個班，以學習主席報告為主，狠狠讀些書，目的在於研究以下問題：（1）如何辦學校？大學、中學的教育方針該是什麼？向工人開門，還是只願意接受資產階級子弟？這也是兩條路線的問題。（2）對學校的政治理論課如何領導？如何進行對幹部、工人、農民的社會主義教育？（3）如何領導報紙和通訊社：什麼是資產階級辦報路線，什麼是無產階級辦報路線？（4）如何領導科學研究？科學研究的兩條路線、兩種方法怎麼區別？（5）如何建立新的工人階級知識分子隊伍？如何改造舊的知識分子？（6）如何領導作家、藝術家？現在的音樂反映不出大時代，唱來唱去多是《西廂記》等等戀愛、抒情的聲音，這些當然可以要，但僅僅這些就反映不出大時代的建設。歌唱長江大橋，這件事做得好，但武訓就沒有人歌唱。

黨校也可以辦這麼一期，專門訓練做思想工作的老幹部。

江蘇省委任命機關組織社論小組，規劃在三五年內培養出二百個能寫社論的幹部，這個辦法很好，各地方也可以試試看，開頭寫他們那一行工作的社論。

政治理論課教員，一種是專業的，還有一種是擔任實際工作兼職的。是不是也可以像作家一樣給創作假期？對這些兼職教員，給他兩個月時間寫文章，他可以利用這個機會讀讀書，可能寫出好文章來。

康生同志在理論教育工作座談會上的講話

（1957年12月25日）

（根據紀錄整理，未經本人審閱）

關於理論教育工作，幾年來黨內存在著看法不一致，語言不統一。問題存在著，不必否認有這樣的問題。

這裡也有兩種矛盾：一種是敵我矛盾，像清華大學的政治理論課教研室的有些主任和教員同黨委的對立；另外，還有一種矛盾，共產黨員之間看法也不一致，語言也不統一。這是可以理解的，因為情況有很大變化。也許是我們要求高了，也許是有些同志對新的形勢認識不足。

問題集中在這麼幾點上：

首先就是對理論教育工作的估計，成績是主要的，還是缺點是主要的？有些人只看到了成績，整改不夠狠，遇到旁人講工作的缺點，他們就這樣看；現在講這麼多缺點，是否要否定成績？

在右派鬥爭中，我們回擊了右派對政治理論課的惡毒攻擊。今年八月，我在中山公園音樂堂講話，就支援、保護了政治理論課教員，肯定了許多成績。今天反右鬥爭已經勝利，我們工作中缺點就是缺點；整改當中「引火焚身」，主要應該看缺點。「成績是主要的，缺點是次要的」，這是一個實事求是的公評。籠統地說「成績是主要的」，不去展開研究，就會對缺點方面瞭解得不夠。

今天是不是批評缺點有點多了呢？也可能個別的話說過了火？但總的看來不是檢查缺點過分，而是不夠。為什麼？看看各高等學校的大字報，大字報上對課程提了很多意見；但從京、津的高等學校來看，批評四門政治課說課有缺點、錯誤的卻很少，至少我看到的不多。過去有許

多毛病需要改正，我們還沒有看出來。對黨員、教授、學生群眾就沒有意見了嗎？我們還沒有引導？向這方面來批評。

從高級黨校看，高級黨校成績很大，那裡集中了全國各地幹部的八分之一，整出了二十八個右派，這可是驚人的事情；但是，系統地檢查教學工作還沒有開始。各個中級黨校如何？情況難於知道，因為那裡大多數已經沒有學生了。

我們應該肯定成績，加強信心。不管如何，教的是馬列主義，但是，感到有毛病。毛病在什麼地方，大家研究。

從什麼時候開始，我感到政治理論課有毛病？從去年（一九五六年）四月五號〈關於無產階級專政的歷史經驗〉（下簡稱〈一論〉）發表時候感到的。那時候感覺還不深，接著主席報告〈十大關係〉，後來提出「百花齊放，百家爭鳴」。從〈一論〉到〈十大關係〉，我感到馬克思主義領域裡出現了許多很重要的新東西。〈一論〉發表的時候，我在莫斯科，回國後讀到全文，發掘這篇文章的核心問題是關於社會主義社會的矛盾，覺得這是馬克思主義發展過程中具有歷史意義的問題，這時自己還不能好好分析。看看理論工作機關和教育機關，對這個問題也注意、學習、鑽研得很不夠。

以後，主席〈關於正確處理人民內部矛盾的問題〉報告發表，一直到整風，理論工作機關和教育機關對這些問題是否給予必要的重視呢？我看不夠。在天津，我遇到一些做理論工作的同志，他們對中宣部發起的學習社會主義教育課程表示懷疑，覺得沒有原來四門政治理論課正規、系統，認為社會主義教育課程是「非正規、非系統」的。我現在很懷疑那些把社會主義教育課程看成不正規、不系統的同志，能不能揭示主席報告第一節後頭幾段關於社會主義社會內部矛盾的問題。那不是一件同一的事，並不像講哲學一般地講講矛盾那麼輕鬆！

相反，看看蘇聯學術界，他們在一個比較長的時期不大贊成社會主義社會還存在矛盾的提法，思想不通；經過蘇共中央把〈一論〉全文印成小冊子，十月革命四十週年赫魯曉夫報告裡也提到這個問題，情況就改變了。值得注意的是，蘇聯學術界雖然注意得晚，現在對這個問題

的研究卻比我們努力得多，活潑得多。許多學者寫了文章，展開討論，這些情況在最近這一期《宣教動態》（第一百五十期）上有反應，應該看看。儘管文章裡面的觀點不一定都正確，但他們對理論的重視和這種研究氣氛，很值得我們學習。蘇聯學術界有人說：提出社會主義內部矛盾問題，這是唯物主義辯證法矛盾學說的新發展。我很擔心，如果不努力研究，雖然這個重大問題是我們先提出來，也可能落在蘇聯同志的後面。應當說，他們在理論修養上是有基礎的。

我提出這個問題，是因為這個問題和我們今後如何教社會主義課程有很大關係，和今後如何講授原規定的幾門政治理論課也有很大關係。

〈十大關係〉報告是主席又一次用馬克思主義辯證法研究和解決中國實際問題的顯著、具體的範例，是研究哲學的寶貴財產。學習哲學的同志應該從裡面學到好多東西，看主席怎樣運用辯證法來解決中國革命的實際問題。當然，主席過去曾經多次這樣做，像〈論中國革命戰爭的戰略問題〉、〈論持久戰〉，都是成功地、示範地告訴我們怎樣運用馬克思主義來解決中國革命戰爭的問題。〈十大關係〉報告，是在社會主義革命、社會主義建設條件下，又一次運用辯證法來解決中國社會主義革命和建設的問題，它是具體的政策問題，又是很高度的理論。我們做理論工作的同志並沒有認真地區研究這些問題。我曾經想，為研究〈十大關係〉，讀一些經典著作；不是為讀書而讀書，是為解決〈十大關係〉而讀書。後來沒有堅持下去。「八大」開會時候，曾經想「拋磚引玉」講講這個問題，但看著不像磚頭，就沒有講，現在還覺得欠了債似的。

在「八大」政治報告裡，少奇同志提出一個很重要的問題：中國革命的兩個革命銜接問題。這是中國革命史、中共黨史的重大問題，這個問題曾經引起了我很大興趣。我們黨如何把這兩個革命加以區分，不區分會犯「左」的錯誤（如立三路線、王明路線）；又如何做好準備，使得兩個革命銜接起來，不銜接就會搞成右傾機會主義。我想這是馬克思、列寧的不斷革命論在中國革命的具體運用和發展。這裡面關係到許多政策和理論問題，如和資產階級又團結又鬥爭、和富農又鬥爭又不一

下消滅它等等問題。

「八大」以前，那時候看到快要整風，把延安整風時期，從〈改造我們的學習〉起到「七大」止，《解放日報》上的文章和消息等等看了一遍，想把上次整風的經驗總結成幾個問題，在「八大」會上講一講，起草了幾個稿子都想不好，沒有講成。這個工作還要做。上次整風有結論，政治結論就是〈若干歷史問題的決議〉和主席的〈「七大」結論〉，整風本身各階段的具體經驗並沒有總結。比如，一般都說，一九四二年二月一日主席做報告算整風開始，其實還有一個準備階段（一九四一年五月發表〈改造我們的學習〉到一九四二年二月）。不講準備階段就講不清上一次整風。想搞沒有搞不出來，是否主觀上不重視，從客觀結果看，自己沒有盡到應有的努力，不能用工作忙等等客觀原因去解釋。

推己及人，〈十大關係〉報告已經講了一年半了，有些人沒有看到，不能責備。高級幹部是聽到傳達的，對這個問題的重視是否提到一定的高度？我看不夠。

以後到〈再論無產階級專政的歷史經驗〉（下簡稱〈再論〉）發表，我對理論教育工作的毛病，感覺又深了一步。〈再論〉發表也已經一年了。〈再論〉發表一週年，我們沒有寫文章。〈再論〉的起草從頭至尾我都參加了，時間花了四十天，稿子改了十遍；要不是趕著在年前發表，還要討論一次。這篇文章的發表是世界馬克思主義理論的一大躍進，蘇聯有人來信說它是「新年的偉大禮物」。是否十全十美？不一定。但是應當說，在主席領導下，中央是盡了力的。發表之後，大家都說好，說思想問題解決了。但對這一篇文章，我們的理論工作機關和教育機關，包括黨校在內，是否給予必要的重視，教研室是否定計畫研究，在學生裡是否展開了討論呢？我覺得很不夠。中央同志為這篇文章做過報告，小平同志給清華大學做報告，我也到北京大學講過〈再論〉裡面的五條基本經驗——馬克思主義的普遍真理。現在看，反右鬥爭裡爭論的也無非是這五個問題。教育機關對這個文獻重視得很不夠，他們的各門政治理論課有個萬里長城，〈再論〉這樣的文章是進不了它的長

城之內的。就是我們總書記親自出馬，也打不進他們的萬里長城。

以後，今年二月二十七日主席做了〈關於正確處理人民內部矛盾的問題〉報告，三月十二日又在全國宣傳工作會議上講了話。〈再論〉、〈正確處理人民內部矛盾的問題〉報告，宣傳工作會議講話提出一系列重大的理論問題，引起了全世界重視，是不是也引起了我們理論工作機關、教育機關的重視呢？應該說，他們逐漸有認識；但是，理論界的進步和客觀要求比起來，那就不大夠了。

進一步，今年五月一日發表整風指示，這時候，按說各教育機關、各黨校估計到這種形勢，就應該打破常規的教學大綱，適應整風要求。在這方面，應該說，我們是遇到抵抗的。他們總不願意把主席的報告列到正式課程裡面，而把它列在課外。究竟是你的教學大綱重要，還是主席的報告重要？究竟哪個是正規的？看到這種情況，我們認為不對頭，要各教研室暫時放下他們的教學大綱，教主席的報告。他們總不願意，找種種理由、種種藉口。為什麼？他們思想裡有個問題，認為他們教的是真正系統的、正規的、科學的、合乎邏輯的馬克思主義理論，主席的報告倒叫做「非系統的、非正規的」時事政策，不叫理論。不是所有的人都這樣，但也不是少數，高級黨校和軍事政治學院的教研室裡都有這樣的同志。更嚴重的是，當社會上轟轟烈烈進行整風，中央團校還在那裡按部就班地教他那幾門課，就是這樣頑抗！一直到我親自去做報告，看到這種情況，不得不發脾氣給他們下命令：不准你們上課。真是狂妄之至！這些同志並不都是右派，就是屬於拐不過彎來。這樣一種情況應不應該引起我們注意？問題不單發生在教研室同志裡面，幹部、學生裡面也有這個問題，他們要學系統的理論，一聽說暫停幾門理論課就反對，這一類思想現在是否已經徹底肅清？主席的著作是否已經承認是系統的理論？社會主義教育課程是否還叫運動，不叫系統正規的理論學習？照我看，從前那種情況是改變了，特別是因為右派教育了我們。但是，認識是不是那麼一致，還可以在整改當中狠狠地整改一番。

在整風中還看到第二種情況：越是共產黨的幹部學校，整風初期參加運動的主動性越不夠。高級黨校初期就是這樣，後來在中央和校長的

領導下改變過來，收到很大效果。說在反右、整風當中，共產黨的幹部學校都沒有起帶頭作用，當然也要分析。比如高級黨校，今天經過反右鬥爭，一總結，高級幹部的面貌就看得出來，這就起了帶頭作用。

高級黨校有那麼多問題，蘭州黨校也發現了許多問題，可見問題是有的，這就證明黨校能整風，也應該整風。但是，許多黨校放鬆了這一步，把學員放回去，整改當中也不研究這個問題。一般學校包括中等學校都在鳴放、反右，獨獨黨校缺了這一課，這理何在？指出這個問題，是否就是否定過去的成績？或者是否因為過去有了成績，更不應該研究這個教訓呢？研究已經得到的教訓是必要的。沒有這一課，使得有些學校陷於被動狀態。有的學校忙著準備明年下半年的課，沒有留下學員，就不能從學員鳴放裡面看出明年的課綱怎麼備才好。當然，也還可以補救；但是，有這一課和沒有這一課大不一樣。比如，高等學校明春開學就要展開專題辯論，實行群眾路線。整改不實行群眾路線，單是領導自己搞，這是吃了一個虧，不能不造成缺陷。我們的同志不要聽人家一說缺點，就想到這是否定成績吧。這種情緒不好。現在不是聽到的批評多了，而是聽不到。

這裡面存在著什麼樣的問題？為什麼我們看來是很重要的文獻，學校教研室的一些同志看來卻成了時事政策，說它理論很少，道理在哪裡？當然也有各種原因，比如脫離實際，黨領導關心不夠，有官僚主義，中宣部可能也有毛病。我講的是認識上的問題，這些認識在實際生活裡怎麼產生，大家可以研究。

我看，在解放八年以來，我們理論教育機關，特別是高級、中級黨校，基本上仍然繼承著延安整風的傳統。否認這一點不公平。「學習理論，聯繫實際，提高認識，增強黨性」的十六個字方針，學習哲學檢查思想等等，都是對的；不能說已經恢復到延安整風以前的狀態。這幾年來青年知識分子讀經典著作讀得很勤，這也是一件好事。但是，另一方面，由於處在和平環境，理論隊伍不斷擴大，幹部有新的補充，尤其是在社會主義革命大變動這個大變化的情況下，這方面就有缺點。總的看來，是對馬克思主義理論的認識問題。今年八月間，我在音樂堂就講

過：在新的條件下，要重新溫習毛主席在延安整風報告裡面講的什麼叫理論、什麼叫理論聯繫實際、什麼叫理論家，要時時檢查。

高等學校情況更嚴重。十六個字方針對高等學校是否運用，成為長期沒有解決的問題。黨內對十六個字方針的認識也不一致。

什麼是十六個字方針？我看就是主席在〈改造我們的學習〉裡提到的第三條：「對於在職幹部的教育和幹部學校的教育，應確立以研究中國革命實際問題為中心，以馬克思列寧主義基本原則為指導的方針，廢除靜止地、孤立地研究馬克思列寧主義的方法。」特別要提起注意的是：「確立以研究中國革命事蹟問題為中心」和「廢除靜止地、孤立地研究馬克思列寧主義的方法」。這個方針過去適合，現在也適合；它是馬克思主義普遍真理，黨章總綱裡就這樣規定。它不僅是教學方針，黨的全部工作也是這個方針。十六個字方針應該就是主席在〈改造我們的學習〉裡提到的方針，對十六個字方針不能有另外的解釋。

今年三月主席在全國宣傳工作會議上的講話雖然沒有發表，黨內外已經流傳得很廣。講話裡提到；學習馬克思主義不僅要研究馬克思、列寧講過的，還要研究他們沒有講過的；馬克思主義是科學，它是發展的。我們理論隊伍裡很有一部分同志，不是所有同志，有形而上學觀點，他們靜止地、孤立地看待馬克思主義。把〈再論〉、〈關於正確處理人民內部矛盾的問題〉報告都看作時事政策，只有他們的教學大綱才是「真正的」理論。「八大」黨章總綱的第二段：「……黨堅持馬克思列寧主義的辯證唯物主義和歷史唯物主義的世界觀，反對唯心主義和形而上學的世界觀。」反對「形而上學」是主席修改當中添上的。不能說整個理論隊伍都有形而上學觀點，要是這樣，右派就誣衊得對了；但是，有這種思想苗頭就不能不引起我們注意。是不是有這種思想苗頭？證據之一是：把主席的報告當時事政策，動他們的教學大綱卻喊叫破壞系統、正規。證據之二是：外面轟轟烈烈，他們卻安安靜靜按教學大綱教書，不投入偉大的階級鬥爭裡面，對政治缺乏敏感。我對中央團校的同志就提出了「究竟是上前線，留在後頭，還是站在一旁」的問題。這兩個證據說明理論隊伍裡面有形而上學觀點，就是靜止地、孤立地看待

馬克思主義。

　　因此，有必要一面進行整風，在整風中學習馬克思主義；一面選出一批文件設立社會主義教育課程。這門課程叫社會主義教育，也可以叫馬列主義基礎，叫普遍真理、共同規律也沒什麼不可以。我在音樂室講話提到過這個課程，那時候想得不很完備，缺點是對整風究竟分幾個階段沒有看清楚（當時在青島會議以前）。我講了社會主義教育要結合反右鬥爭，要通過辯論解決思想問題，沒有講整風有幾個階段，因此和整改結合提得不明確。那時候的想法，鳴放是一個階段（六月八日以前），反右是一個階段（六月八日以後）。反右之後進一步來個思想辯論，進行社會主義教育了然後再來整改，當時的想法整改要靠後一些。青島會議以後，覺得原來的想法無法實現了，那時候對整風的發展估計不足，社會主義教育的時間也估計得不對，到有些省、市走了一趟回來，明確了整改需要的時間比較長。現在看，系統進行社會主義教育要推到明年後半年去了。

　　提出學習社會主義教育課程是不是對，會不會因此降低了馬克思主義理論的系統學習？今後還要不要學習原規定的哪幾門政治理論課？備課怎麼備？我的看法，學習社會主義教育課程是正確的；要想備好今後的幾門理論課，也要好好參加社會主義教育課程的教學。離開實踐，關門備課肯定要失敗的。

　　對社會主義教育這門課程，人們的認識也不完全一致，特別表現在這幾個問題上：

　　　　（一）成績和缺點：似乎一講理論教育工作的缺點，就是把過去的成績一筆抹煞。把成績和缺點對立起來，一講缺點就沒了信心。當然不是潑冷水，但是整改就要改進工作，就要敢於暴露我們工作中的缺點，完全沒有否定成績的意思。思想方法不能這樣絕對化，不能用肯定一切和否定一切的方法來對待這個問題。

　　　　（二）社會主義教育課程和系統、正規的理論學習：似乎現在提出了學社會主義教育課程，就意味著否定系統地、正規地學習

馬克思主義理論。同時還有這樣的觀點：似乎在運動當中就不可能系統地、正規地學習馬克思主義。在我們看來，要學習馬克思主義，這門課非要不可；因為是在運動裡學，要想它像以往一樣，講得別那麼系統、全面，那就不可能。思想上首先應該看清楚，現在搞的是什麼運動，是整風運動，不是三反運動，也不是四反運動。整風運動，主席講，就是普通的馬克思主義思想教育運動。為什麼這樣一個全民的馬克思主義思想教育運動，會跟學習馬克思主義理論發生衝突呢？也許，運動以來，馬克思主義理論課程教員就「英雄無用武之地」吧？問題就在於：來了運動馬列主義理論隊伍常常不能立刻作戰；有的教員在課堂上講得頭頭是道，就是不能上陣。這是我們的缺點。當然，也是教員在作戰中起了好作用的，但不是所有教員都如此。

其次，要看清楚整風運動就是社會主義革命，就是政治戰線，思想戰線上偉大的社會主義革命。在這樣偉大的社會主義革命當中，如果不能教馬克思主義、學馬克思主義、更深刻地講馬克思主義，如果馬克思主義不能發展，那馬克思主義就不靈了。經過這次整風運動，馬克思主義水準要大大提高的，我想，可能比第一次整風更要提高。從五月鳴放到現在，應該說是中國馬克思主義運動的大事件，問題就看如何對待。如果說〈十大關係〉、〈正確處理人民內部矛盾的問題〉報告，都不算系統、正規的馬克思主義理論，那還有什麼可以說是系統、正規的馬克思主義理論呢？我說，這些不僅是系統、正規的馬克思主義理論，而且是戰鬥的創造的馬克思主義理論。因此，不能把整風運動和馬克思主義理論學習對立起來。馬克思主義理論絕不能在課堂、教研室裡靜靜地發展起來，而是要通過實踐在革命鬥爭、階級鬥爭當中發展的。當前的運動正是發展馬克思主義理論千載難逢的機會。要不從這次運動裡面去取得經驗教訓，馬克思主義理論

就得不到發展，就會停滯、僵化起來，就根本說不上有什麼系統、正規的馬克思主義理論。這個問題我是這樣認為的，也還可以辯論。

（三）社會主義教育課程和讀書：似乎決定搞社會主義教育就是提倡不讀書，就是否定老幹部要讀書。把社會主義教育和過去中央提倡老幹部要狠狠談經典著作對立起來。這是一種誤會。看看中央宣傳部規定的社會主義教育課程書目，裡面就包括好多經典著作。這些著作有的過去讀過，不仔細；有的沒有結合實際讀，體會不深；有的是在原來歷史條件下讀的，注意的是另外的東西。絕對不是說，經典著作不要讀了。延安整風時候，也有同志這樣看，以為整風就不要讀書，那是經驗主義作怪。

按我的主張，在鳴放、反右之後，要讓大家好好讀幾本書；在鳴放、反右的基礎上再讀書，跟以前讀就不一樣。比如，〈共產黨宣言〉以前讀過，當時對裡面講的各種各式的「社會主義」就不能深刻體會。經過鳴放，我們親眼看到各種各式的「社會主義」。現在社會主義已經成為時髦，右派也要打「社會主義」的招牌；東北的一個工程師主張「多元性的社會主義」，清華大學的徐璋本主張「人性社會主義」，還有沈志遠的，我管它叫「市儈社會主義」，或者「商人社會主義」。就是有這麼一種人，天氣好擺出攤子，大講其馬克思主義；一到陰天，烏雲亂翻，就趕緊收攤。這種人是拿馬克思主義做買賣的。確實是這樣，在我們這裡，賣馬克思主義能做官、發財、成名、鍍金……。現在再來讀〈共產黨宣言〉那一段就深刻得多了。又比如，《哥達綱領批判》很有必要讀一讀，蘇聯黨同志正在大談《哥達綱領批判》裡面的問題。

延安整風時候，提出讀書要有的放矢，就是要為解決實際問題、解決思想問題去讀書，不是為讀書而讀書，而是讀

少了，讀的方法還有點不大對頭。今天不僅要讀，而且要大讀，絕不是書呆子似地讀，要做馬克思主義衛士的讀書。應該看到：在理論基礎知識的修養上，蘇聯的同志比我們強；老幹部也不如新幹部讀得多。因此，不應該把社會主義教育和讀書對立起來。同時，在讀書方法、讀書的目的上，還應當經常教育幹部。在延安時候，為了反對王明路線，曾經提倡讀《「左派」幼稚病》、《兩個策略》，沒有把《無產階級革命和叛徒考茨基》列為重點，今天就注重讀《無產階級革命和叛徒考茨基》和《哥達綱領批判》。《無產階級革命和叛徒考茨基》這本書是一九一八年寫的，就是在奪取政權之後寫的。讀書不要脫離政治，搞政治不忘讀書。馬克思主義是活的，不斷發展的，絕不是一成不變的。過去一本講義能教二十年，現在資本主義工商業改造高潮來了要變，經過反右鬥爭又要變。因此，馬克思主義理論課程教員要經常鍛鍊，經常進修；教馬克思主義理論課和教數學是不一樣的。

（四）社會主義教育課程和其他幾門政治理論課：似乎提倡學社會主義教育就要否定原先的幾門政治理論課，或者以為今後再不學哪幾門了。把這兩個東西對立起來，沒有必要。一個馬克思主義者怎能不學哲學、不學政治經濟學、不學中共黨史呢？學是不成問題的，但要說清楚，絕不是還按你原來的那幾個教學大綱來學。難道只有你那個教學大綱才是神聖的、系統的，代表馬克思主義、代表中共黨史嗎？不是那麼回事。這幾門課要學，但是，內容一定要變動，你那個教學大綱一定得重新審查。不好承認你那個教學大綱是系統的、正規的、神聖的、百分之百的馬克思主義；承認你的，馬克思主義就給否定了！就算過去的教學大綱基本上沒有錯，今天也要發展，也要修改；永遠停在你那個教學大綱上，就是用形而上學對待馬克思主義。

更不要去爭論過去規定學五門課對不對的問題。怎不對

呢？沒有這個問題，十二國宣言上還肯定了一定要學哲學。
要說系統地學，黨校並不夠。比如，講政治經濟學，凱恩斯
的經濟理論沒有講；講馬列主義，雷海宗那一套沒有講；資
產階級社會學沒有講，資產階級社會科學統統沒有講，敵人
那方面的東西都沒有，只有正面，就不那麼系統吧。香花和
毒草、美和醜、善和惡，事物都是在對立鬥爭當中發展起來
的，既要講正面，也要講反面。這些問題你們回去要在理論
教員隊伍裡講清楚。

有黨校問：今後到底學哪幾門？時間多長？我認為，學幾門、學
多少時間，問題不大，回去由省委決定。一年也好，半年也好；兩門也
好，四門也好。問題在於內容、觀點和方法。

教研室怎麼備課？備課從哪裡出發？是靜止地、孤立地備課，還
是結合實際，從實際出發？一門科學要有它的體系的；但是，僅僅從科
學體系出發，離開了當前階級鬥爭、革命運動、黨的任務、政策、教學
對象的具體情況和思想，儘管你怎樣研究體系，也是備不好課的，出發
點就脫離了實際。什麼叫備課？無非是看書和寫講稿。如果不曉得你
那一班學生政治情況怎樣、家庭成分怎樣、思想情況怎樣，這些都不知
道，怎麼能備好課？結果教書不教人就是了。上課講物質第一性，教學
對象這個「物質」就不管；把瞭解學生情況、做政治思想工作，統統叫
做……黨團工作，與我無關。天天喊十六個字方針，不矛盾麼？

講課不在於講稿、背講稿，主要在於內容，看念的什麼、背的什
麼。幾年來，講課的內容多半和現實鬥爭不結合，舉例子大家舉的差不
多一樣。講反面，列舉一些毒草，多半是外國毒草，而且是乾了的外國
毒草，現實的青枝綠葉的毒草不大管，這還有什麼戰鬥性？

講課方法要大大改變，應該約法幾章。如果有講稿，先印發給學生
看了；沒有講稿，要把大綱印發給學生。我在天津看到：有些教員為了
叫學生記上筆記，硬是一句話重複唸三遍。為什麼不可以吧講稿或者大
稿印給學生呢？有人有顧慮，怕出錯。為了解除顧慮，可以不外傳，錯
了不戴右派帽子。當然，如果講反革命的話，不印，從學生筆記裡對出

來，一樣可以抓住。這些事，黨校、共產黨員教員要帶頭提倡。有人怕「印出來沒得講了」，我說好辦：第一，重複的不必講，揀重點發揮一下；第二，問問學生看了有什麼問題，按提出來的問題講一講；第三，既沒有什麼可以發揮，又提不出問題，那就散會回去睡覺，也好養足精神進一步學。

講課、課堂討論要採取「百家爭鳴」的方法，自由辯論。教員講課允許反駁，允許學生貼大字報，馬克思主義要辯論的。現在有的教員覺得信心不大，也有一些教員信心十分大。信心有兩種：一種是合乎實際、合乎馬克思主義的信心；一種是不合乎實際的，總覺得自己的一切、講的每一句話都對，金口玉言，不能反駁。這不是教馬克思主義，是教神學。教員的威信絕不能建立在這種迷信上面，思想問題應該是用民主方式解決。抗大、陝公的小組討論就非常生動、活潑，應該繼承。如果教員講過就走，不和學生在一起討論，又怎麼能「教學相長」呢？在這個問題上，黨校也要做出榜樣，推廣到高等學校。

還有繁瑣的考試也要改變。

社會主義教育課程，今後可能發展成馬列主義基礎；這門課程可以給哲學、政治經濟學和中共黨史（中國革命史）的學習打好基礎。哲學、政治經濟學、中國黨史（中國革命史）這幾門課今後都能學習，應該吸收整風運動的經驗，根據新的情況進行準備。農村大辯論、工廠大辯論裡提出的問題，應該吸收到政治經濟學教學裡去；哲學、中共黨史（中國革命史）也都有很多東西可以吸收。原先的幾門政治理論課繼續要開，教這幾門課的同志不會失業，出個安民布告，大家好安心！

還有幾個問題，請同志們帶回去研究：

（一）中級黨校的任務、方針，在新的情況下怎麼辦？是普及培訓，還是提高理論隊伍的骨幹，或者是兩方面兼顧？

（二）理論隊伍問題很重要，各地要研究。江蘇省委在各機關組織社論小組，規劃在三五年內培養出二百個能寫社論的幹部。這個辦法良好，隊伍問題單宣傳部門解決不了，不過宣傳部門也要積極抓。

（三）整改現在有些地方不透，三個壞主義在學校裡是不少的，整
　　　改透不透是整風有沒有收穫的標誌。群眾要發動，要把中間
　　　分子發動起來。黨員帶頭，黨員校長可以貼大字報。這是很
　　　重要的一環。

（四）許多學校都要處理右派，處理得好可以鞏固整風、反右成
　　　果，處理不好就會使運動的意義減色。做好這件事離不開政
　　　治思想工作，應該考慮結合處理右派進行社會主義教育，開
　　　展鳴放、辯論。

　　湖北省委宣傳部的同志提出：黨委應該管出版工作。這個問題提得
很好。報紙、刊物的出版要管，出版社也要管。現在出版社多得很，一
個部一個出版社，政治思想工作沒有人管，右派出得不少。我看，可以
實行這麼三條：不管就取消；需要就得管；又要又不管，出了錯問該管
的那個單位。

　　對高等學校辦的學報，要有個政策。毒草登不登？我看有一點好，
可以辯論。香花跟毒草要辯論，花跟花之間也可以辯論。我們經常不開
展辯論，一辯論就不冷靜，就好像鬥爭，這一點不好；蘇聯同志這方
面比我們好。當然，這裡只講學術方面的問題，不關係到政治方針方
面的。

　　高等學校黨員校長要教課，教課就會發現問題；宣傳部的同志要去
聽課，聽課才能知道問題出在哪裡。

　　上面講的都是我個人的建議，大家可以討論。

1958

康生同志在四川、雲南、貴州三個省的黨校工作座談會上的講話（根據紀錄整理）

（1958年1月9日）

（根據紀錄整理，未經康生同志校閱，小標題是整理者加的）

一、足夠估計整風運動的意義和效果

昨天我到四川去看大字報，感到有新氣象，很可愛。什麼叫社會主義革命，什麼叫馬克思主義思想教育，從這些大字報裡就能夠看出來。可惜幾個黨校都放假了，校內沒有學員群眾，得不到這樣的機會，只有到大專學校去借兵，去取寶。黨校同志應該把本地的整風經驗，例如大專學習的整風經驗很好地重視起來，加以研究。哪裡有社會主義，有馬克思主義？這幾天來，我們在上面談，是必要的，但是不要只在上面談，大家應該到基層去，到學校去看一看大字報。

全國黨校工作過去做得怎麼樣？肯定有成績，而且成績是主要的。解放以來，辦了這麼多黨校，而且還辦了各種幹部學校。這些幹部學校，一般規模都比較大，培養的幹部很多，而且這些幹部學校都規定學習馬克思列寧主義的基本知識，所以這些幹部學校實際上起了黨校的作用。黨校和幹部學校的教員，雖然年輕的比較多，但是大多數也是有發展和培養前途的。從我所接觸到的地委書記以上幹部的水準來看，比以前延安時代，確有很大的提高。當然，這不只是黨校的成績，這是全黨工作的成績，但是也有黨校的一份，這一點是應該肯定的。我們要把經驗好好總結一下，在過去基礎上提高一步，而不是否定過去的成績。

另外一方面，我們現在是處在新的形勢下面，只靠過去的經驗，已

經不能適應現在的大變動的形勢了，不能適應社會主義革命、社會主義建設的形勢了。

在新的形勢中，特別要看到全國範圍內進行的偉大的整風運動。這次整風運動，是政治上思想上偉大的社會主義革命，是全國普遍的馬克思主義的思想教育運動。它將要成為在中國共產黨歷史上、中國共產黨馬克思列寧主義的發展歷史上，一次具有巨大歷史意義的運動。

大家回想一下延安整風。在座的同志，許多人都參加過延安的整風運動，但是，對延安整風的偉大意義，我們當時是認識不足的。延安的整風運動，在思想上奠定了取得民主革命勝利的基礎。我們當時或者看到了一點，但是不像現在回頭去看那樣深刻。這證明在運動中間，人的思想落後於存在。這次的整風運動，比延安整風更深刻、更廣泛很多了。充分估計這次整風運動的意義，及時總結經驗，對今後的黨校工作，是有重大意義的。當然，不僅對黨校工作有重大意義，對全國各種工作，也都有重大的意義。這樣的社會主義大革命，不可能設想不會豐富和發展馬克思主義。馬克思主義是在革命中發展的，在這樣的社會主義大革命中，馬克思主義的發展是必然的。問題是我們在思想上應該趕上這種客觀形勢的發展。

從這次整風運動中，我們看到，在改變生產資料所有制的革命基本勝利了以後，階級鬥爭不是完全結束了。相反地，自從蘇共二十次代表大會以後，出現了波匈事件，國際上掀起了反蘇反共的高潮，國內資產階級右派也向我們猖狂進攻，這就把一些認為階級鬥爭完全沒了的想法打破了，使我們認識到思想上、政治上社會主義革命的重要性，知道這是異常尖銳複雜的階級鬥爭。沒有政治上、思想上的社會主義革命，經濟上的社會主義革命的勝利是不能鞏固的。現在我們同右派的鬥爭已取得了決定性的勝利，我們已經徹底粉碎了右派的進攻，但是，整風運動還沒有結束；而且思想革命是長期的、複雜的，因此，思想上、政治上的社會主義革命我們還沒有取得完全的勝利。

從這次整風運動中，一方面可以看到，我們黨是健康的，絕大多數的黨員是好的，是禁得起考驗、禁得起風霜的，我們黨是一個堅強的馬

克思主義的黨。另一方面，也看到我們在工作上不是沒有毛病的，特別
是在工作中我們還存在著主觀主義、官僚主義和宗派主義。經過整風運
動，這些錯誤和缺點更加暴露出來了。我們必須同這些錯誤和缺點做鬥
爭。同時，在整風和反右派鬥爭中，也看出我們黨內還存在著右派。有
些黨員幹部，特別是新黨員，思想上還沒有入黨。如果細細檢查起來，
黨員中脫離群眾的現象還是比較嚴重的。

八個月來，整風運動還沒完，但是已經可以看出：「引火焚身」
對我們黨是有幾大好處的。雲南的同志告訴我，雲南大學的學生看到共
產黨自己引火燒自己，對黨的信心大大提高了。有的教授講，「引火焚
身」這件事，是歷來統治階級政黨所不敢做的，也是做不到的。只有共
產黨才敢這樣做，才能做到這一點。這就是因為我們黨是無產階級的
黨，是用馬克思主義武裝起來的黨。在整改當中，我們要敢於正視自己
的缺點，敢於承認人民內部矛盾、處理這個矛盾、解決這個矛盾。經過
這個整風運動（這個運動還未完），我們已經可以看到，黨和群眾的關
係大大改善了。

我們黨在社會主義革命和社會主義建設的新的環境中發展了群眾路
線，擴大了社會主義民主。不僅有這樣的路線，而且找到了貫徹執行這
個路線的具體形式，這就是大鳴大放、大辯論、大字報的形式。找到了
這個具體的形式，正像主席所講的，事情就好辦了。任何事情，通過大
爭大辯、大字報，就好解決；如果不敢「引火焚身」，不敢放手發動群
眾大鳴大放、大爭大辯，就會解決得不好。

現在整風運動還未結束，但是已經可看到，整風的成就很偉大，效
果很顯著。

在整風中間，農村、工廠、學校、機關，都廣泛地進行了社會主義
教育。這就提高了群眾的社會主義覺悟，使群眾發揮出積極性來。這是
偉大的力量，是我們想像不到的。比如治理黃河五年才掘十二億土方，
安徽今年一年就已經掘了十六億土方。從這個事情可以看出，群眾覺悟
提高後，對社會主義革命和社會主義建設，對發展工業和農業生產，
對文化教育事業，對建立工人階級知識分子隊伍，對發展馬克思主義理

論，都有重大的作用。正因為這樣，我們一定要看到整風運動以來全國各方面出現的新氣象（雖然運動未結束，全面總結還不可能）。這種新氣象很可愛，在工廠，在農村，都有轟轟烈烈的社會主義大辯論（在農村中還包括對地主、富農的階級鬥爭），都出現了生產高潮，同志們在報紙上大概都已經看到了。學校中有沒有呢？學校中也已經產生了這樣的情況，應該引起大家的十分重視。

我們要檢查缺點，要「引火焚身」，要把我們的錯誤和缺點燒光、燒盡。但是，我們不光要檢查缺點，同時還必須看到社會主義革命運動中產生的新的氣象。毛主席在〈一九五七年的夏季形勢〉的報告中，就講到要熬成新的政治局面，這種新的政治局面，現在雖然還不完備，但是已經可以開始看到了。

昨天我到四川大學去看了一下大字報，感到很可愛；那裡的大字報最近主要針對著兩個問題，一個是勤儉辦校，另一個是教學改革。我看了三個鐘頭還沒有看完。從這些大字報裡，已經可以看到學生的社會主義思想覺悟大大提高了，很可愛。大字報的內容，從學習的基本建設、實驗室的物資、教學設備，一直到學生的助學金，生活或是問題都涉及到了。經濟系一年級有個黑板報，訂了一個學生公約，這個公約歸納起來有三個方面：學習方面，有好幾條，其中最重要的一條是把社會主義教育課學好，以便改造自己的思想；生活方面，也有要幾條，主要是講到要勤儉建國，要節約糧食等，以至洗臉不能超過好多水都訂在公約上；勞動方面，也有好幾條。這比我們去做規定，還要具體些。為什麼學生能夠做到這點呢？因為他們的社會主義覺悟提高了。當然，這也是在黨的領導下取得的，是整風運動的結果。

他們大字報身上有一張助學金的評定表，它告訴我們：任何事情通過群眾總能辦好，不通過群眾，採取官僚主義的態度就辦不好。他們評定助學金的結果是：一等助學金比原來定的減少了百分之二十，二等助學金減少了百分之四十四，三等助學金沒有減，四等助學金減少了百分之三十。通過學生的這種辯論，使助學金分配得更合理、更公平，國家也就更節約。

　　學生還向學校建議，不要蓋化工大樓。他們算了一下，調整一下房子，完全可以不蓋。如果的確是這樣，就可以節省很多錢。我只看了一下，還只是印象派，川大的房子蓋得是不少，學生的建議可能是合理的。學生關心勤儉建國、勤儉辦學，這可愛得很。

　　此外，在文化娛樂方面、生活方面，也提了很多意見。歷史系的學生提出，他們可以做義務勞動，減少工友。

　　這種對社會主義的熱情很可愛，如果沒有社會主義覺悟，是不可能提出來的。看了這種可愛的行動，使我們提高信心：只要我們正確地引導，學生是可以接受社會主義教育的。

　　學生的大字報對教學改革方面的意見，更動人得很。首先，他們懂得辯證法。凡是研究哲學的人，都應當去看看。學生對教師提出了很多批評，但絕不是否定一切的，而是有分析、有研究的。對教師的好處都充分估計到了，他們真是從團結的願望出發，經過批評，達到團結的目的，絕不是一點論、片面性。他們既指出教師的成績、功勞，也指出教師的毛病。青年人往往主觀、片面，但從大字報中看出，他們當中許多人已經學會運用辯證法的方法來觀察和處理問題了。

　　總的看來，學生的大字報是教授的教授。如果教授們好好地研究一下學生的大字報，就要感謝學生，而不是感到緊張。我們的教授有了老師，主要是學生的集體主義精神和社會主義覺悟，具體地來說，就是大字報。問題是看教授對學生的大字報採取什麼態度、什麼觀點，能不能從學生的大字報裡面吸取養料；同樣，對我們的黨校工作同志來說，就要看我們能不能從這些大字報裡面去吸取馬克思列寧主義。

　　細細研究一下大字報，就更能瞭解主席為什麼十分重視這件事。主席說：有了大字報，事情就好辦了。黨委的宣傳部、文教部，政府的高教局，對這些大字報也應該很好地研究研究，我們在上面討論了很久不能解決的問題，大字報一出就解決了。

　　學生在大字報上批評中國古典文學教課中的問題，批評得很具體。他們說：老教授教起屈原、司馬遷來，只是肯定好的方面，而古典文學有精華有糟粕，哪些是糟粕，哪些是階級局限性、歷史局限性，教師不

講，學生如何掌握呢？學生講得對。

在歷史教學方面，提出的問題更多。大字報說，徐中舒等老教師對學生介紹了不少史料，對學生有幫助；另一方面，歷史是黨性很強的科學，而他們在教課中馬列主義觀點不夠。學生們建議教師多學馬克思列寧主義。這還不是教師的教師嗎？

學生批評某些教師在上課的時候輕視別人勞動，抬高自己，打擊別人，希望教師發揚集體主義，互相團結。這不是教師的教師嗎？

有些大字報批評教師有資產階級觀點，批評老教授講那些是冷門，沒有人研究，誰在這方面有研究，就容易成為全國權威。批評有的教師提倡研究「賭博史」，說這算一個冷門，這些研究一發表，就會全國知名，就成為這方面的權威。

教經濟學的教師，把司馬遷的「物以稀為貴」這句話說成是經濟學的規律，學生有辨別能力，提出來批評。徐中舒講殷商很落後、商代的銅器是從外國來的；學生也表示懷疑。

總之，從學生的大字報當中，看出了一種新氣象，看到了整風運動的效果，看到了馬克思列寧主義普遍教育運動的效果。因此，研究社會主義教育的同志，絕不要輕視這個運動，要去研究整風運動。為了改造黨校的各項工作，越研究整風，對工作越有好處。黨校過去有成績，這是肯定的，但是必須看到當前形勢，必須足夠看到整風運動的意義和效果。

我為什麼用這樣多的實際來講這個問題呢？因為有教訓。全國各中級黨校沒有進行反右派就放假。這不是責備各中級黨校，北京的黨校也是如此。據中宣部的同志講，有些黨校曾經問過中央組織部和中央宣傳部，兩個部沒有做肯定的答覆，只說請示各省市委決定；因此在這個問題上不能只責備中級黨校，我們要作為經驗來接受。

為什麼中級黨校的學員沒有進行反右呢？原因之一，像大家所說的，就是對整風的意義認識不足，沒有認識到這次整風運動是政治上思想上的社會主義大革命，也沒有認識到，或者沒有足夠認識到這次整風運動是偉大的馬克思列寧主義的思想教育與運動，而把它看作僅僅是檢

查工作、檢查思想。總而言之，是估計不足。

現在來看一看，做理論工作的同志，今天對整風意義、作用和收穫，是否已經有了足夠的認識呢？當然，比過去是不同了，但是還不夠，還需要檢查。人的思想常常是落後於實際的。特別是對於整風運動的意義，對於這樣一個創造性的馬克思主義的思想教育運動的意義，如果不認真地進行研究，是不可能有足夠的估計的。今天不是誇大了整風的意義，而是認識不足，重視不夠。

我們的宣傳部、文教部、高教局，和黨校的同志要好好地研究研究四川大學裡的大字報，研究這裡面的馬克思列寧主義。我發覺有些同志還不那麼敏感，對於新事物還不能立刻發現。昨天我對李井泉同志建議，要在報紙上好好地宣傳這種新氣象。

在理論隊伍中，還存在不存在這種想法：整風運動和社會主義教育有矛盾。昨天在大專學校政治課教師座談會上，四川大學的政治課教員提了一個問題：社會主義教育課應該不應該跟著整風走？他不贊成社會主義教育跟著整風走，他認為這兩者有矛盾、有距離。那麼，我們要問：如果整改中不進行社會主義教育，進行什麼教育呢？同樣，從黨校方面也可以看出：從整風中吸取經驗，用到黨校工作中來，考慮得還不夠，還只是開始。原因仍舊是對整風運動考慮、估計和認識不夠。

總之，要足夠地估計整風運動的意義和成果，這是第一個問題。

二、對黨和幹部的估計

從整風運動中我們看到黨內幹部也有右派，不但新的知識分子幹部當中有右派，而且老的幹部中也有，如像沙文漢、王翰、丁玲、馮雪峰。（講到這裡，有在座的同志插言：「最初看到揭發黨內右派分子曾彥修的材料，大家都大吃一驚。」康生同志接著說：「不但你們吃一驚，我在開始也吃一驚。文化部的同志對我說：『曾彥修像匈牙利的納吉。』我還不大相信，以後把材料拿來一看，真是像納吉一樣。」）

據說文學家是靈魂工程師，咱們的靈魂都要他設計。而二十多歲的

劉紹棠，卻要為幾萬元奮鬥。他腰纏萬貫，黨費卻每月只交一角。黨內右派，從高級黨校來看：普通版，共有地委書記以上的幹部九百多人，出了二十五個右派，占百分之二點五；師資訓練部培養的是馬克思列寧主義的教師，新知識分子多，也有部分老幹部，共有五百人，出了三十五個右派，占百分之六點幾；新聞班七八十人，出了四個右派，占百分之六點幾，比師訓部稍微高些。全校平均起來，右派分子占學員總數的百分之四點八。這個數字很驚人。

從這種情況出發，自然就發生了這樣一個問題：對我們黨和革命的幹部怎麼估計？應該看到，有兩種估計是不妥當的。

一種是，社會主義高潮以前，覺得幹部，尤其是高級幹部，立場問題、兩條道路問題已經解決了，已經沒有問題了，問題在於思想方法，在於經驗主義，在於讀書少。這個看法，在今天看來，是不是錯了呢？不是，基本上是對的。老幹部在輪訓期間多讀一些書，這種辦法是對的。那時，社會主義大革命還沒有發展得那麼快，反右、整風還沒有來，問題還沒有暴露，因此只能這樣估計。老幹部讀書，今天不是讀多了，而是讀少了。但是經過整風運動，使我們看到黨內還有極少數的右派存在，還有一部分同志，受了資產階級思想的影響；他們雖然不是右派，卻需要改造思想，過社會主義這一大關。這樣，就需要把過去的看法加以補充，也就是：系統地讀書是需要的，同時，改造思想不能同讀書分開。

另一種，也要防止，就是只看到有右派，就把黨看成一塌糊塗，把幹部看成不可相信、不能依靠了。實際上，整風運動證明黨是禁得起風霜的，幹部是可以相信的。

今天辦黨校的問題是：改造思想的任務是不能丟開的。當然，這種改造與對資產階級的改造，在性質上是不同的。如主席講的，對資產階級，是走不同的道路的問題；對共產黨的基本隊伍，是整頓作風問題，是學習理論、改造思想問題。過去提的十六個字的方針：「學習理論，提高認識，聯繫實際，改造思想」，後來把「改造思想」改成「增強黨性」，現在看來，不要那麼籠統地說「增強黨性」，就是要改造思想。

主席還說：「我也要改造思想，難道你們不要改造嗎？」應該是提改造思想。

所謂黨校的方針，即理論結合實際的方針，不僅是黨校的工作方針，也是中央的工作方針，全黨的工作方針。黨章總綱第二段就講到那個問題。這個方針，實際上就是主席在〈改造我們的學習〉第四部分幾個建議中第三個建議：「對於在職幹部的教育和幹部學校的教育，應確立以研究中國革命實際為中心，以馬克思列寧主義基本原則為指導的方針，廢除靜止地、孤立地研究馬克思列寧主義的方法。」主席講的這個方針，現在還是適用的。在主席講的這段話裡，要什麼、不要什麼，都說了。十六個字的方針只講到要什麼，而主席的這段話裡，還說到不要什麼，即不要靜止地、孤立地研究馬克思列寧主義，這樣就更完備、更全面了。今天教學中的毛病，就是靜止地、孤立地學習馬克思列寧主義。所謂「靜止地」、「孤立地」，就是常常同當前的階級鬥爭、黨的任務不能連接，不是在研究中國現實革命運動中去研究馬克思主義，而是孤立地讀幾本書，搞大綱。這個問題在延安解決了，但是現在在新的環境中，還有這個問題。

今天看來，改造思想這個問題一定要明確。教條主義是要反對的，但是當前的更大危險則是修正主義。實際上，教條主義和修正主義是分不開的。過去在中國共產黨的歷史上，一談起教條主義，往往是「左」的機會主義；而在國際上，考茨基是教條主義者，以後卻走上修正主義的道路，可見，教條主義可以走上兩條路，教條主義和修正主義是可以相通的。

現在各省的黨代表會上，廣東、浙江在反地方主義，新疆在反地方民族主義，這些實際上是修正主義的表現。黨校今後任務要改造思想，要反對這些東西。在學生中會不會有牴觸呢？問題在於我們的工作。首先是我們自己，從校長到教員，先要改造自己。主席講，教育者要先受教育。具體地來講，今後還要改造各門功課的教學。這是黨校整改中的中心問題。既然承認黨校有改造思想的任務，就要首先改造自己。

三、關於大鳴大放、大辯論、大字報

大鳴大放、大辯論、大字報,這是群眾路線,是社會主義民主的方法。黨校學員現在還很少運用這種方法。有些黨校,在教職員當中大字報是有利,現在要儘量在黨校學員中採取這個形式。所有學習的學生現在都在運用大字報這個形式,為什麼共產黨的黨校卻不能運用?

黨校可以不可以用大字報,這已經用不到爭論了。各省黨代會都用,為什麼黨校不可以用?大鳴大放、大辯論、大字報,這種形式在黨校完全可以運用。今後在理論教學中,也應該用這種形式。

在我們黨的馬克思列寧主義理論隊伍中間,彼此辯論的空氣是不很高的,這一點是應當學習蘇聯的。我們平時不大辯論,到了快成右派才辯一下,好像要辯論打倒。今後要提倡在業內、在理論戰線內部展開辯論的空氣,這樣馬克思主義才能發展。這個問題很重要。

四、關於「百花齊放,百家爭鳴」

「百花齊放,百家爭鳴」的方針提出之後,黨內一部分人存在著一種思想,認為這個方針是運用在文學、藝術工作和一般學習中的,至於在黨校中是否適用,有人表示懷疑,有人甚至覺得黨校是不能運用這個方針的。而高等學校的同志,卻又認為黨校的十六個字的方針,只可以在黨校裡運用,而對於自己校內的馬克思列寧主義教學,則不能適用。這都是不對的。(此時有人說:「我們認為黨校只能是『馬家』。」)「馬家」是沒有錯,問題是「馬家」是否要發展。馬克思列寧主義講的辯證法,講發展是對立面的鬥爭,馬克思列寧主義是在鬥爭中發展起來的。

還有人認為黨校不能自由主義。「百花齊放,百家爭鳴」,有了六條標準,同自由主義完全是兩回事。主席講,毒草放出來,鋤了它,就

變成肥料。沒有這麼一塊田，只長糧食不長草。難道黨校教育人不要肥料嗎？應該有肥料。「百花齊放，百家爭鳴」的方針，是黨發展馬克思列寧主義的一項重要的方針。

共產黨不曉得敵人，怎麼能提高？知己知彼，百戰百勝。大家想一想，問題在哪裡？為什麼不出大字報，為什麼對「百花齊放，百家爭鳴」有顧慮？這是由於不少同志在思想中還有一個信任群眾、信任幹部的問題，同時還有對馬克思主義的自信問題。主席在〈一九五七年的夏季形勢〉的報告中講過，這裡有個對群眾的信心的問題。有的人表面看來是「左」的，不贊成這個方針。如有的黨員說：「毛主席右傾了。」實際上是他右傾了。如果我們怕毒草，就是認為馬克思列寧主義靠不住，認為廣大幹部是靠不住了。

黨校還怕毒草嗎？從前在延安的時候，我講過一個笑話：和尚、尼姑修練要到山上修，不敢下山，不染紅塵。為什麼呢？不敢下山來，一下來就變了。老子有句話：「不見所欲，其心不亂。」反過來說，就是：「一見所欲，其心必亂。」和尚、尼姑是這樣，不能把我們的幹部也看成這樣。難道我們還怕幹部碰到毒草都變成毒草嗎？不會的。

要把右派分子排到黨校裡當「教員」，到底留誰，是個具體問題。流沙河是個好「教員」。大學中的右派分子馮元春、左連城，那是寶貝，要「珍視」他。把流沙河給你們好不好？他現在還敢寫反動詩。讓他講課，那種課就叫「右派課」。幹部要有些思想準備。

你們看到報紙沒有，科學院批判吳景超、李景漢、陳振漢的資產階級社會科學觀點，這一仗打得還好。在批判陳振漢的凱恩斯觀點的時候，北京大學教授樊弘也參加了，他過去是研究凱恩斯的，以後轉變了，思想改造過來了，入了黨。如果我們對凱恩斯一點不知道，怎麼打仗。

五、黨校在建立工人階級知識分子隊伍（特別是理論教育隊伍）中的作用

最後講一下黨校在建立工人階級知識分子隊伍，特別是建立理論教育隊伍中，起些什麼作用。

對於辦黨校，我有些不成熟的看法，提出來供大家討論。辦黨校的同志，包括我在內，都繼承了黨的好的傳統，但是也沾染了祕密工作時代比較狹窄的殘餘作風。這個問題沒有什麼把握，只是供大家考慮。按說，黨校設在那地方，就應該同當地工廠、農村、學校取得密切的聯繫，以便向工人、農民、群眾學習。學校裡的教員和學員，應該想出一些辦法，去同周圍群眾聯繫。不能把自己關在學校大門裡，對下面情況一點也不瞭解。在同群眾聯繫當中，也就可以吸收一些經驗，充實教育。過去黨校在面向群眾、聯繫群眾方面做得是不夠的，保密制度很多，有點門禁森嚴，附近群眾進去都不容易，最多也不過在過年的時候聯歡一下。各級黨校為什麼不可交些朋友，加強同工農群眾的聯繫呢？

目前，黨校的同志要到其他學校去觀摩，觀摩其他學校整風反右的經驗，研究它們整風的成果，並且經常到工廠、農村去取寶。大家不要老是向上要，盼望負責同志報告，光向省委要文件。當然，我不是否定這一方面，這一方面的問題應當解決。但是目前首先要到群眾中，到工人、農民、學生中去取寶，去觀摩，並且聯繫一些基層。通過這種聯繫，把自己提高，以便在建立工人階級知識分子隊伍中，在開展社會主義教育中，起個帶頭作用。黨校應該對一般學校起帶頭作用，也是可以起這種作用的。例如，第七中級黨校，就可以同西南師範學院、重慶大學等聯繫，高級黨校可以同北京大學、清華大學聯繫。但是，黨校要在馬克思列寧主義的教學上，起帶頭推動作用，關在屋子裡是不行的。天天關在房子裡，思想就會僵化，還能起什麼帶頭作用呢？高級黨校的范若愚同志，一方面教書，擔任馬列主義教研室主任，一方面當周總理的

祕書，這就知道了很多實際情況。這個辦法好，中級黨校是否也可以採用這個辦法？第七中級黨校是否也可以在重慶市委掛上一點鉤？北京中國科技園經濟研究所，採用了這個辦法，現在的所長孫冶方，是國家計畫委員會的副主任，這就把經濟研究所和計畫機關掛上了鉤：一方面是科學院的經濟研究所，一方面又是計委的經濟研究所。

這是向上掛鉤。還要向下掛鉤。物理、化學要有實驗，黨校的實驗室在哪裡呢？總的說來是要聯繫群眾，不要孤立地學習。通過聯繫群眾，才能聯繫實際。

這些意見供你們回去研究，大家也可以辯論一下。

黨校工作的問題還很多，比如現在主要靠新知識分子教老幹部的情況如何解決？今後培訓班如何辦？理論隊伍如何培養？等等。有一條，現在黨校的負責幹部要講課，同時還要培養新生力量。為了培養新生力量，在講課方面，就要採用「百花齊放，百家爭鳴」的方針，才能把他們帶出來。這些問題我不談了。

建議你們把高等學校裡的大字報材料搜集回去，研究研究。北京石油學院送給我幾十本油印起來的大字報，我們還沒有研究。大字報，那是我們的老師。

我昨天向李井泉同志建議，要把學校的新氣象好好報導一下，研究一下。整風運動最重要的目的，不光是去掉三個壞主義，要造成生動活潑的政治局面。

這是座談會，不是正式會議，大家回去研究一下再說。

康生同志在黨員負責同志座談會上的講話

（1958年4月24日）

（根據紀錄稿整理，未經本人審閱）

（一）師生問題，實際上是黨同知識分子的關係問題。我們要學生批評教師，也要尊重教師。我們要有階級警惕，又要有階級度量。

（二）現在寫教材，要使大家敢寫。馬長壽說「心有餘悸」，怕寫了又抓辮子、戴帽子，如何辦？他們現在可能是一則以喜，一則以懼。黨員怕不怕？也不是敢於放手的，也有顧慮：寫不好如何辦？右傾帽子戴上如何辦？昨天講了三條：第一是積極稿。第二，不是那麼容易的，不能一下子要求很高。第三，約法三章：（1）不管寫得好不好，哪怕有嚴重錯誤，也不戴帽子。（2）絕不要因這次寫東西就抓人家的辮子，那樣誰敢寫？寫東西總有錯誤，一有就抓辮子，表面看來立場很穩，實際上是提倡落後，不要人家寫東西。（3）不敲棍子。你可以自由研究，不要用敲棍子的辦法：殘酷鬥爭，無情打擊。為什麼要提這三條？因為去年寫書遇到這些問題。事先交代了，結果事實除了對李達、馮定那樣的情況，實際上是不准人家寫東西，與馬克思主義毫無共同之處。這次回去編書，把這一點政策，反覆在黨內外講清楚；即便有寫錯的，也一定要實行諾言。這次寫東西，把百家爭鳴的政策，可能搞好，也可能搞壞了，又使人感到「長線釣大魚」。人家是看你的政策，要使人敢於心情愉快地做這件事，得些好的結果，不是做了事反而更倒楣了。那以後就不好再找人家開會，就不要再想叫人寫東西。以後，他們有問題要批評，可以根據事實

來批評，千萬不要聯繫他寫的這部書。總之，我覺得要反覆交代，使人敢於心情舒暢地做這件事，寫錯了也不要緊。

（三）現在我們才知道各學校保衛工作治安相當惡劣，想詳細檢查。學校裡違法亂紀相當嚴重，到了不能容忍的程度。國民黨不敢做的事情也做了，這樣的事情不解決，就要宣布馬克思列寧主義、教育方針的全部破產。這件事要再三向同志們講，不注意，就會犯嚴重的政治錯誤的，再不能不注意了。北京有一所學校，為了丟失東西，把所有女生都叫到茅房裡脫了褲子檢查，這樣的事國民黨幹過沒有？這是要宣布自己的滅亡。有什麼理由對青年如此？真使人驚心動魄。很可惜，這樣的事不是個別的。去年十一月北京工學院一個治安員，竟然可以在七百人的學生區域內斷絕交通檢查兩次。有一個人偷了一件衣服，戴帽子遊街。北大檢查了一下，也相當驚人，一年中違法亂紀的九十八件，比較嚴重的二十五件。北大黨委搞了十六條解決這問題，很好。工學院過了幾個月才處理，給治安員以警告。這不是治安員的問題，是黨委的問題。如果治安員知道這是犯法的，是不敢這樣做的。只處理治安員，第一叫不能解決問題，第二叫不公平。希望各校深刻檢查一下，立刻採取防止的辦法。這辦法很容易，只要黨委召集黨員、青年團幹部開個會，宣布一下，誰違法亂紀，開除黨籍，送法辦。誰願意開除黨籍，送法辦？學校裡存在這種事，編教材成了諷刺。這不是說學校裡對真正的反革命可以放鬆警惕，那樣做是幫助反革命的。所有這樣的權，黨委絕不下放。有時黨委還不行。在延安時，對學生搜查要經過幾級批准。七百人區域封鎖搜查，黨委書記、校長也沒這個權力。即使在學校範圍內可做的，也不能放在系裡，更不能放在班裡。趁便講講，我到四川去，看到現在班上的權力很大，比系主任還大。從劃階級、定成分、評政治、評成績、管生活一直到管糧票，每一班學生的命運幾乎操諸班級幹部之手，那怎麼得了？這樣大的權力怎麼能下放到班呢？這也不是下面幹部的問題，他們辛辛苦苦，想做好事，但有

些是他們不能做也不該做，不應該讓他們去做。如校黨委以及院校領導真正對班上的情況是不瞭解的，必須承認，才能真正懂得主席講的調查研究、改造領導方法的重要性。這裡存在著大量的官僚主義。

（四）我現在才知道，在學生中普遍劃分左中右，這是非常嚴重的問題。我們是在官僚主義，這問題不解決，你們上面怎麼提倡以教學為中心？這與班上情況完全對不起頭來。學校搞調查，也淨是排左中右的隊，這就複雜了，青年人搞這件事是沒有辦法的。先進班也許是落後班，落後班也可能是先進班。肯鑽研、講真話的一定是右派，說假話、騙人的一定叫「左派」。怎麼可以叫青年團去排隊？黨團支部為這件事花費很大心血，搞出來的結果只是混亂。這大概從整風反右來的。在運動中，革命與反革命尖銳地鬥爭時，可以排一下，但不能成為對學生經常的制度。工人、農民中沒有劃分左中右。對青年，社會主義已十年了，經常排這個，不妥當。不是說不要注意壞分子，但這樣排，不好。如果真排好了，也許還可以。但是班上不可能排好，標準很難定。從政治上排，必然是把愛讀書的排成右派，搞得一塌糊塗，反而上當。昨天，我跟書記處報告了一下，書記處所有同志都說不應該排。這是開玩笑，自己布置自己犯錯誤。

（五）畢業班學生，要調查一下情況如何：哪些課沒有達到畢業程度，如何辦？補課、晚放假，或者不能畢業。如果情況不清楚，將要畢業了就亂去安排，學生很緊張。從師大來看：第一，勞動還沒有結束，每週還有半天，我看可以免除；第二，要防止，去年幾乎每人或輕或重都有浮腫，不要因為畢業而加重了負擔，不要太緊張，業未畢而命已畢了。這要實事求是。通過調查研究，自己有個數，然後知道要採取什麼步驟。西安師範學院四年只上了十個月的課，我問許多學校到底上了多少課，校長、黨委書記也答不上，到底能不能畢業？這是個大問題。師大政教系一個班四十六人已有十三人調出來了，叫半吊子，半脫產，幫教研組工作，

只是上課時還去聽聽。沒有學邏輯學就要叫人家去輔導邏輯學，這種情況，不知道什麼目的，恐怕是要辭掉他。沒有教師就把課停掉，放回去，你讓人家好好畢了業吧！

還有，學校的勞動，所有制成了問題，勞動力是誰的？成了勞動後備軍，誰缺乏勞動力，就來平調，共產風搞得可厲害。一個辦法就是誰要勞動力誰就出工分，給工資，這是按勞取酬。學校內部共產風也有，寫了東西不給錢，根本不算一回事，按勞取酬。總之有個共同毛病，的確沒有調查研究，不瞭解情況，學校中相當亂。你們校長、黨委書記報的數目，我總是「不可不信，不可全信」。你們是不是騙我們？也不是，是你們自己也不清楚。為什麼？因為沒有調查研究，心裡沒有個尺度，沒有個測量儀。××大學黨委聽說我要去，相當緊張，我沒有那麼天真。有人說上了十六週課，到底上了多少？演算法的巧妙多得很，有的只算上課，不算自習，（蔣：「上課總有自習。」）那是理論上的，到底有沒有自習時間？我搞三個小組，八個人，到北師大去當一個月學生，不是向學校、系調查，沒有調查大綱，大綱就是同吃、同住、同勞動、同上課，在兩個星期內不要求他們幹什麼，只要做到學生對你不害怕，（壞人說：「公安部派人來調查了。」）這就是大成績。反映出一些問題，也反映出好的來，說師大學生的生活比機關好，黨內組織新黨員學黨章，這很好。

（六）教育方針，從實踐中證明是正確的。大躍進以來，學校裡也有反映，像如來佛一樣，手一指一個學校。四川電訊學校辦了四年，設備很好，在舊社會十年也不行。這是社會主義的優越性。前面講的，是前進中的問題。成績很大，問題不少，前途光明。有的問題是嚴重，但因此動搖了信心，不對；但不看到缺點，也不對。

三年了，情況變化了，發展了。一九五八年以前，教育脫離政治，現在的確是政治掛帥，問題是什麼？政治又太多了。政治課沒有上，這是少；但運動多，光十二條要學一個月，那就太多。勞動，一九五八年以前輕視，今天又普遍地多了。科學研究

過去少了，提倡是對的；現在情況也變了，是科學研究多了，好
教師、學生到那一面了，影響教學。過去說共產黨不能領導教
育，現在也變了，不能說沒有領導權，問題是如何領導。要領導
思想，領導科學，領導業務。情況變了，還照以前辦法就不行。
一定要調查研究，從具體情況出發，不能說方針對了，就一切沒
有問題了。

（七）這有個問題：現在學校領導教育一般化，不照顧地區、學校特
點、學校歷史。馬列主義普遍真理要與具體情況相結合，要根據
你們的實際情況來執行中央的指示。福建第一中學就辦得好，實
事求是，的確是教學為主，不搞形式主義，黨委的人兼課，房子
不好看，物理、化學的儀器卻很好。××大學就有好有不好，積
極性實在好，但有急躁情緒，本來剛建，就是向北大清華看齊，
怕落後。他帶我去看靜電加速器，我不看。他怕落後，有壓力。
這類學校要告訴他，不這樣要求你，包袱卸下，才能安心。我們
絕不要聽到北京一個風、《光明日報》一篇文章，立刻動起手
來。聽到有人批判牛頓定律就動手，千萬不要上這個當。已經三
年了，總要有點覺悟，無論如何要文件這個風。雲南大學的同學
擋過風，外面調勞動力，他說：「軍隊要打仗，學校要讀書。」
很簡單。現在《哈爾濱日報》搞百家爭鳴，批判牛頓定律，我很
擔心。颱風是怕落後。有時要甘於寂寞。黨章就規定，馬列主義
普遍真理要與具體情況相結合。還有，發展超過了力量。一個學
校出名，出在有好的教師、學生，不是大。孔子出名，還不在三
千門子弟，而是在七十二賢人。

（八）校長都是劉邦、項羽一派，劉邦、項羽從來不讀書。有點什麼辦
法，讓校長能讀點書？現在也沒有時間想想問題，這裡有社會問
題，有領導方法問題。

（九）校長要有功夫想想百家爭鳴。問題不在老教授，問題在我們的幹
部，我們這一次所以提出這問題，首先還是對領導幹部。反對百
家爭鳴的，首先是黨內的幹部，而且是老幹部。陳其通同志忠心

耿耿的，但在這個問題面前就不通。一九五七年主席報告中講到
這問題，八個省委傳達錯了的，以為主席不是批評陳其通同志，
而是支持陳其通同志。顯然是思想上不統一，所以聽主席的話
聽反了。以後牴觸最大的，是黨校系統，認為百家爭鳴同黨校無
關，黨校只一家。把百家爭鳴瞭解成為解決對抗性矛盾的手段，
這觀點現在還存在。當然，百家爭鳴有時有這一面，也不排除這
一面，但主席當時提出的重點還是解決人民內部矛盾。這聯繫到
一個問題百家爭鳴的全部。還有，一提百家爭鳴，一定是開辯論
會，開毫無準備的誇誇其談的座談會，不是研究學問，而是吵
架，那就不是主席的意思。陳望道講：「報上百家爭鳴是為了熱
鬧版面，不是為了學術。」是有這個情形。談家楨講的時候有些
地方有些氣，有片面的說法。記者記下來，加上許多形容詞，表
示百家爭鳴的熱烈，寫出來給談看。和談一起來的一個同志說：
「這些可以不寫，只講學術問題。」後來沒有發，這很對。這發
表了，不但不會引起學術爭論，還要引起政治整頓，要敲棍子。
對黨外不是反對黨的人，要保護。要愛人家，不要害人家。復旦
那個同志對，是愛護談家楨的。主席講了以後，馬上來了個反右
派，才成了敵我鬥爭的形勢。校長、黨委書記要花功夫想想這問
題。不是老教師的問題。主席講百家爭鳴，第一句是促進藝術發
展與科學進步的方針。現在成了對老教師的方針，成了鬥右派的
方針，到底如何瞭解的？現在不是自己爭論，而是利用行政力量
推行一種學派、一種風格，禁止另一種學派、另一種風格，這有
害於科學藝術的發展，不應當用簡單的方法。對敵人的反馬克思
主義、反社會主義的言論，要禁止；對人民內部、錯誤思想，禁
止是有害的。錯誤思想是客觀存在的，正確思想也要經過考驗。
現在學生在班上不能講不好，講了排成右派。提出六條標準是為
了發展自由討論，不贊成的仍然可以自由討論，思想鬥爭只能是
細緻的說理方法。文科要進行兩百方針的教育。主席講的，我們
沒有告訴學生、青年，或者告訴了忘了，我們也聽其自然。文科

畢業的學生，我不考你別的，就考你對百家爭鳴如何瞭解，這一條一考，大多數畢不了業的。現在是黨委不通，學生更不通。四川大學學生對徐中舒批評郭老的甲骨文，說是反黨。學生簡單化到如此程度，說明百家爭鳴方針沒有深入人心。這不是反黨，是百家爭鳴的好事。歷史博物館裡放了許多奴隸制殺人的材料，例如說甲骨文的「伐」字是殺頭，十個人有十種解釋，反正死無對證，任從尊便。馮友蘭研究《易經》，任繼愈研究佛學，這是北大的驕傲。不管研究得如何，能研究總是好的。現在有使學生思想僵化、簡單化，這社會主義庸俗化的危險。要反覆對學生講恩格斯的話：「即使個別歷史事實，也要發揮歷史唯物主義，就要多少年安靜地鑽研，這樣的問題講空話是無用的，要掌握大量的經過自己消化理解的歷史材料。」（注：引話未經核對）。這話，現在發表，可能被劃成右派。不相信，你不打括弧發表試試看！不只是青年，連老年也簡單化。我寫了個東西，沒有用自己的名字。不得了，北京、山東都有人來信反對。我說：「俗話：『男不看《西廂》，女不看《東廂》。』《東廂》裡董秀英比鶯鶯還要大膽、狂放。」來信反對說我是封建士大夫的反動觀點。如果署上我的名字，大概不會。還有，學校要經常使學生的思想放寬一點，不要搞得如此窄。文學藝術問題，你可以這樣看，我可以那樣看，《唐詩一百首》，中華書局這樣選，你不同意，可以另選。李清照的〈聲聲慢〉可以讀，〈上胡尚書詩〉也應該讀一讀，但不要把她弄成個「救亡女性」，那就糟糕。高級黨校講美學，我自己介紹朱光潛去，沒有人聽。難，不容易，這方針要貫徹下去可不容易，那還是幹部抵抗。高級黨校還怕那麼點。我還介紹了馮友蘭去講哲學史，他寫的《四十年回顧》，主席看了兩遍。馮友蘭講了《易經》，有人就在《人民日報》上寫文章反對，這很使共產黨丟臉。師大有個教師講《四庫全書目錄》，報導了一下，我喜歡看。劉大杰的文學史，我現在也喜歡看，是有點味道。現在報紙上不給人家知識，只給空論。我對吳晗大加稱

讚，他搞歷史人小叢書，我就願意看，要支持一下，比空論要好得多。空論少說一些，現在有黨八股，甚至沒有八股，只有兩三股，一個人民性，一個局限性，兩股就差不多了；這不但沒有好處，還有壞處。我甚至感到學校裡如果不是適當地下幹部中做些整風工作，雙百方針就貫徹不好。應該說，這個方針沒有或者沒有很好貫徹到文科。這一次採取這個辦法開會，實際上是學習主席一九五七年三月的會，找各方面的人談。沒有完全學到。最近蘇聯出了本《政治經濟學》，提出要講各派的觀點，很好。講歷史，請郭老，也要請范文瀾，交交心。還有，你們看《紅與黑》到底好不好？我認為好。我贊成蘇聯百科全書的估價。如果我在你們學校裡講，你們一定要劃我到右派，至少排到我後進上去。現在有的青年看了《紅與黑》，學于連，那不能由司湯達負責，要由青年團負責。看了《紅樓夢》，學林黛玉，還能要曹雪芹負責？老的還可以看看《金瓶梅詞話》，這是一部藝術性，又典型性，有許多歌謠都是明代的，研究詩歌的不研究這個就很遺憾。《金瓶梅》從政治上講是擁護梁山的。典型是抓了一家——西門慶，上至皇帝，下至地痞流氓的面貌，都寫了，面很廣。《紅樓夢》只寫了大觀園。裡面就是正面人物太少，也有，武松就是正面人物。不強迫大家看，但不要聽到有教授講《紅樓夢》受了《金瓶梅》的影響就要鬥爭他。不要那麼簡單，腦子寬一點，使人不要只是李白、杜甫、《離騷》。有人說不好，不要跳起來，黨內也要有民主空氣。最近（馮友蘭）討論《莊子》，態度還好。山東大學高亨研究《易經》，可以發揮作用。比馮好，埋頭苦幹，做了很多好事。關於《易經》的出了兩本書，最近又將出版關於《易傳》的，對老莊也有研究。北京梁啟雄也做了許多工作，未得到應有的重視。……《易經》，宋以前論教，宋以後論理。中國哲學分散在各種書裡，研究哲學書要研究兵書，如說「以戰止戰」、「殺人安人」，是辯證法。《易經》比較概括，講規律。中國政治、軍事和哲學的結合多。

（十）校長、黨委書記、總支書記如何想想辦法，讀點書。或者一個月離開學校，讀讀書。有沒有總支副書記？可不可以輪流，一個月他去讀書，下一個月他去讀書。我許了一個願；清華、北大、師大總支書記四十三人，正好一個班，調出來半年，讀書，我當班主任。為了增色，可以調出來。讀書為什麼不可以調出來？先搞文科。教育計畫是：你願讀什麼書，就讀什麼，包括《金瓶梅》，我不管。不離開是沒有辦法。我這個班主任就這一條：叫「無所不讀」。畢業成績是腦子不僵化就行了，就叫「解放學院」。這是迫切需要。校長不同意？保守。不讀書要就是自由主義，要就是簡單化。

（十一）社會主義社會是怎麼樣的社會？你想到沒有？你清楚不清楚？我還不清楚，糊里糊塗的。也許我後進；也許認為咱們沒問題了，不需要百花齊放了。我們對社會主義如何瞭解？大概一是書本上的理解；二是理解得也對的，但是共產主義時代的拿出來了，忽略了社會主義這個階段（此處未聽清楚——記錄者）；三是也還有不切實際的幻想。這四年，主席對社會主義客觀規律提了些什麼樣的問題？我算算，起碼六大問題：（1）社會主義到底有沒有矛盾，過去咱們腦子不那麼清楚的，主席肯定了，理論性地回答了。矛盾兩方面：敵我矛盾，人民內部矛盾。問題提出是在〈關於無產階級專政的歷史經驗〉裡，〈再論〉中進一步講了，〈關於正確處理人民內部矛盾的問題〉中更系統化了。（2）系統回答了有沒有革命？南寧會議回答：有革命，不斷革命，不過性質不同了。過去也糊塗，好像以後沒有革命了，再革，革到自己頭上怎麼得了？（3）即有革命，有沒有階段？一九五八年下半年鄭州會議回答：社會主義與共產主義要劃線，這過渡不是短期的過去，從六十條可以看出，是相當長的歷史階段。蘇聯已經四十二年，說還要二十年，即半個世紀以上。我們可能快一些，但太快不可能。經濟的成熟不是主觀上要快就可以快的。所以社會主義

算不算獨立的社會形態？是個過渡，又有相當的獨立，是過渡的而又相當獨立的社會形態。因為如此，共產風也就是在這個問題上弄不清楚，主席在一九五八年回答了這個問題。（4）社會主義社會，階段可否消滅？一九五七年已提出社會主義社會有階級鬥爭。一九五八年十二月五場會議就說不能輕易宣布階級消滅。（5）社會主義社會的生產關係中所有制問題，農村生產中的所有制問題。兩次鄭州會議提了三級所有制問題。一九五九年上海會議又提出了三級半所有制問題，就是農村中有沒有作為社會主義所有制的輔助性的東西——在一定範圍內的生產工具的個人所有制，具體地講，就是自留地等等問題。現在不提，但六十條的第六章，這問題是回答了的。（6）農業生產在社會主義建設中的作用問題，過去也不清楚，似乎社會主義就要消滅農業，這是個大問題，現在看清楚了。可能雙百方針也是個重要問題，那就是七大問題。社會主義社會到底怎麼樣，不是已經那麼清楚的。我們對過去的東西，常講古人有局限性，好像咱們沒有局限性。沒有局限性還有什麼階段？咱們擁護社會主義，但對主席提出的問題是否真正瞭解？沒有提出的問題想過沒有？這也是逐漸認識的。有些不能做結論的，不要勉強做結論。要虛心一點，要讀書，要做研究調查。主席講雙百方針，有的同志好像黨內就沒有這問題，就是對付馮友蘭的。哪有那回事？人性論階級分析是錯的，用來解釋和平共處，我們應當反對。除此以外，具體問題就要具體分析。但美學中心理學中有沒有共性，這不應當混淆，千萬不要一棍子，將來你要吃虧的，咱們沒有把握。如果問：沒有階級前有沒有美感的問題，你怎麼講？到底如何揭示，還不大清楚。不要一下子對「人性論」的棍子就敲過去。所以更要百花齊放。這樣理解理解，就不是光賀麟、馮友蘭的問題。

（十二）過去右派說我們重理輕文，這是錯的。三年來，對文科抓得不緊，這是個問題。文科學生的比例，大體看來，少了一點，東

北更少。各校文科要抓一下。還有，各省要注意一下師範學校的問題。有個教育思想很危險：九年制、十年制是革命的，十二年制是落後的，對大量的現實的十二年制不關心。這是極大的危險，這是完全脫離實際的。那是理想，行不行還不知道。大量的現實的是十二年制。這是全國性的問題，各地輕重不同。教育部新鄉會議大概有偏向，各地方又絕對化一下。黨委文教書記千萬要注意。

（十三）回想一下四年以來是怎麼過的？一九五七年主席做了〈正確處理人民內部矛盾〉的講話，主要是解決人民內部矛盾。如何解決？整風。但突然來了資產階級右派的冷箭，只能放下，去解決那敵我矛盾。一九五八年、一九五九年，兩次鄭州會議，一次上海會議，解決一些「左」的問題。盧山會議又提出了那些問題要解決，沒想到又來了個右傾機會主義的進攻。一九六〇年從廣州發現共產風，發現這苗頭了，但國際上又來了個修正主義。這就是四年來的生活。在兩條路線方面，經常是右的進攻；在工作方法上，常常是「左」的妨礙黨的方針政策的貫徹。每次解決「左」的時候，總是右的進攻。在兩條道路上要反右，在工作方法上要反「左」：兩條戰線的鬥爭。這次會以後，儘管有翹尾巴的，還是要照做下去。總之要學主席。一九五七年馬寅初上去講人口論，說日本侵略中國，因為人多了，中國將來人多了，也要侵略別國，主席也沒有駁。今天這幾句不敢聽，不是倒退了？有些話，當作牢騷，一笑置之，看得那麼認真幹什麼？

康生同志的報告紀錄摘要

（這是康生同志1958年8月11日在本校報告的紀錄摘要，
未經報告人審閱，如有錯誤，由記錄員負責。）

中央政法幹部學校社會主義教育輔導組整理

同志們，你們已經畢業了。大家要我來講講話，現在我就談談你們回去準備怎樣工作的問題。

我過去曾經講過，每個學校在學生畢業以後，經過一年或半年時間，普遍地進行調查一下，出校後工作到底如何。同時也曾講過，各地方要對學校畢業生在工作上的表現考查一下，如果學生規格不適合需要，各地方有權退回原學校。這是根據工廠學來的。工廠產品出廠以後，工廠要調查一下這產品規格如何、銷路如何、價格如何、適用如何，總要調查一下。另一方面，接受產品的單位看見產品很壞，不合標準，不合規格，就不要，工廠要退錢或罰錢。你們買過手錶的，都是有保險單，保險一年、二年或三年。買錶有保險單，為什麼學校培養的學生出了校門就不管？我看這不好，我看也要有保險單。錶不走了或者本來十一點的只走了十點半，這是慢了，犯了右傾機會主義錯誤；本來是十一點半，但卻走到了十二點，這是快了，就是「左」傾冒險主義錯誤。有時「左」，有時右，這是不行的。游標壞了，拿了保險單去，可以免費修理。我們學校培養的是幹部，絕大多數是共產黨人，比錶好，比錶重要，所以學校對培養出校後的學生不應不負責任。學生畢業後，工作如何，學習如何，是要在實踐中證明的，要經過時間考驗。像毛主席所說真正的理論在世界上只有一種，就是從客觀實際抽出來又在客觀

實際中得到證明的理論，沒有任何別的東西可以稱得起我們所講的理論。當然，同志們這期學習很好，同志們在此也很努力學習，不是白吃飯，應該是這樣；但這是我們的一種估計、一種希望，到底如何，還不能下最後判斷。也許可能大家學得都很好，百分之百都很好，也許有的同志沒有學好，這種可能沒有調查研究也可以設想，也許可能不好不壞。為什麼要同志們注意這個問題，因為現在沒有把握。同志們離實際工作一年了，究竟在工作中學習好呢還是離職學習一年好呢？還不敢做結論。

我們在校學一年，進行社會主義教育、學習政策等等。這方面肯定地說，比在工作崗位上一面工作一面學習有充裕的時間，應該學好些。另一方面，我們在此學，脫離了一年的實際工作，當你們回去時，這一年的工作從實踐中得到豐富的經驗，而你們是很缺乏的。現在得到些經驗也不是直接參加的，而是間接聽報告、看文件得來的。因為這一年脫離了實際工作，而各方面的工作有很大發展。現在是「一天等於二十年」，我說現在人活一百歲很容易，只要一禮拜不死，就是一百四十歲了。一年三百六十五天就是七千三百年，這麼多年你們沒有參加工作，這問題嚴重不嚴重？應該很嚴肅地對待這個問題。不要以為在這裡學習許多理論、政策等，因此到實際工作上就以為沒有什麼問題了。

沒有問題很好，但是回去的時候要認識這個問題。我們回去以後，要從實際出發，從實際到認識，絕不能把學校一般學的東西作為一成不變的東西，對黨的實際工作情況不加調查、不加研究生搬硬套。也就是說，同志們回去工作，在思想上是從哪裡出發的問題。看同志們是否尊重唯物論，是從書本出發，還是根據當地實際出發。這是首先要遇到的一個問題。因為在小學校只能學習一般的東西，學校的材料是總結過去的經驗，今天的情況也反映了不少，有的新情況沒有反映，有的未被認識、不被重視。所以要從各地實際出發。同志們出去，首先要用馬克思主義的方法，從實際出發，即從當地的歷史時間、現實時間進行調查研究，必須把學校的東西在實際中證明它是否正確，同時要在實踐中修正補充，也就是運用馬克思主義的普遍真理與中國革命事蹟相結合的原

則，首先是從實際出發，以學校所學的東西指導解決當地的實際問題，防止生搬硬套的那種方法，這就是尊重唯物論。

黨調查研究的時候，那就要把當時當地材料加以具體分析。學校畢業的同志們，到地方去，往往要照學校所學的標準去衡量當地的工作，這當然是對的。但由於我們離開工作一年多，有許多具體情況一下看不清楚，或者工作生疏一下不能掌握；另一方面，工作上有缺點，比較容易一下發現。這樣就使我們調查研究時，常常拿我們在學校所理想的高的要求去看當地的工作。這樣我們容易把當地的工作否定得多了，或者大部分否定，這是值得注意的。另外，由於脫離實際工作久了，當地工作上存在一些缺點不容易發掘，迷惑於表面現象，看不出來要解決的問題。這種情況也可能有的。比較起來，一個人從學校回去後是容易看到缺點和嚴重的問題。怎樣把調查研究工作搞得正確呢？就是要到工作崗位上去，既要尊重唯物論，又要尊重辯證法，從實際出發，反對那種肯定一切、否定一切的形而上學思想方法，要實事求是地、辯證地對待問題。在到工作崗位開始瞭解地方工作情況時一定要從實際出發。一個人在學校裡對毛主席的指示、著作，對中央的指示、政策學得多些、熟些，研究多些，但從學習研究到實際運用還是有很大距離。人們在學文件時是尊重唯物論、辯證論的，但在實踐中思想上、行動上常常和自己說的、學的不同。整風中看到許多人在課堂上能講馬克思主義理論，在雜誌上能寫馬克思主義的文章，而他的思想、行動卻是和馬克思主義相反，這種現象是可以隨時找到的。

因此，同志們不要這樣想，一年來的學習，對毛主席著作是完全學好了，對中央指示、政策研究過了，就可以順利地工作，實際工作中會完全符合毛主席的思想、指示和中央的政策、指示。其實，尊重中央領導和黨的政策，表現在文件上、學習上是需要的，但卻是不夠的，這一點應引起同志們的注意。你們在工作中是否真正貫徹中央政策精神？在實踐中是否運用馬克思列寧主義？是否貫徹毛主席思想？是否尊重當地黨的領導？對同學來說是嚴重的問題。我想同學們在一年中是看到政法工作中有個突出的問題，就是政法工作中對待黨的領導問題。同志們對

這個問題在思想上經過這次學習會認識清楚，但認識清楚不等於執行起來沒有問題。尊重不尊重黨的領導，不僅要表現在口頭上、文件上、學習上，更重要的是要表現在實際工作中。

關於政法工作，我還不瞭解情況，只是在開學時毛、冷校長還有其他同志曾彙報過一下，那時候曾與中央政法黨組負責同志商量過，決定你們這一期學習應和以前學習不同，要改變一些好。那時候，我感到政法工作當然有很大的成績，但是我們看到在司法部門有的同志甚至有些領導同志在思想上有問題，其性質是右傾機會主義。這是資產階級思想從我們隊伍來看我們政法隊伍是廣大的隊伍，隊伍中絕大多數是好的，努力工作的，但隊伍中不高、不齊。不高是馬列主義水準不高，不齊是指政治上思想上存在著不純的現象。面對這樣情況，你們到政法幹校學習就不是學一般的業務問題了，而是根據當前存在問題來學習馬列主義的問題，所以教學計畫有些改變了。現在看來對不對呢？不知道你們怎樣看？從學校總結看，總的方向大體上是對的。現在中央正在召開黨校工作會議，我們也提意見，業務部門幹部學校要按黨校來辦。如果這一點為各地所贊成，為中央所批准，就可以說明我們的方向是對的。這個方向說來很簡單，一個目的，就是要在政法工作中絕對保證黨的領導。因為政法部門是無產階級專政的有力工具，同志們絕不要忘掉少奇同志指出的，無產階級專政本身就是通過黨的領導來實施專政的。如果我們不將黨的領導問題弄清楚，那就談不到做無產階級專政的工具了。

現在同志們討論了紅與專的問題、政治掛帥問題，這是很好的，我也看到簡報上說學習很好，有成績。但同志們還不大知道什麼是政治掛帥，簡單說就是黨的領導問題。沒有黨的領導，還有什麼政治掛帥呢？我不知道同志們學習如何，但希望對黨的領導問題要徹底弄清楚，這問題弄不清楚，就談不上政治掛帥，談不上紅與專。在整風、反右派中出現的很多問題，按其本質來說，就是這個問題。

同志們聽到過司法部門領導機關存在的問題，現在越看越清楚了，基本問題是黨的領導問題。我們開會檢查過，政法部門的問題是嚴重的

脫離黨的領導問題。也許同志們聽到過青年團檢查那裡的問題是什麼問題，是有人公開地向黨要權，要人權、財權、獨立權。同志們也聽到了開教育會議中檢查的問題，有人要把政治課取消，要什麼「正規化」；本質是重業務，輕政治，忽視黨的領導。那裡還有什麼外行不能領導內行的說法，說黨不懂教育，是外行，自然就不能領導，這也是黨的領導問題。回顧一下，從前為什麼賀誠同志犯錯誤，他說黨不能領導衛生工作，說黨不懂，不能領導，也是黨的領導問題。絕不能因為某些部門老同志多，就可以把這問題麻痺大意了。政法部門，特別公安、檢查、法院老同志不少，但是衛生部門、文藝部門老幹部也不少，也發生黨的領導問題。所以，這不是一個部門的問題，而是一個普遍性的問題，不過司法部門某些領導人表現比較嚴重些。同志們看到我們在開學時改變教學計畫，從實踐證明這種做法是合適的。

　　同志們回去工作，今後對這問題是不是要注意了呢？當然，大家經過學習整風，認清了這點，堅決貫徹執行這一點，我們沒有懷疑。但這不是說我們就不應該注意了，因為在司法部門體現黨的領導，必須認清黨的領導運用在政法部門是怎麼一回事，也就是說在政法部門工作中對這問題要先有個什麼觀點、什麼認識。我對這問題是外行，因沒經調查研究。但毛主席說外行領導內行是總的趨勢，外行能夠領導內行。康生是外行，因為能領導你們內行，這是形式邏輯。可是毛主席又說，沒有調查，就沒有發言權，發言權沒有，還有什麼領導權呢！

　　過去在延安，與司法部門同志接觸過，印象很深。我不贊成說黨對司法工作是外行、沒工作經驗，因為我們黨在根據地工作時，或早或晚、或多或少、或深或淺都進行過司法工作的。特別在延安不能說沒有一點經驗。當然經驗只限於那時，那時是民主革命時期，不能經驗主義地亂套，但有些經驗是值得我們注意繼續發揮的。例如那時司法工作的群眾路線，雖然做得還不夠，但比較注意這問題。又如尊重黨的領導，那時沒有出什麼大毛病。司法與公安一般說協作也是好的，從來沒有人把司法與公安對立起來，這種現象我說沒見過的。那時法院主義政治，當然也不夠，但我印象較深，我在延安法院得了些好處。每月將案件

集中起來分類統計，使我們在一月一季裡通過法院工作知道社會上大概是個什麼問題。我在延安某區進行土改，在下去前對土改情況的瞭解主要是從法院得到的。把法院每月的簡報一看，知道什麼問題最多，突出的問題是土地問題，占案件第一位。初到延安時以為邊區是進行土改了的，但通過法院瞭解，很多地方還未進行土改。從法院的案件中可以反映出問題來，所以我印象很深。不是說那時工作得很好，可以將那時的東西完全搬到現在來，而是說過去革命根據地中不是毫無司法工作經驗的，並不是說再不搬資產階級的好像就沒有辦法。從過去的與現在的經驗看，司法工作一定要接受黨的領導，因為它是無產階級專政的工具。如果階級觀點模糊，他怎能執行無產階級專政的任務呢？你擁護黨，但沒有無產階級專政觀點，那擁護黨不是空的嗎？你擁護無產階級專政又不尊重黨的領導，那無產階級專政不就是空了嗎？司法工作是無產階級專政的工作，如果沒有階級觀點、階級感情、階級仇恨，怎樣從事司法工作呢？我以前對毛校長說過，要在同學中打破司法工作神祕觀點，這是階級鬥爭，不要先搞條文一條兩條。其實首先要記一條，即對無產階級專政有利還是對無產階級專政不利，這一條在思想上要明確。

這點同志們學得多了，我為什麼講這問題呢？因為這幾年來我們隊伍中有人有糊塗思想，有人好像認為司法工作是超階級的，司法工作是統戰工作。當然司法工作也講統戰，但沒有堅定的無產階級立場就沒有無產階級領導的統戰工作。司法工作不是獨立的。有人認為司法工作是獨立的，就去向黨鬧獨立性，這是受資產階級法學侵蝕，忘掉了黨是無產階級的最高形式。這問題在其他部門如工會等也有，都是思想上模糊，也就是上面所講的「外行不能領導內行」問題。去年反右派鬥爭中，與右派辯論時說過什麼叫外行、什麼是內行，那時有人說共產黨外行不能領導科學文化。我不會唱戲，問一下章伯鈞、羅隆基會不會唱戲；我不會彈琴，問一下章、羅會不會拉；我又檢查過，我不會畫畫，這是事實，但我也沒看見過章、羅畫過畫；我不會寫小說、作詩，但章、羅也不會，這行他也不會的我也不會，為什麼他叫內行呢？我叫

外行呢？所以他不是講這些具體問題。中國有三百六十行，總的有兩大行，資本主義之行與社會主義之行。如北大、清華究竟要辦什麼樣大學，是辦資本主義大學還是共產主義大學？如辦資本主義大學，章伯鈞是內行；如辦共產主義大學，我們是內行，他們是外行。外行能不能領導內行，黨能不能領導學校，這是個政治掛帥問題。具體問題是外行，政治掛帥是內行。辦社會主義我們是內行。所謂內行，不是指一個人，而是指黨的組織領導。政治掛帥，哪怕是縣的、專區的、省的政法工作，黨都能領導。縣委、地委、省委領導整個地區社會主義革命與社會主義建設工作，為什麼不能領導司法工作呢？認為司法工作超出階級之上是錯誤的，我們必須弄清楚。黨不是抽象的名詞，黨是無產階級的黨，黨是無產階級的最高組織形式，沒弄清這而說擁護黨的領導，就是空話。

政法工作是無產階級專政的工具，不是超階級的，也不是與資產階級共同領導的。這問題在憲法上講得很清楚，相信同志們在一年的學習中搞清楚了；但理論上搞清楚了，還要在實踐中搞清楚，在實踐中擁護黨的領導，尊重黨的領導。我們的黨是無產階級的，同時也是群眾的，一切政策是「從群眾中來，到群眾中去」的，在各種工作中是要貫徹群眾路線的。司法工作中存在的問題是似乎司法工作與群眾運動沒有什麼直接關係，只要把法律條文弄清楚，似乎就可以工作了。過去自己想著工作與直接群眾工作有所不同，我到過馬錫五同志那個專區，搞過土改，知道司法工作與群眾的關係是十分密切的。在游擊環境裡，接近群眾不容易，有時講的不是他們心裡的話。同樣，我們在搞土改時，敢鬥爭，敢發動群眾，他就將心裡話告訴你。接近群眾最容易的是司法工作，你不去找他，他天天來找你。工會工作青年與群眾談話都不很容易，司法部門不是你去找他，而是他來找你，這多好。來找你解決問題，甚至先把狀子給你。而且群眾對政府瞭解如何，是否感到政府是人民自己的，常常就從法院的行動、法院的判決來測量。當我們在戰爭時，群眾常常通過軍隊來測量是否人民的政府。取得政府後則往往通過司法如何來測量。司法工作是密切聯繫群眾的工作，是最容易接近群眾

的。我那時曾想做司法工作，容易接近群眾，可反映各方面問題，反映出尖銳的階級鬥爭問題，反映各種矛盾。同學們，學習馬克思主義、發展馬克思主義，可以通過各種案件瞭解各方面的問題，可以作為向黨提出建議的根據。

從總的方面看，依靠群眾，只要是涉及廣大群眾的問題，就必須依靠群眾，司法工作也是如此，要密切注意這個問題。這問題解決不好，我們就不能正確處理人民內部矛盾問題。

當然，所謂群眾，是一個籠統的名詞，人民是一個歷史範疇。文學上的批評文章常說什麼人民性，說李白詩是有人民性，屈原詩有人民性，這是文學家批評的標準之一。但詳細研究，他們並不知道人民是什麼。人民這個詞他不知道就說什麼人民性，豈不笑話？人民是有階級的，人民內部矛盾中有階級關係，所以處理人民內部矛盾要有階級立場、階級觀點、階級分析。少奇同志在「八大」報告中講有兩個勞動階級、兩個剝削階級，在討論中將知識分子列入剝削階級不少人有意見，大學裡的教授、學生最不滿意，於是引經據典地討論起來。有些教授找馬克思著作，找列寧著作，找到一條，說：剝削別人是剝削者，我們不剝削別人，那薪金是政府給的，你給我薪金又把我列為剝削階級？這是抽象地抓住概念，不管具體時間、地點如何。實際上「八大」所講的階級是從思想上、政治態度上講的，不是從階級上、生活來源上講的。如從階級上講，第一類剝削階級還存在的剝削，多是找不到了的，當然地主剝削農民在新疆還可以找到；如從生活來源講，今天地主就不再是地主了。第一類剝削階級中講到右派，章伯鈞不偏工人，不剝削農民，那就不能算剝削階級。可見問題不是講那個名詞的概念，是講社會主義給那個時代的具體事實。從整風暴露出的問題看，為剝削階級服務的知識分子就是屬於剝削階級的。同樣，現在說的無產階級與革命前的無產階級也不一樣了。有人就提過：「工人已有產業，為什麼還說無產階級？」所以一種事情去掉了具體條件、具體內容就沒意義。

處理人民內部矛盾必須樹立群眾觀點，走群眾路線，每每與上面所談的階級立場、階級觀點是分不開的。我們黨是群眾的，一切政策是

「從群眾中來，到群眾中去」的。解決人民內部矛盾一定要走群眾路線，不能像資產階級那樣地坐在法庭上和辦公室裡的做法。司法工作本身就是群眾的工作，要看作是群眾性的，必須走群眾路線才能搞好。不相信群眾，不依靠群眾，就必然走資產階級法學的道路上去。依靠專家，依靠律師，認為法律是神祕的，老百姓不懂法律，老幹部不懂法律，認為大學生才懂法律，律師才懂法律，如有這種觀點，哪怕你天天講黨的領導也是空的。司法工作脫離了群眾，必然是依靠專家，依靠律師，插上了白旗。司法工作人員中，把律師弄得那麼神祕。為什麼對群眾那樣不相信？對黨的領導那樣不相信？對老幹部那樣不相信？相反地，對律師那樣地相信，是不是有馬克思主義？我看是不多的。資產階級的觀點容易沾染我們，一定要注意這問題。

現在，我們工作有了進步，打開了法院大門，能深入群眾，深入生產，到田頭了，這是很好的。不打破神祕觀點，脫離群眾的形式主義，是很不好的。你們敢想，就要想想，為什麼審的人一定坐在上面，被審的人一定坐在下面，可不可以平坐。我看司法工作人員要走群眾路線，要從司法業務的圈子裡出來，把法院的牆推倒，把法庭上的公安推翻，這是就思想而言，不是要去大鬧法庭，意思是說要把資產階級的形式主義的東西，推群眾的東西去掉，這就是要實行尊重路線與加強黨的領導問題。

我們知道，有些專業部門常常糾纏在自己業務圈子裡，而把中國社會主義建設最重大的問題丟在一邊。當前生產大躍進，文化大躍進，形勢變化了，會不會影響法院？一定影響，如不關心，法院工作是很難做的。形勢的變化，會不會影響學校工作呢？一定影響的。現在許多概念與過去不同了。河南辦的紅專大學，就與一般的大學不一樣，既是學校，又是生產組織，又是政權組織。社會大變革時代，要依靠群眾，在黨的領導下，發揮群眾的創造精神。

三結合的問題，可以考慮。學校考慮，學校考試採取了三結合的形式，在黨委領導下，教員與學生評定成績。在審判工作中，可否在黨委領導下，司法幹部與廣大群眾相結合呢？這有好處。還有司法工作，司

法教育與生產勞動是否可以相結合呢？可以考慮。我們的思想常常落後於實際，陷在神祕觀點中。要打破形式主義的束縛，面向群眾，面向社會，一切從群眾出發。

要服從黨的領導，必須尊重黨、擁護黨。我們的黨不是一般的黨，是馬克思列寧主義武裝起來的黨，黨員是馬克思主義的黨員。很難設想，口頭上講馬克思主義，實際行動上違反馬克思主義的理論原則，而能夠掌握馬克思主義思想教育問題。有些同志丟掉思想工作，被資產階級法學弄混頭腦，不清楚司法離開了馬克思列寧主義是寸步難行的。司法工作的根本大法，就是馬克思列寧主義。離開這個而去學刑法、民法，那就是捨本就末。我們司法工作同志，有些還沒有真正懂得政治掛帥、馬克思主義掛帥。當然，學校也有生搬硬套的教條主義。總的講，不管教條主義、經驗主義，都是缺乏馬克思列寧主義理論。沒有這個東西，你就沒有辦法能夠政治掛帥，沒有辦法去拔掉資產階級的白旗，插上馬列主義的紅旗。

在這個問題上，與上面講的階級立場、群眾路線也是分不開的。在這個學校也好，不是說沒有學到馬克思主義，也都學到一些；但有些教馬克思主義的人，學馬克思主義的人，還弄不清：什麼是理論？理論是從哪裡來的？司法理論怎樣才能成為正確的，有什麼標準？應知道群眾實踐是一切知識、一切理論的源泉。這不是說所有人不懂得這個，越是知識分子越是長期不能解決這個問題，越是勞動群眾越容易懂得。

最近我到天津，看到工人學習馬克思主義哲學，很快地能夠掌握了最重要的問題，他們懂得理論是從實踐中來的，懂得運用理論解決實際問題，他們懂得從實踐到理論、從理論再到實踐的道理。有那麼一個食品加工廠工人告訴我，他們過去不知道理論學習重要，也不想學，也不敢學，現在是迫切地要求學，下雨天打了傘去學。同志們想想，為什麼工人學哲學這樣迫切？我開始也不大瞭解，到那裡一調查，知道了工人學哲學，從總的講是與政治戰線、思想戰線上的社會主義革命的勝利推動了生產大躍進是分不開的，與「八大」總路線的發表是分不開的，總路線提出，的確成為廣大群眾大躍進的原因。

天津不到六個月學哲學的工人有一萬兩千人，還有兩「參」一「改」的原因。兩「參」就是工人參加管理、幹部參加勞動，一改就是技術改革。工人們感到在管理生產、技術改革中，問題很多，要在生產中解決人民內部矛盾問題，要解決人們在生產中的互相關係問題，這樣兩「參」一「改」，推動了工人們必須學習哲學，光瞭解總路線還是不夠的，感到經常在生產中、生活中遇到問題，講不出道理來，找不到解決的辦法，在改革中發生不願管理生產、不能管理生產的自卑心裡。但他們的積極性很高，不甘落後，要學管理，要學技術，要解決一切實際問題，就必須要學習馬克思主義理論，學習哲學。這是生產大躍進，推動了工人要求學理論、學哲學。同樣地，不用生產的觀點，也很難瞭解農村出現了那樣多大學校、紅專大學。

我從那次工人座談會中，知道他們學這些是與兩「參」一「改」分不開的，就知道他們學習的出發點，不是從教條出發、書本出發，也不是從名利出發，而是為了解決生產中的問題。這就是毛主席講的學習馬克思主義必須要首先解決中國革命中間的實際問題，在實際工作中以馬克思列寧主義理論為指導。從一九四一年毛主席〈改造我們的學習〉發表，到現在已有十幾年了，我看到學校裡，教研室，有些人沒有真正懂得這個問題，工人一學習就掌握了這個理論。從實際到理論，再從理論到實際，工人學了哲學就很容易瞭解哲學的階級性問題。這是工人的階級立場，保證了工人學好哲學。資產階級知識分子學了哲學，如果不改變立場，就是寫了多少哲學的書，也不能真正掌握哲學。

有個織呢車間的工人說，學了哲學，收穫很大。過去怕矛盾，學了哲學，就不怕矛盾，知道了矛盾就是問題。過去怕矛盾，怕當車間負責人，現在知道矛盾是一個接著一個的，解決了又會產生，解決得好，可以推動生產。還有平衡與不平衡的關係、統一與鬥爭的關係，在知識分子看起來不大容易懂的，可是工人在實際生產中是容易懂的。這個織呢工人六月份原計畫是七萬四千公尺的任務，上旬沒有完成，出現了不平衡；可是這時工人領導上又加任務四千二百公尺，他思想上不通，領導上告訴他不要怕，平衡是相對的，不平衡是絕對的，他勉強接受了任

務。同去學了哲學,知道了分析問題,要找出矛盾,分析矛盾,要依靠群眾。覺得過去說依靠群眾,實際有事是推給群眾,自己也不動腦筋,不是有事和群眾商量。於是這次交代任務不用過去的辦法,首先自我批評,過去不依靠群眾,這次要求大家想辦法,檢查自己的缺點,批評了保守思想,請大家出主意。由於他的自我批評,又推動了工人自我批評,檢查了幹勁不足,出勤率低,大家提出了問題。織呢機快了,緯紗跟不上,又出現了不平衡。他用哲學道理發動了群眾,解決緯紗問題,在七月份生產出八萬一千公尺。緯紗解決了以後,幹勁起來了,緯紗又多了,織機又跟不上,又出現了不平衡。

工人知道了,一個矛盾接著一個矛盾,矛盾解決得好,可以推動生產。從懼怕矛盾,到不怕矛盾,是思想上一個很大的解放。你們解決了沒有?工人學了六個月的哲學,就解決了。這是個思想大解放的問題。我們看,從不平衡到平衡,從平衡到不平衡,這是個複雜辯證的過程問題。知識分子是常常糾纏不清,不容易解決的。工人從生產中發生這問題,求得解決了,就深刻地認識到:平衡是相對的,不平衡是絕對的;統一是相對的,矛盾是絕對的。所以,馬克思主義哲學不是神祕的。小孩子也懂得哲學的,說日常生活沒有哲學,那是不對的。說工業生產、農業生產,不能用上哲學,那是錯誤的。毛主席在延安講過,小孩子三歲吃花生,很少連殼子吃下肚的。小孩懂得吃花生用兩道分析工作,一是把殼子剝開,二是把紅皮剝去,到嘴不一下吞下去,還要用牙齒分析一下再吃下去,吃下去還要分析消化。小孩子懂得變化,懂得生活,看見老爺爺幾天死了,就懂得死。小孩玩小鳥,常常搞死牠,他要實驗生死的變化。

我們在學校,可以學馬克思主義,在工作上也可以學馬克思主義,馬克思主義並不神祕。就是說,學習馬克思主義,必須知道理論是從實踐中來的,再通到實踐中去。我要問一下,你們同教研室的關係怎樣?你們馬克思主義多,還是教研室馬克思主義多?你們研究沒有?我看你們比教研室多。因為你們人多經驗多,你們又是從實踐中來的。所以,每個教研室同志,又是先生,又是學生;你們又是學生,又是先生。學

員中間有馬克思主義，一千人中間有豐富的馬克思主義理論。如何去學習研究它，在於懂得理論的來源在什麼地方。同志們要打破學理論的神祕觀點，相信你們在實踐中可以學到馬克思主義，也可以發展創造馬克思主義。

我講過，司法工作是無產階級專政的工具。既然是階級鬥爭的武器，那你不掌握階級鬥爭的理論，就不能發揮無產階級專政的作用，就不能插紅旗、拔白旗。有些業務學校，常常重業務，忽視政治，是不對的。當然，我們不是不學業務，要正確對待紅與專的關係，不紅就不能專，這是辯證的關係，政治要掛帥。因此，同志們這次沒有業務，而解決了重大問題，啟發大家，在司法工作上，政治要掛帥，馬克思主義要掛帥，這是很必要的。

但是，同志們要求實踐，實踐不是不要讀書。現在有種傾向：一談讀書，就以為不要實踐；一談實踐，就以為不要讀書了。一談教條主義，就不要理論了；一談經驗主義，就不要經驗了。這是形而上學的思想方法。我們要在實踐中解決實際問題，也要讀書。讀書有兩種態度，一是為了讀書而讀書，一是為了解決實際問題而讀書，後者是馬克思列寧主義的。讀書是不難的，讀書比殺豬還容易。豬不同意殺，殺不死還會跑；書抓到了不會跑掉。師大文學系的學生要寫教學大綱，教師說你們寫不出來，一系的同學幾百人分開了一禮拜讀了幾百本書，開座談會，哪一本書精華是什麼、糟粕是什麼，都弄清楚了。人多勢眾，有什麼難呢！我們要讀書，不要怕難。

這次你們是整風的，讀經典著作讀得少一些，怎麼辦呢？大家在工作中，只要學習一個正確的方法，無論如何不要死讀書，就是你遇到了問題，就去看馬克思、列寧、毛主席怎麼說的，這樣就有用了。所以，絕不是說不讀經典著作了，重要的問題是從實踐中學習馬克思主義，發展馬克思主義，要敢想、敢說、敢幹、敢寫。你們畢業了，寫了畢業論文，思想總結，那就是畢業論文。需要提倡一下要敢寫，老同志不要怕寫東西，你們要大寫文章。寫文章不一定要發表，不是為稿費而寫文章。不要用馬克思主義詞句之矢，去射人民幣之的。寫文章可以鍛鍊

自己的思想，不斷地總結經驗，這樣去學習、去研究、去發展馬克思主義，特別是你掌握了辯證法，就能真的服從黨的領導和走好群眾路線。你不學習馬克思主義，就是組織上入黨，思想上沒有入黨。所以，思想上入黨，是每個黨員同志應當注意的。

革命是不斷的，因為社會的發展是不斷的。不斷革命很重要，你們應該注意。你們看到在抗日戰爭中很積極的，到了解放戰爭中，有些人掉隊了；在解放戰爭中有些人禁得起考驗，到了社會主義革命時期，又掉隊了，甚至叛變了黨，變成右派。所以，無論是老幹部、新幹部，要懂得不斷革命，革命不是鬧了一次，就一輩子夠用了。馬克思主義的重要一條，就是不斷革命。

你們畢業了。什麼叫畢業？畢業後幹什麼？是幹政法工作，也許有變動，如果分配你比過去低的職位，學了一年回去降了級，你怎麼樣？分配你不和愛人在一起，不分配你到原地去，分配你到新疆或是西藏，你怎麼樣呢？有些學校，雖然收了很多紅與專，政治掛帥，還沒有弄清楚革命、不斷革命。應當是要我也革命，不要我也革命。紅是革命，搞社會主義革命，把這問題解決了。與愛人在一起也是革命，不在一起也是革命，到江蘇是革命，到新疆也是革命。

我們是不斷革命，黨和政府准許你革命。現在的學生，就要看家庭准不准革命。如教育與生產勞動相結合問題，有人思想不通，這就是不准革命。家庭有不准子女革命的，不准他參加勞動，這就是問題。要不要革命？准不准革命？要看周圍情況，要看自己，怕不怕革命。為了革命，個人利益犧牲一點怕不怕？為了革命犧牲了個人怕不怕？敢不敢更名？包括思想上能不能解放的問題、迷信打破打不破的問題。懂得這些問題，在畢業後，少想個人的東西，把共產主義風格提高一下，鼓足建設社會主義的幹勁。你們畢業後，總的一條要革命，馬克思主義就是這回事。

現在提議，你們學校今後就要按黨校辦，是馬克思列寧主義的黨校，不是什麼專業的學校。因此，你們要尊重黨、擁護黨，也就必須很好地學習馬克思列寧主義。

　　我今天所講的問題，歸納起來是三句話，也許是一句話，分三小點。一句話，這就是黨的領導問題。要實現黨的領導必須瞭解黨是階級的黨、群眾的黨，是馬克思列寧主義理論武裝起來的黨。因而我們就必須具有階級觀點、群眾觀點、馬克思列寧主義的理論觀點，這樣才能真正地徹底解決黨的領導的問題。

中共上海市衛生局黨組關於王聿先同志轉告周總理、康生、陸定一同志對衛生部黨組指示精神的材料

（1958年9月20日）
中共上海市衛生局黨組
（58）滬衛丙字第046號

市委教育衛生部：

　　王聿先同志轉告了周總理、康生、陸定一同志對衛生部黨組指示的精神及中央衛生部召開的全國醫藥衛生技術革命經驗交流大會的情況，茲報告如下，上海衛生部門如何貫徹總理和中央文教小組指示的「破資產階級醫藥權威，立無產階級衛生志氣」的精神待黨組研究後再上報請示。

中共上海市衛生局黨組
1958年9月20日

抄報：中共上海市委
抄送：第一、二醫學院、中醫學院、軍大黨委

一、周總理、康生、陸定一同志對衛生部黨組的指示

周總理、中央文教小組康生、陸定一同志聽取了衛生部黨組關於全國醫藥衛生技術革命經驗交流大會情況的彙報，並做了指示：

指示精神：為什麼部門總的是資產階級思想問題？到現在技術革命、大躍進，看出老專家壓制，我們的態度是不要他們點頭。因為與他們的思想牴觸。對他們點頭要提高警惕，要把老專家當道權收回。離開他們行不行？要教育青年明確沒有老專家也行。為什麼部門可以革命？不要怕死人，打倒了老專家當道可能死人少一些，必須要解決誰點頭、搖頭問題，應該是黨。這是領導權的問題，一定要解決。

中醫問題，號召青年醫師、積極分子去學，不要迷信老專家。要大量搜集民間單方，中醫界也要走群眾路線，不是只找名中醫，也要達到中醫正規化，草藥、土方郎中也要好的，達到正規。

技術革命是兩條道路的鬥爭，一定要講資產階級的權威當道，才能樹立黨的領導，現在不是專家點頭、搖頭，應該叫他們低頭，徹底改造。

周總理同意康生、陸定一同志的指示，指示衛生部黨組，大會要進行鳴放爭辯，要「破資產階級醫藥權威，立無產階級衛生志氣」。

二、全國醫藥衛生技術革命經驗交流大會進行情況

大會根據總理和中央衛生小組領導同志指示的精神，發動代表鳴放辯論，對一些權威當道進行了揭發批判，揭發了北京的鍾惠瀾（北京中蘇友誼醫院院長）、吳晗的謝晉（武漢生物製品研究所總技師）、北京的黃禎祥（中國醫學科學院微生物研究室主任）、上海的馮蘭州（寄生蟲病研究所所長）、吳紹青（上海第一醫學院肺科教研組主任）、徐瑞和（上海市江寧區中心醫院院長兼市職業病防治所所長）；小組會上

揭發了蘇德隆（上海第一醫學院衛生系主任、流行病學教授）、孫克基（上海市產婦醫院院長）、汪士（上海市第一結核病院院長）、黃銘新（上海第二醫學院內科教研組主任）、錢悳（原上海第一醫學院副院長，現在重慶醫學院）等。

大會號召寫大字報，分組討論，上海市立六院婦產科主任胡志遠寫了三張為專家辯護的大字報。這樣就出現了對立面，收到各省市代表尖銳的批判，有大字報，有漫畫，並要上海表示態度。上海代表也貼了一些大字報，內容有揭發，有批判，表示了態度。上海代表團小組中也對權威當道進行了揭發批判。胡志遠再寫檢討。

王局長準備再發一次言，表示上海的態度。

中共山西省委文教部關於康生同志在太谷農學院和縣委的講話

（紀錄稿，未經本人審閱）

康生同志在農學院對下鄉同學的講話

1958年9月22日

聽說你們到興縣去，那是個老根據地，好地方，我也想去，你們比我先進。我曾在那裡待過半年，做過土改工作。興縣這塊老根據地，出了許多幹部，現在他們在四川的很多。今天我們隨便談幾句，讓我過關就是了。

我們是來學習的，只有兩天時間，兩天就畢業了，首先跟你們來學。當前正是苦戰三年，和三個元帥升帳的時候，你們下鄉去為鋼、為元帥服務，你們也是元帥的一部分，三個元帥中其中有一個元帥是糧食。有些人不願來農學院學習，這些人不瞭解，今天首先要解決糧食問題。你們最近學過教育方針政策吧？（回答：「學過。」）你們知道文教事業的發展，必須依靠農業的大發展，否則文化是不可能發展的。農業越是發展，農民越能解放，他們才能擁有時間來學文化，才能進行半工半讀。解放了農業，解放了勞動力，也給工業準備了強大的勞動大軍，那時工廠才能實行半工半讀。今天你們每個人都是小元帥，三個元帥被你們占去了兩個（指挖礦、煉鐵和農業生產），你們早上山，我們要跟你們學習。

你們討論討論，最大的農業科學家是誰？米邱林、李森科是世界大

科學家，但是還有比他們大的，那就是我國今天廣大的、已經被解放了的具有社會主義覺悟的、將要過渡到共產主義的中國農民。你們下鄉跟他們去學習，這很幸運，你們說目前誰創造了比農民更大的成績呢？北京有農大，有農業機械學院，結果他們最落後。對不起，在座的可能有農大畢業的，但這是事實，農民的生產早將他們丟在後面去了。這是農學院的實驗田一百七十斤，簡直是個幼稚園，這怎麼能行呢？在北京有的人自稱「小麥專家」，經常寫文章，今年他的試驗田換了三次牌子，他是權威，定了五百斤；聽說河南有產幾千斤的，他急了改成八百斤；以後又站不住，換成一千斤零二十兩；結果打不下，想法追肥，追不下去，最後查了許多書，決定噴；他的助教認為他配的藥量過大，偷偷給他減少一半，後來一噴三天之後統統死掉。這是美國牌的權威教授，你們看是跟誰學？農業學校有了危機，落在群眾後面，弄得學生不願學、教師不能教，這很危險啊！什麼人是專家，我看是農民，不是教授，躺在書本上的專家，遠遠落後於農民了。

農業成績集中表現在生產上，這和畫畫不同。要畫畫的話，那可以隨便由你畫，要多大畫多大；農業成績不能表現在紙上，這不是藝術品，它是以生產品來做標準的。至於書嘛，它有用，也沒有用，主要是看能不能放下架子，聯繫實際，聯繫農民，它是有用的，否則它一錢不值。因之你們要到鄉下去，什麼美國學的，金陵大學學的，都不行。金陵大學學了勃克的一套，就是那個賽珍珠的老翁，吃不開。你們要打破他們那一套，去跟農民學，那裡有真正的科學。你們下去又勞動，又學習，又進行科學研究，再沒有比這個好的。

你們的學校沒有住在大城市，這一點很好。農業大學住在城市中，那叫什麼話呀？聽說這裡曾有人埋怨政府不將農業大學搬到太原，我看不搬倒成了光榮的事。你們分配來這裡學習是好的，但我覺得還不夠，在這裡依然受資產階級教授的影響。如你們種的煙，是山東種，是山東青州種，你們的教授比山東種煙的農民，則落後得多了。他們知道陸續將底葉打去，陸續追肥，讓它再長，打三層，葉子上才跑不了煙，像你們那樣種法品質一定不會好。這常識在青州婦孺皆知，就連我也知道，

可是你們的教授不懂。農業這事毫無神祕之處，就是你們脫離了實際。脫離了實際，也就是脫離了政治，因為你脫離了群眾呀！結果也就是脫離了黨的領導。你們下去一定放出產量來，不管教授、學生，統統下去，放下架子去當小學生去，我們的科學才能發展，你們才能成為又紅又專的共產主義的知識分子，我想你們一定能辦到。

陸定一同志在農學院對下鄉同學的講話

1958年9月22日

剛才康老講得很好，我隨便說幾句：怎樣才能成為又紅又專的知識分子呢？怎樣才能不脫離實際呢？這都是當前教育工作中的大問題。我認為首先學校教學工作要來個大革命，革幾千年的命。中國從孔夫子、孟夫子到近世的資產階級，他們主張教育脫離生產，要人們看不起體力勞動和體力勞動者。我們則相反，我們要搞共產主義，我們要消滅腦力勞動和體力勞動的差別，主張教育和生產勞動相結合。這個方針在過去不可能實現，過去有北洋軍閥、蔣介石、閻錫山，那時我們只能號召人民革他們的命。那時教育主要為政治服務，如過去的抗大、陝公，就是這樣。有人曰：「為什麼脫離生產，就脫離政治，脫離黨的領導？很明顯，教育部結合生產，就不能消滅腦力勞動與體力勞動的差別，就不能革掉幾千年的勞心勞力分離的命，就沒有什麼社會主義、共產主義，而要做到它，離開黨的領導就不可能，所以教育脫離生產，也就脫離了政治和黨的領導。現在是社會主義建設時期，問題就不一樣了，過去是以革命為主，現在是以建設為主。我們的黨要領導全國人民，將我國建設成為具有現代工業、現代農業、現代文化科學水準的社會主義強國，因之必須三個元帥升帳。過去糧食每人平均三百斤、六百斤不夠吃，今年到一千斤就夠吃了。明年平均一千五百斤，以後搞它二千斤到五千斤。」

鋼去年有五百三十五萬噸，比蔣介石時期九十萬噸多得多了；今年

要翻一番，到一千零七十萬噸；明年搞它二千五百萬噸到三千萬噸，就超過了英國；到六二年搞到八千萬噸到一億萬噸，因之超美也用不了幾年；就是這樣我們還不行，將來達到七億噸。現在美國待在臺灣，三億人示威，他不走；到那時我們吹一口氣，他就得走。這樣偉大的建設工作，你們參加不參加？這種情況你能關起門來讀書嗎？世界上有哪個國家，鋼鐵一年能翻一番的？我們就能辦到。因之你們不要迷信洋人，我們就是洋人，嫦娥看我們也是仙人。美國算個啥？我們在小麥上今年就超過他，將來不久鋼也要超過他。

群眾通過生產教訓了我們，學校的課本非革命不行，不僅你們，就是工學院也教不下去了。在黨的領導下，科學不會垮臺，狗屁不值的東西讓它垮下去。你們下去參加勞動，還要學習，還要進行科學研究，不要怕什麼留學生，什麼也不要怕，我國的農業是最先進的農業科學。我國真正搞農業科學的，是腳上有泥巴的農民，他們不是什麼教授、博士，他們主要是能和群眾、實踐相結合，能接受黨的領導。舊的科學落後了，一錢不值。

有的人問到共產主義得多少日子，我說反正很快，第一個五年計畫我們翻了一番，工業化的進度一般是每年遞增百分之十五，我們第一個五年是百分之十八；現在大躍進，第二個五年計畫很不好做，今年我們就翻了一番；明年又發展成個什麼樣子，不得而知。我看，到了年產七億噸鋼，和畝產五千斤糧食的時候，共產主義就來了。三五年即能辦到吃飯不要錢，至於穿衣服要不要錢，還不肯定。總之你們每個人要看清前途，將自己培養成為又紅又專的共產主義知識分子和勞動者。

康生同志在太谷視察工作時的插話紀錄

1958年9月22-24日

九月二十二號，康生同志和陸定一同志，到太谷縣視察工作，下車伊始即深入現場觀察，當晚聽了農學院黨委書記張若愚同志的彙報，當

聽到農學院除了一年級外，全部下放一年的決定時，康生同志隨即說：

「今後學校應當取消實習課，勞動本身就是學習，要廢除舊的考試制度，像農學院的學生，他的大面積生產達到三千斤就可以畢業，哪怕一個字不寫也可以。農學院教師評級也很簡單，一級的五千斤，二級的四千斤，三級的三千斤，以上這些都是指的大面積豐產，按現在試驗田五萬斤才算一級。像你們教授種的地收一百七十斤，我也發文憑，叫托兒所畢業。（群眾大笑）學生、教授一齊下去，邊勞動，邊生產，邊學習，邊進行科學研究，學中做，做中學，學以致用，關鍵在於放下架子。」

當農學院談到他們今後的課程安排時，康生同志插話：

「你們的安排很好，也應該提苦戰三年，摸出一套東西來，辦一個適合中國情況的農學院。今天農民提出要苦戰三年，人家革命，你不能站在旁邊啊。依我看你們再增設一門農業機械，給學生增加些工業知識，培養多面手，將來人民公社，要有些有關農業的工業，這門課叫農業機械或農村工業都行，總之學校課程中有農業，也有化學，又有鋼鐵才行。學生將來到了農村什麼都得幹，會辦托兒所，會演劇、唱歌、編報、掃盲，再加上農業上的一切，農民都得找你，甚至辦工廠也得找你。反正你說先生，東北農大提煉油，把核桃殼做活性炭，都是培養多面手的辦法。將來你們去了農村，農民看病也要找你，那倒不管你學的是什麼。」

「在你們的觀念上，應確實將學校做成社會的有機部分，把學生逐漸變成社會成員，教師也應該如此。你們不論做什麼計畫，不能僅管校內需要，要考慮社會需要，不然運動一來，就衝垮了你的計畫。你們必須結合當前政治、生產運動，考慮校內生產，也得和社會結合。不管什麼學院，鋼鐵的、電機的、機械的、地質的，都是一個樣，今後鋼鐵升帳，它一動你們大家都得跟上動。這一部分和那一部分，個別和整體的結合，都應注意到。」

「你們支援鋼鐵生產，做了一個半月的計畫，按我看，可能是一年半，或再多一點時間，因為今明兩年是鋼鐵大戰的兩年，你們的思想上

還得放長些。沒有思想準備，將來要被動，要造成苦悶，要亂。行程無計畫時，效果必然降低，這就看你怎麼辦。」

「至於政治課教師，我看你們的條件很好，你們的系總支書記是縣長、縣書，還有三個院長，幾個黨委，還有許多級、班主任，你們這個政治隊伍很大呀！在我看好辦。下鄉後，鄉黨委、縣書都是教員。（這時康老看著縣書胡曉琴說）曉琴：你天天開幹部會，這就是天天當教授，你也來農學院當個教授，我看滿行。」

「再說講課，那也好辦！中央宣傳部不是出了兩本有關社會主義教育的書？可以先讓他學習，再進行辯論，然後你們解答。有的能解答，有的你叫他們再研究，還可以說我也不知道，這不就行了嗎？我看有這三條方法滿能行。我看你們總是不放手，總想依靠教授，認為他們的話是金口語言，任何人應以普通勞動者的態度，平等地去教課，在教課上可以讓學生出大字報，進行討論，走群眾路線。你也可以向學生申明，你這個教授是一個共產黨員加普通勞動者，黨委就是政治課教研組，你們可以討論一下，解放解放思想。」

同一天晚上，康生同志和陸定一同志，又聽了太谷縣委書記胡曉琴同志的彙報，當聽到太谷師範中八班學生，在實行勤工儉學之後，學生學習成績提高了，五分的多了，康生同志插話道：「教學品質提高，應該從結果上看，不要單靠先生打分，那完全可以主觀主義的來一手。有時教師為了表現自己，他可以使學生五分達到百分之八十。有時他想反對你，可以使不及格的占到百分之八十。蘭州大學有這樣的例子，教師為了反對執行勤工儉學，他評分時，三分以下的占了百分之八十，他說勤工儉學妨害了教學工作，你看怕不怕？我們主張評分要來個全面評，領導、教師、學生來他個三結合，和農學院畢業生評分一樣。」

「下廠以後，學生教工人學文化，工人教學生做工，當教師的可能轉得慢些，他們放不下架子，那不要緊，可以發動工人送他幾張大字報，我看他就非改不成，我看這倒是個辦法。你們學校裡教師和學生是不是實行了同吃、同住、同勞動、同娛樂？包括黨委和大學教授？（農學院黨委也在場，回答說沒有）這就是問題，要趕快實行。」

太谷縣委又說到該縣有個十六歲的小青年，發明了個打夯機器，可使效率提高二倍，康生同志立刻接著說：「我們要給青年們一個任務，就是讓他們胡搞，這是我們進行科學研究的一個重要方面。」

康生同志在聽完太谷縣委彙報後，他說：「不論任何廠礦、學校、農業社，要想搞好生產和工作，必須政治掛帥，插紅旗，拔黑旗，苦戰幾天，實行大協作，進行表揚、批評，實行大鳴大放，大辯論，大動員，大突擊，大檢查，這是新的工作方法，是馬列主義的新發展。」

九月二十三日，康生同志和陸定一同志，又到了太谷貫家堡，視察了東風人民公社，聆聽了鄉黨委的彙報，聽到社內趕明年一月份實行工資制時，康生同志說：「你們要好好研究一下，供給制好？還是工資制好？我看來個共產主義比較好，糧食實行供給制，再給些零花錢，反正不要照工廠的工資制來辦。」

康生同志又在學校放假問題上，發表了他的看法，他說：「學校為什麼要放假？毛主席也是腦力勞動者，為什麼每年不放八個禮拜的假呢？多少年來他一直辛勤工作，他的身體不是挺好嗎？因之證明放假是生理上的需要，尤其是腦力勞動者的需要，我看沒有一點根據。要是說放假為了照顧青年的話，那麼為什麼升了學的青年放假，升不了學參加勞動的青年又不放假呢？為什麼工人、農民、黨委都不放假，而偏偏學校要放假呢？有的人說放了假，學校可以做下學期的準備工作，我說工廠也要做計畫，他們也不放假呀！總之我不明白這是誰規定的，他按什麼規定的？我認為讀一段書，再去生產勞動一段，這辦法比較好些。」康老又說到學校課程設置問題方面來，他說：

「現在學習的課程，可以減，也可以不減，主要是看它有用和無用來決定。據說有人不主張減，他的理由是為了應付升學考試，否則你減了，他要考，不好辦。」康老說：「單為這一點的話，那好辦，我們改一改考試制度不就行了嗎？問題不在這裡，最大的問題是我們的課本不切合實際，因之學了它用處不大。去年我到湖南一個地方去工作，那裡的中學講地理課，講了許多外國河流，什麼尼羅河呀！維斯杜拉河呀！講了老半天，有啥用呀！你不能將它搬到中國來呀！我們大修水利，

地理教師偏不講本省本縣的河流，普通的指示如什麼水位、流速、流量……，學生還不知道，這怎麼能行呢？歷史課不講本地的革命史，生物學不講本地的動植物，如湖南嶽麓山出產許多藥材，當地學校也不研究。有一種樹叫稗子樹，婦女生產後喝上三天可以下地生產勞動，當地苗民婦女都知道。我提出讓他們教學生，他們的教師說不知道它的學名叫什麼，你看奇怪不奇怪？就叫他稗子樹不好嗎？（哄笑）這些人離開『專家』和外國人就寸步難行，沒有一點獨創精神。」

平遙一中郝晉瑞校長談到他校學生趙興義，為了研究移苗機和切片機，自動找書繪圖，康老說：「先有目的再去看書，這才行呢！不能為讀書而讀書，是為解決問題而讀書，心中有問題，再去找書讀，讀為的是解決問題，這樣學得好又忘不了。如解決教育和生產結合問題，你看馬克思怎樣說，毛主席怎樣說，這樣對你啟示就深了。在反右派時為了鬥爭，找些書駁斥他，一輩子也忘不了。自然科學何嘗不是如此呢？為學習而學習，這是我們教育工作中最大的問題，要使學生為用而學，否則黨委下令，作用也甚小。」

康老聽了平遙一中半工半讀情況後，說：「你們的辦法很好。」這時他環顧了一下眾人，加重語氣說：

「小、土、群的工廠，在太原辦得太少，應當注意。這種工廠小而易舉，可以大量辦，積少成多，不能小看。」康老又隨便問道：

「現在是否還有埋頭讀書的人呢？」（「也有，不過很少就是了。」──郝校長回答）康老接著說：「全民生產他讀書，這種人總是和黨兩條心，或者至少也是半條心吧！學校要和縣委一樣，全民大戰鋼鐵，你這個農學院不動，還算什麼大學？你們（指農學院王校長）也要煉鋼，三天之後出鋼好不好？」康老聽到平遙一中今年帶了三個專科班的帽子，便高興地說：

「你們應當由幼稚園到大學，搞它完整的一套，我看共產辦學也是這個做法。這樣可以少用教師，學生可以教學生，每個學生也都是教師，重複的課可以減少，減少層層入學考試成績，可以節省許多行政人員，不用另找校長。勤工儉學中可以培養多面手，我看這是中國型的學

校，好處很多，你省教師不是很缺麼？這樣一來不是解決了問題嗎？農學院也可以這樣辦，從幼稚園辦到大學，太谷六個中學包給農學院，所有初中，明年都成立高中，一個教師不用。北京師大共辦了一百四十一個學校，有班辦的、系辦的，我看這又是一種綜合大學的形式，唱連環套，大學畢業完全可以教大學。」康老又說：「目前學校教研室分得太細，這對培養多面手教師有妨害。遼寧黨校取消了教研室，黨委統一起來，對學生全面負責，我看現在學校教研組分成文理兩組也行。今後教學結合生產是個大問題，如平遙中學結合得就很好，如針對大戰鋼鐵，他們結合本校小高爐，化學、物理、數學等老師都能和自己的教學聯繫起來，化學老師從化學上講鐵的生成化學原理，物理老師講高爐建築的力學、熱學等。反正今後的方針是：教育結合生產，教育研究生產，教學研究生產。平遙中學半工半讀已經有八個班完全實行了，為什麼不將全校都搞成半工半讀的呢？（郝校長回答：『我們正準備這樣辦。』）這就很好！這是共產主義方向，你們領了先。」

當平中彙報完之後，康老又提出幾點意見，康老說：

「北京各大、中、小學大辦工廠以來，發現了班和班、系和系、學校和工廠，又產生了新的矛盾，這給黨委又提出了新任務，學校政治工作又顯得有些跟不上，這一點史無前例，誰也經驗不多。我看應加強共產主義教育，我認為就是學校內辦起工廠和農場，師生群眾也得到外面的工廠、農場去參加勞動生產，因為還須和群眾接近。我們不能忘了本，忘了工人階級，應多注意思想工作。大學生辦工廠，不會做經濟核算，他有大少爺作風，不能勤儉辦校，強調勤儉辦校，又怕陷入經濟主義圈子中。反正加強思想教育工作，結合具體思想，進行共產主義教育，有矛盾不必怕，抓住它可以推進工作。」

「學校黨政領導，不能抓住工廠放棄了教學，既要半工半讀，又要將教學和下廠，在時間上、人力上，和各種關係上，來個合理的安排，將學校辦成綜合性的大學，又是學生，又是工人，逐漸消滅腦力勞動和體力勞動的界限。」

康生同志對高級黨校下放幹部的講話

1958年9月23日

你們來了太谷已經半年了，看起來像個農民樣子，完全像嗎？大部分人像，反正變了，學生、農民分不出來了。你們在變，農民也在變，都變吧！半年來你們學了許多東西，我應該向你們學習。北戴河會議開過了，問題討論得很多，工、農、兵、學、商都涉及到了，文件有四十個，研究的中心問題是工業，農業問題也占了很重要的位置，人民公社問題也討論了。毛主席講了話，事情很多，會議的決議有的在報紙上登過，有的在黨內做了傳達。有關農業、人民公社等問題的決議已經公布過，有關社論已在《紅旗》上登了，《人民日報》的兩篇社論中，有一篇說到人民公社，把毛主席講話的內容，大部分包括進去，這篇社論你們應當好好看。人民一致擁護這些決議，特別是軍事化、集體化、戰鬥化很重要。一談到軍事化，有的人認為好像民主就縮小了。要知道我們的民主是無產階級的民主，不是資產階級的民主，資產階級的軍隊是法西斯化了，根本說不上民主，我們的軍隊是有很大民主的。在我們的軍隊中，打罵士兵，是道德和紀律不能允許的。事實證明生產勞動中的軍事化，是形勢需要，這口號提得非常適時。黨內是不是有人懷疑？我可不瞭解，但有些人，看了徐水縣的人民公社以後，覺得很好。可是他們提出問題來問我們，他們提的問題是比較帶有原則性的，他問我們：「為什麼要叫人民公社呢？」這樣做他有懷疑，他們怕侵犯了中農利益。這問題你們遇到過嗎？你們怎樣回答這問題？他們這樣提，我看有兩個原因，一種可能是對中國情況不夠瞭解，他用歐洲的中農，來衡量中國的中農。據說太谷農民對人民公社的態度是：堅決擁護者約占百分之七十，中間狀態隨大流者，約占百分之三十，反對者占百分之五至十。另一個原因是思想方法問題，是犯了形而上學的錯誤，用固定的眼光來看中農，他們不從不同的革命階段去看中農，他們研究理論，但學

習方法很糟,他用中國貧窮,和中國農民勤儉這些原因來揭示中農擁護人民公社,因之他的結論是:我們「左」了。事實證明在各個革命時期,中國的中農大部分是前進了,只有極少部分是抱有舊觀點的。

其次又說:人民公社中將工、農、兵、學、商放在一起,對工資問題不好處理。據說他問過一個售貨員,這個售貨員入社前工資是三十元,入社後成了十九元,他說這樣做有些太平均。他不知道售貨員在入公社前的工資,就和農民懸殊太大,今天整個問題是調整的問題,他不瞭解,因之說他提的第二個問題,還是一個帶原則性的問題。假如在第一個提問中對中農不瞭解的話,那麼在第二個提問中,說明對過渡到共產主義的想法,也是不妥當的。你們可將馬克思有關這方面的論述,如〈共產黨宣言〉、《國家與革命》、《哥達綱領批判》,以及列寧和考茨基鬥爭的書,好好讀一讀,特別對《哥達綱領》要好好研究一下,那上邊說到社會主義的性質。我們知道社會主義是由舊社會來的,它有舊社會的斑痕,好似剛好了的瘡疤一樣,過些時顏色才能變過來。社會主義不論在生產關係上、分配問題上,以及人民的生活習慣、思想行為、道德作風,都有資本主義的殘餘痕跡。資本主義講商品等價交換,社會主義雖不像資本主義一樣有剩餘價值剝削,但按勞付酬,卻含有等價交換的性質,不這樣則不能促進生產的發展,因之它有一定的積極意義。馬克思曾說過這樣的話:「無產階級的國家在某種意義上講,像個資本主義國家。」又說:「這種交換一方面是平等的,但在另一方面又不平等。」

我說我們的同志絕大多數是好同志,幾年來有人講級別、講待遇,甚至個別人說「老子革命幾十年,應當享受」,這不是等價交換嗎?當然有些人還想特價交換。為什麼不廉價交換呢?過去為革命犧牲流血,現在建設社會主義為什麼廉價交換?他們好像對革命已盡到責任似的。毛主席講過,革命尚未全成,同志仍須努力。黨員對此應該抱什麼態度呢?

斯大林的農業稅收政策,破壞了農民生產積極性,弄得蘇聯四十年來農業不發展;以後赫魯曉夫有改進,這是好的,但還不算徹底。我

們共產黨不能僅承認「按勞取酬」，還要注意消滅它，因為它有資本主義味道。在社會主義初期，我們不能想法代替它，但在思想上應該警惕它，我們要進行共產主義教育。我們不能對資產階級法權思想去強調，不能用「物質刺激」，群眾在這種影響下，是有資產階級思想的，但蘇聯在工資政策上卻相反，又強調了它，他們的工資差別很大，有的地方完成任務就有獎金，我們說完成任務是應當的，你再給他獎金，不是說明完不成任務是應當的嗎？

　　不知為什麼我國也有人學會這一套。去年團校放假讓我去，我去了，當時外面正在緊張地和右派做鬥爭，他們要冷冷清清放假，我問他們：「你們是站在革命中呢？還是站在革命旁邊看呢？」當時我制止了他們放假。就因為我給他們講了話，過幾天他們給我送來錢，我看都沒有看給他退回去了；我真生氣，這真是侮辱人。斯大林的做法是在農村中完全取消了資產階級的法權，以致妨害了生產；但在城市則又過分強調了它，再加上政治沒有掛了帥，問題就多了。我們應當看到兩面。有人說工資制比供給制進步，「實行供給制會出懶漢，會降低積極性」；那麼二萬五千里長征，打敗日本，打敗蔣介石，趕走美帝國主義，算不算積極性，這些不是工資制完成的。我們實行了二十二年供給制，沒有出過懶漢，誰過過禮拜日？有的人將供給制叫成農村習氣、游擊作風，這是資產階級聲音，或者是教條主義的聲音，萬不能說工資制比供給制進步，後者共產主義味道多一些，現在先從中央開始恢復。

　　第三個問題，又提出：「為什麼要實行軍事化？」開始講過了。

　　第四個問題，也提得有趣，他說：「人民公社化了，社、政不分，特別是黨、政不分。」這回給南斯拉夫造謠。他擔心將經濟、政治結合起來，黨、政不分，會降低黨的領導作用，會削弱無產階級專政。他將專政和黨的領導對立起來，八大劉少奇同志說過「無產階級專政，就是共產黨專政」，這不是解決了問題嗎？

　　你們下放到太谷，我看也能發展馬列主義。我們的朋友提出的課題，每個黨員都得上這一課，上不好是要還債的。這四個問題，正是高級黨校下放的原因，這樣比在學校學習一年好得多。你們在這裡研究一

下這些問題，堅決打破教研組的圈子，和學校的舊傳統。《列寧論教育》中說過，社會主義教育必須打破學校舊傳統，要走出校門參加政治運動，參加勞動生產，才能學好。你們要好好學習這些問題，學習遇到的一切問題，這叫千載難逢，你們幸運得很，你們要撇開本行業務去學習。土改時有些知識分子跟著我學習，他們是文學工作者，他們將方言土語，搜集得很多，不參加運動，結果什麼也寫不出來，把兔子叫成跳貓子，記下來用處也不大，作品成功不成功不在這。他拿他那一行來對待土改，你們不要走這冤枉路，你們要站到人民公社和技術改革中去學習。

教農民學哲學，必須瞭解生產，黨校下放到天津的人，他們沒有解決了此問題，他們不瞭解為什麼工人對哲學那麼積極。我認為這是兩參——幹部參加生產，工人參加管理，一改——技術革命促成的。過去工人不關心整個生產，以後就連每月報表也得他們做；過去他們不管人和人的關係，現在職權下放，人和人的關係多了。工人要參加生產管理，當中問題很多，他要學會如何解決問題，如何解決各種矛盾。現在的工人除技術和幹勁之外，還得會管理生產，因之他們迫切要求學習哲學，他們是為解決問題而學習。有些人在反右派鬥爭時，有理說不出，不能和人家鬥爭，這是他們學哲學的第二個目的。他們熱情很高，下雨頂上臉盆也在上課。他們從怕矛盾，然後到利用矛盾，推動生產；他們的課上得很活潑，如講主觀和客觀的關係，他們用戀愛做比喻：你愛對方，這是主觀條件；只有對方愛你，才有了客觀條件。所謂主觀能動性，就是說有了客觀條件，還得你寫信，找對方談話，才能結婚。他們是為用而學，學後就用，這就是他們的特點。

教哲學的也應在社會主義運動中，和生產運動中去教，不能站在運動外去教，「從群眾中來，到群眾中去」，群眾是理論的源泉。上面所述有些人提的四個問題，希望你們在工作中去研究，去提高它。

現在馬列主義，到了一個發展的新階段，遼寧黨校檢查他們過去不重視毛主席的著作，〈十大關係〉發表之後，對教學工作影響不大、作用不大，是個什麼問題呢？過去的「百花齊放」，和〈再論〉，都討論

過，但對改進教學作用也不大。反冒進以後，黨讓每個黨員做檢查，這是一件大事，你是高興？還是痛心？還是不關心？反對丁玲、胡風我還敏感，反冒進這事我則不敏感。今天地球有十億人口的社會主義國家，又是由社會主義過渡到共產主義的偉大時代，是東風壓倒西風的時代，是原子時代，因之馬列主義必須發展。北戴河會議上，毛主席指示我們，要好好學習馬恩列斯論共產主義社會，這對我們有很大啟發。但那上面對共產主義論得有點馬虎，因為在馬克思時代，沒有一個社會主義國家，今天蘇聯已四十年了，我國也九年了，我們看得比馬克思他們清楚。看這些書，並不是一個字也不能改變的，有些人就分不開這個，他反說我們是形而上學。學習有兩種，一種是教條主義的學習，一種是結合實際，理論聯繫實際的學習，你們千萬要注意這點，我的話完了。

康生同志在太谷縣幹部歡迎會上的講話

1958年9月24日

根據主席的指示，我們來向你們學習，任何幹部都應以普通勞動者的態度對待別人。黨決定每個幹部，每年勞動幾個月，解放軍軍官每年下連當一個月戰士，年紀大的，凡能勞動的都得下去，下去跟工農兵學習。我們處在東風壓倒西風，和過渡到共產主義的偉大時代，最近三年是決戰階段。有的人不是在朝鮮決戰過了嗎？目前臺灣局勢很緊張，我們要儘快地，將我國建設成社會主義的國家。今年我國的農業已經獲得空前大豐收，但鋼則差得很遠，去年產鋼五百三十五萬噸，今年要翻它一番，達到一千零七十萬噸，這是工業戰線上的淮海戰役。全民為鋼鐵戰線上的勝利而奮鬥，現在大家都忙起來了，部隊也由三八線，轉到鋼鐵戰線上來了，這是我軍的光榮傳統，全民戰鬥化、軍事化已經動員起來了。我們來到太谷看了豐產田，看了人民公社，看到你們第一次出了鋼，人民是英雄，志願軍也立刻參加了，全黨全民在毛主席領導下，為過渡到共產主義而鬥爭。我不多講了，我預祝你們的勝利。

陸定一同志對太谷縣幹部的講話

1958年9月24日

　　我們是來向你們學習的，住在北京腦筋空空的，來到這裡我看到好多新的東西，有的當然還要很好地研究。我還是來幾句老生常談吧！我們的建設事業有遠景，也有近景，今年糧食過關了，去年產量三千七百億斤，今年可能達到六千億、七千億或者八千億斤，每人平均一千斤，包括飼料在內。以後要達到每人平均糧食五千斤，達到三萬五千億斤，完全有可能。過去糧食、棉花、油料都不夠用，將來每人每年平均五千斤糧、一口豬、一百斤糖，我看誰吃不了，到那時又發生新問題了。過去誰能想到一畝地能產那樣多？將來糧食多了，財政部長要發愁，錢花不了，也浪費不了，因為目前我們感到原材料不夠，主要是鋼不夠，沒有機器，幹什麼也不行。農村要機器，走路也要機器，去年產鋼五百三十五萬噸太少了，這個數字是日本在九一八時代的數字，那時日本就神氣得了不得，就來侵略我國。想要多產鋼有什麼辦法呢？只有全民動員。過去認為只有外國人才能搞鋼鐵，多年來我們認為只有設計大型的才能搞，忘記了小、土、群鋼鐵一年翻一番，歷史上從來未見過，我們鋼多了也不會亂。匈牙利沒有三個並舉，缺少政策，主要是沒有工農業並舉，因之他出了問題。我們又走了群眾路線，我們黨同農民的關係是密切的。

　　我們能在鋼鐵上翻一番，是因為我們經過整風、反右，通過大鳴大放，人民覺悟提高了，人民懂得了責任，懂得了前途，出現了大躍進。現在是農業推上工業走，農民要機器，逼得工業非走不行。農業推上工業走，這是馬克思主義過去沒有的，是新的東西。我們有政策，翻兩番也可以。為什麼定了個一千零七十萬噸？這是五百三十五萬噸翻一番的數字，說明就要一千零七十萬噸，一噸都不能少。明年搞他二千五百萬噸，到三千萬噸，一定能辦到。鋼、鋁、銅都要發展，高爐利用係

數都超過了外國，看起來並不難。鋼上半年只完成三百七十萬噸，還有百分之七十須在今後四個月內完成。我國現有十八個鋼鐵大企業，還有許多小企業，像河南、山西日產一萬噸，算了不起。真的能在四個月產鋼近千萬噸，那麼我們明年就可能達到三千萬噸，後年到五千萬噸，就等於蘇聯一九五〇年的數字。蘇聯用了三十三年的時間，我們十一年就趕上了。明年產到二千五百萬到三千萬噸，就超英了，時間只用了兩年。這樣到六二年可能達到八千萬噸到一億噸，第三個五年計畫就超美了。但我們人多，將來搞他四億噸到七億噸，每人一噸，你看怎樣？有人問東西多了怎麼辦？幾年之後，我們的土地得重規劃，將來種三分之一，讓三分之一的土地休息，綠化三分之一。將來村村林園化，像西湖，像萬壽山一樣，那時我們實行六小時工作制，大家都半工半讀，一直到老為止。十五年普及大學，這是我們的打算。七億噸鋼，需要二十一億噸礦石，這是多麼大的工程呀？不怕，只要全民動手能辦到的，將來我們用機器、用電去生產，準能辦到。三年內糧食再長一長，將來農業建設基本完成之後，空出大量勞動力去支援工業，將來用四分之三的人搞農業，四分之一的人搞工業，當然還有其他許多工作。軍事化、戰鬥化是逼出來的。人民公社將勞動力大大組織起來，土地更好規劃，有的種麥，有的種稻，更能發揮威力。公共食堂、托兒化，將勞動力組織起來，當然有許多問題，還須我們進一步研究。如陽泉的工人因住得分散，不集中，有的人只能做四小時工；經過宿舍調整後，上下班都組織起來，夜校、體育工作都組織起來了，我看這是好事，蘇聯四十年也沒有這樣徹底解決過。勞動還加一個教育，就是教育和勞動相結合，人人進大學，消滅腦力、體力勞動的差別。將來到糧食五千斤、鋼一億噸，就到了共產主義社會了，因之生產力還需要提高。還有道德、思想，也須提高，什麼個人主義、本位主義、民族主義、大國主義……都是自私自利，都是資產階級的東西，都必須清除。我認為最高的生產率，就是共產主義。不受監督、不要管起來的勞動，是最高的道德標準。

　　我們要普及科學，普及大學教育，辦法是勞動和教育相結合，教育和勞動相結合，廠礦辦學，學校辦工廠，工農、城市和農村，腦力和體

力勞動三者的界線消滅了，城市有工業，鄉村也有工業，只有大工業，沒有中、小工業，我看不算共產主義。我們過去不敢想這些，工廠生產物品，又生產人才，產物不產人，這一點和資本主義相同，見物不見人是資本主義的辦法。

還要消滅資產階級的法權。資本主義將人分成許多等級，和定下按等級的分配制度，按勞取酬，含有等價交換的意義，多勞多得是資產階級的等價交換；知識分子賺錢多，工農賺錢少，評薪評級；博士、院士、教授、副教授，將、校、尉，都是資產階級法權的表現。我們是共產主義者，我們主張各取所需，今天就開始改變這種形勢。有人說實行供給制，人就會懶起來，但我們問二萬五千里長征、抗日戰爭、解放戰爭，連上抗美援朝，都從未發過工資；相反，發獎金倒不見得有什麼發明。發明多的人是什麼人呢？多半是學生、青年助教，他們敢想敢幹；相反，教授則是阻止別人發明，他們這也不敢，那也不敢，如有的人反對用水力採煤，問題是怕他學的那一套吃不開。幹部參加勞動，工人參加管理，目的是消滅體力勞動和腦力勞動的差別。

政權有兩種作用：一種是對外，反對帝國主義，保衛祖國；另一種是對內，即消滅階級。將來帝國主義達到了，階級消滅了，政權作用也就消失了，那時就到了共產主義，我們要看到前途。

關於不斷革命論，我們說馬克思主義是包括民主革命和社會主義革命。民主革命有兩種：有資產階級領導的，有無產階級領導的。資產階級的民主到了它專政以後，便停止了。我們是不斷革命論者。現在是搞社會主義建設，將來要到共產主義，前途無窮，要繼續前進。像鐵托、匈牙利貝多芬俱樂部、中國的右派，他們不是又回到資本主義嗎？最高的生產率，最高的道德水準，大學普及了，那時就到了共產主義。

群眾運動來解決鋼，目的是共產主義，辦教育，搞科學，都要發動群眾。幹部參加勞動，人人以勞動為光榮，將來任何人的關係，如：軍民關係、官兵關係、工農關係、民族關係、上下級間的關係更加改善了，這是共產主義風格。現在有些人不敢這樣想，我們要大加宣傳。鐵托不走了，我們要更加前進。將來農民採取供給制，工人參加管理，工

人可以當廠長，當總理，管理個工廠，管理國家。幹部下去當工人，當農民，我這個宣傳部長也當了許多年，也該下臺了，這樣才能削清舊社會的殘餘。有些人看不到共產主義，我們要消滅資本主義的殘餘，不能保存它。我們發動群眾幹下去，我們的方向是對的，有人說我們有農村作風和游擊習氣，我看這就是群眾路線，應當堅持。我們有無限的光明前途，同志們奮勇前進吧。

康生同志參觀展覽會時的談話

（1958年11月4日）

十一月四日上午，康生同志參觀了我們展覽會，並在各校黨委書記座談會上做了指示。

在中專館，康生同志看了動力學校和機器製造學校展出的機電產品，並詳細詢問了兩校的生產情況以後說：「學校的工廠設備不要按教學排列，要按生產排列，這樣可以提高生產效率百分之五十左右。」

康生同志在復旦大學展覽室裡看了哲學系師生下鄉後和農民一起編的《農民哲學課本》以後說：「這課本還要改進一下，不要像原來的哲學課本那樣，頭章還是『什麼叫哲學？有兩種哲學，一種是無產階級唯物主義的，一種是資產階級唯心主義的……。』這樣農民不容易學。要從農民的實際出發，使農民懂得，什麼是哲學呢？哲學就是『明白學』，一學就明明白白。什麼是科學呢？科學就是『老實學』，一兩句話就說得很清楚。」

復旦展覽室裡有一塊「猛攻尖端科學」的版面，康生同志看了，說：「你們今年講了，明年就上天，在天上看毛主席，行不行？別的省市許多學校都上天了，上海的學校為什麼不能上天？復旦是個大學校，很有基礎，有物理系、化學系……，明年一定要上天。」

康生同志一進華紡展覽室，就找「靜電紡紗」。他問：「靜電紡紗要用多少時間？什麼時候能大量生產？」他說：「紡織業太落後了，搞了一二百年還是這樣，接紗頭還要用手，這太落後。紡織業要來個大革命，來個徹底的革命。這要抓關鍵，靜電紡紗是關鍵之一，還有其他……。明年『十一』獻禮，你們無論如何要想個辦法，使紡紗不再用

手接頭，把女工解放出來，可以嗎？浙大明年『五一』就可以不用手接頭了。」（華紡一位同志接話說：『用手接紗頭很痛。』）康生同志說：「那就非解決不可，趕快改。」

在同級展覽室，康生同志看了「七一人民公社規劃設計模型」和「上海各地段里弄公社實驗規劃」。問：「工廠裡有集體宿舍嗎？」回答：「沒有。」康生同志說：「這樣工人下班後就散了，組織不起來。上班是社會主義，下班是自由主義。今後我們的工廠一定要有集體宿舍，生產和生活要統一起來。車間主任、工段主任和排長、連長要統一起來嘍，不是要軍事化、集體化嗎？這就不能像過去那樣，一下班就散了，這條很重要，真正共產主義的工廠必須這樣辦。你這個規劃是八個鐘點集體主義，十六個鐘點自由主義。」

（以上是參觀各館時的談話）

在各校黨委書記座談會上，康生同志說：「展覽會還不錯，東西很多，各校一般產品的品質比其他省市的高，這證明上海是有技術基礎的。」

康生同志問：「上海有多少個中專、技工學校？」（回答：「中專三十，技校十二，共四十二個。」）又問：「技工學校招的是高小畢業生，還是初中畢業生？」（回答：「是初中畢業生。」）康生同志說：「那就與中專一樣了。初技和中技可以結合起來搞，不必分開，可以招收高小畢業生，將來還可以辦專科，把初技、中技、專科結合在一起。將來我們還可以辦高（高級研究學校）、大（大學）、中（中學）、小（小學）、幼（幼稚園），統一規劃，比現在分隔開來好。」

康生同志又問：「三十個中專校有多少人？」（回答：「一萬六千人。」）康生同志說：「平均一校五百人，太少，可以大一些。」他又問：「中專、技工最大的機床有多少臺？」

（回答：「機器製造學校一百多臺，電機製造學校六十臺。」）又問：「交大有多少臺？」（回答：「一百二十多臺。」）康生同志說：「中專、技工的生產搞得不錯，這對大學是個威脅。大學在搞生產上與中專、技工比，勝負還未決定。今年春天北京技工學校的生產比中專

好，中專比大學好，現在不知如何？也許有改變了，因為技工和中專沒有包袱，沒有架子。在教師中還有七級、八級的技術工人，大學千萬不能輕視他們。全國如此，上海可能也這樣。」

康生同志說：「師範大學要研究研究人和手和腦的關係。現在小學生不許動手，要把手放在背後，不知是哪一個師範學校研究出來的，據說是心理學。我看可以召集個群眾大會，搞上二千人，把問題講清楚，叫大家研究研究，到底要手好，還是不要手好。中華人民共和國解放九年了，小學生還沒有解放，這也是師範學校的『功勞』之一。」

康生同志接著說：「我看人還是要動手動腦好，一個人動了手，參加勞動，頭腦便會靈活起來。中專和技工學校動手生產勞動很有成績，他們敢想敢做的精神好，幹勁比大學教授大很多。大學教授是『君子派』，動口不動手的。當然，上海各大學也有許多發明創造，精密的、高級的，不錯。上海的教育與生產勞動相結合展覽會與今年七月北京的紅專躍進展覽會比較，哪一個好呢？」（有人說：「北京好！」）康生同志說：「我看差不多。北京的多了下放幹部在農村中活動情況的一部分，上海的產品在技術方面和精密度方面超過北京；但上海也有不及北京的地方，尖端科學方面，上海是大大落後了，能不能趕上東北和西南，還難說。」

「上海的基礎好，技術高，尖端科學也有一點，但是太少了。上海市委，特別柯老再三說，上海的學校在科學研究上應比其他地方多貢獻一些力量，尖端科學方面要有成就。市委的方針是明確堅定的，我想上海的工業應該超過其他城市，科學研究應該數上海好。我常對北京的同志說：『很可能外省外市要超過你們。』這是我過去的想法，國慶日前我還是這樣想的。國慶日後，我回北京看了教育與生產勞動相結合展覽會，在內部館裡，上海的尖端產品找不大到，只有一二種，其他是些花花綠綠的表冊，當然也很有價值，但我是去看產品的，不是去讀書的，我就問：『上海的產品哪裡去了？』有人說：『還沒送去，上海在開展覽會。』我便問：『為什麼送些表冊去呢？現在你們也許送去北京了，我想回去再看看，複查一下，也許這回我能看到較多的上海產品。』」

康生同志說：「我這次到上海，重點是看工廠辦學校，學校不打算多看，但有一點，你們非搞尖端科學不可，上海有這麼好的基礎和條件，黨下這麼大的決心，只有幾件是尖端產品，不行。北京搞十件。（問）上海要搞一百件。（問）起碼要搞五十件。（問）條件完全有，就是要動手。現在各中專、大學很少有甚至還沒有準備上天的東西，化工學院只提五個九，不是不準備上天嗎？復旦在研究高能燃料，什麼時候拿出來？（復旦的同志回答：『明年。』）今年行不行？還有一個多月呢！大上海、大復旦，難道搞不出來高能燃料來嗎？最好今年，至遲明年『五一』以前要實驗好，要裝上去完全沒有問題。交大高溫陶瓷搞不搞？」（交大的同志回答：「先搞金屬搪瓷，和研究所一起搞。」）康生同志說：「不要依賴研究所，要自己搞，等合作就慢了。合作是需要的，原創也需要，這是辯證的統一關係。大學的條件比研究所好，一是人多勢眾，好多『諸葛亮』，二是又窮又白，這兩條研究所沒有。許多東西大學搞出來了，研究所還沒有搞出來。你們不要靠研究所，你們有教授、大學生，有科學研究基礎。師範學校化學系一提就九個九，北師大提十個九，人家有那麼個氣魄，你們呢？什麼叫科學研究？就是在一定的基礎上敢於胡搞，青年人是敢於胡搞的。」

「明年國慶的時候，上海的學校，如果能放出三級火箭，放到三百公里的高空，就考三分，否則就是二分、一分。不管你是名牌大學，是交大還是復旦，有三級火箭就夠幾個，沒有就六級，三級火箭加衛星就得五分，這容易得很。上海人過年都會放高空炮，學校難道不會放？一方面要普及，普及勞動生產，另一方面要提高，在普及的基礎上提高，在提高的指導下普及。」

康生同志在講完上面一段話以後說：「時間不早了，我出個題目供大家研究。」

「上海科學研究比較遲緩的原因在哪裡？各校回去研究一下，檢查一下，要回答這個問題。明年你們到底怎麼搞？拿出個計畫來，明年很快要到了。現在天不靠，地不靠，就要靠你們兩隻手。明年你們要達到什麼指標？過去遲緩的原因是什麼？找一找，明年來個大躍進。現在你

們一般的產品好,這是個基礎,有了這個基礎,就可以搞得好,就可以提高。今年恐怕是抓晚了一點,既然今年如此,明年就要著手抓,當然放高升炮我只是舉一個例子,尖端科學不只是簡單的上天問題,還要有各種技術。上海的條件比其他地方好,但尖端產品比其他地方少、慢,原因在哪裡?我還未摸底,沒弄清楚,我想客觀原因可能有,但主要是各校用力不夠,沒有動員學生、群眾,造成一種敢於去搞的空氣。特別要研究明年怎麼辦,而且現在就應該著手搞起來,這是一個問題。」

「第二個問題是,要各校提供給我一些材料。材料不要多,不超過三張打字紙。有個問題各校考慮一下,各校黨組織在教學與科學研究方面是不是已經有了領導權?這不要和上面的問題聯繫起來,這是個整風問題,要看各校的變化。毛主席說,去年下半年黨在有些學校裡還未取得領導權,今年上半年多數學校在政治思想上是取得了領導,但教學方面,特別是科學研究方面還沒有。學生說:『政治思想上要進步必須依靠黨委,教學和科學研究上進步必須依靠教授。』今年下半年後,情況變了,黨不僅在政治上、思想上有領導權,各方面都有了領導權。學生說:『過去進行科學研究不敢離開老教授,現在不敢離開黨。』上海的情況如何?」

「關於中央教育工作知識,你們進行了什麼討論?有哪些思想問題?還有什麼牴觸?特別在教育與生產勞動結合的問題上,據說復旦討論得比較好,其他學校進行得如何?」

「上海各大學支援鋼鐵生產有多少人?(有人回答:『有一千二百。』)是分散下去活動的,還是集中活動的?(回答:『有分散,有集中。』)無論分散或集中,學校都要和他們有聯繫,要關心他們,一方面組織他們生產勞動,另方面還要組織他們學習。」

「農村人民公社在教師和學生中有什麼反應?明年的生產勞動準備怎樣安排?教學改革、科學研究準備怎麼安排?這些問題請大家考慮一下。」

(此篇未經康生同志本人審閱,僅供內部參考)

康生同志接見全國鐵路教育工作會議時的談話紀錄

（1958年11月5日）

　　康生同志接見全國鐵路教育工作會議的幾個同志，在彙報時的一些插話紀錄。

　　（這個紀錄是一些片段，並未全記，在原句子上不一定完整，為了做內部參考，整理下印發。有錯誤是我們記錄漏掉。沒有記下來或聽錯，所以不向外印發）

　　時間──1958年11月5月7-10時
　　地點──上海
　　參加人：鐵道部副部長劉建章
　　　　　　文化教育局局長孟華
　　　　　　牡丹江鐵路局副局長胡起
　　　　　　吉林鐵路局黨委宣傳部長秦銘江
　　　　　　鄭州鐵路局黨委副書記周道遠
　　　　　　上海鐵路局教育處處長徐智清
　　　　　　太原局鐵路大學副校長趙辛培
　　　　　　唐山鐵道學員黨委副書記劉毅

　　談話開始首先有劉建章副部長──做過介紹。然後即由孟華局長將全國鐵路教育的情況及會議進行情況做了簡要彙報，以下是康生同志在聽彙報時的插話：

我們辦教育在一些問題上「一毛不拔」，在另外一些問題上「揮金如土」。比如我們在科學研究上就「揮金如土」，要多少錢，就給多少錢。要記住這個東西，要敢於花錢，有些黨委不注意這些東西。經濟問題由總務科去管，黨委會批條子要有政策。如北京航空學院原想製造兩架飛機，向教育部要錢，教育部不肯出。教育部過去花了多少錢嗎？在紫光閣那次報告會上我提出了這個問題，後來教育部才給了一些錢。飛機也製造成功了嘛。要搞點尖端科學研究，不怕花錢，還要會花錢。

太原鐵路局搞了電氣制動閥，我看了很好。今年夏天我去過清華大學，看見過他們製造的球墨鑄鐵鑄件後，曾給呂正操同志談過多次，認為球墨鑄鐵鐵軌在鐵路上可以用。你們做了球墨鑄鐵鐵軌怎麼不拿出來？這個值得很好推廣。

冷模鑄鐵也可以推廣，模型是鐵模，外邊殼子很硬，裡面是聚鐵，在河南洛陽礦山機器廠已經試製成功，在軋鋼機上可以軋鋼用，鑑定結果拉力很好。既然可做軋滾，就可以實驗做路軌，這比球墨鑄鐵還便宜很多。那種東西不用墨，可能在技術上不十分好掌握，你們到那個廠去看看，可大量實驗，放個衛星。

學校在生產勞動與科學研究上，一面是不敢搞尖端的，一面是搞了尖端的對普及又不注意了。比如上海學校可以把沼氣當作科學研究題目。我說的不是沼氣發電，要搞天然沼氣，這沼氣的問題比瓦斯還高，在上海市教育與生產勞動相結合的展覽會上就有這個東西，你們無論如何要去看看，你們研究一下沼氣能否用到鐵路上？用沼氣少用點煤豈不更好？要敢想敢於研究。如沼氣出來加以適當壓縮，是否可以開火車？或者壓一下變成液體來運用？這樣上海的內燃機就不成問題了。上海有鐵道學院沒有？有的中級學校改變為大學的，比舊大學還好哩，你們要敢想，試驗一下。

過去放棄了很多機會，如你們的寶成路完全可以辦個大學。哪個地方修鐵路，哪個地方就辦大學。又是工地，又是學校。你們可計畫一下，全國第二個五年計畫可搞多少呢？寶成路我去看過，辦學校那工程局還可擔負。你們那裡還有家屬嗎？他們也要學習。一個工地就是一個

學校，這很好。不要以為你們走了就不是你們的了，不是你的是中華民族共和國（原文如此──編者注）的嗎？

你們鐵路大煉鋼鐵很好，有些工人為了採礦就研究爆破法，有的工人在河南採礦，一個師範學院，十七中學也發動了起來一起研究。鐵道學員可研究爆破辦法，也可教點地質學，這樣學校又是地質勘測隊，又是爆破隊，又是科學研究站，多好。你們鐵路人很多，人員也要綜合利用，人像煤和木材一樣要綜合利用。

你們還可以弄點石頭樣子，擺在俱樂部裡，休息時看看石頭，含油的是什麼樣子，一般又是什麼樣子。你們人多是個大財產，頂多抽出百分之一至二的人力搞這些足夠了。像你們火車頭的煙沒有綜合利用，好東西都跑掉。

你們是以什麼口徑把這四十萬職工文盲掃光的？四十歲以下的口徑老早突破了，現在有的已提高，把五十至五十五歲的文盲也要掃。

你們可以辦業餘中學、業餘大學，文化班也可以。

你們小學生二十七萬，紅專學校二十三萬人，大、中、小學，紅專學校，醫學院，總共二千一百八十所，六十六萬人學習，加上教師共是七十萬大軍，你們鐵路上不得了。加上你們鐵路上有辦學的傳統，完全可以把教育工作搞好。

鐵道部完全可以辦一個「列車大學」，這個大學上課，住宿就在列車上，可以到處走，什麼地質工程、測量……完全可以搞。你們有技術宣傳列車，還可以結合起來搞，又是技術宣傳列車，又是列車大學。我願意去那裡當教員去，一下子就開出去，全國都可以跑嘛！我看唐山鐵道大學（學院）沒有那麼好條件吧。這個辦法，又做了宣傳工作，又辦了大學，多麼好呀！就是鐵道科學院也是流動流動好。

你們搞電氣機車、內燃機車很好，你們可研究一下搞噴氣式的行不行？飛機能行，火車我想也是可以的。

你們研究車輛時可研究獨輪的，這樣可節省鋼軌。還有可研究雙層客車，起碼火車搞兩層更容易些，以現在的載重量不變，只將兩個車疊起來，上邊是兩層，下邊輪子都不要了，那不節省很多鋼材嗎？！說句

笑話，就像你們火車上裝豬似的，讓火車多裝貨。如同學生宿舍的雙人床，可使車流動向上，向上發展。總之，向高比向長為好。

你們鐵路這一行怎樣辦教育可以研究一下。

學校這個概念隨著社會的發展也改變。過去學校實際是脫離社會孤立的，它的天下是紅牆裡與世隔絕的。現在社會變了，學校也變了。學校是中國社會的有機組成部分，學生也是社會的有機組成的成員。現在學校的趨勢是教育與生產勞動相結合，有的已逐漸與工廠相結合，在農村有的與人民公社相結合。總之，逐漸要求教育與經濟生產相結合，這是一方面；另一方面，學校與政權機關、企業部門結合起來。在農村，學校與政權相結合，如河南省的孟津縣，全縣是縣政府，學校就叫孟津紅專學校；一面是校、社結合，一面是校、政統一。與企業部門結合的，如太原礦務局就同礦冶學校結合起來，礦務局長是礦冶學院的院長；同時又與科學研究機關結合起來，學校的副院長又是科學研究所的所長，這樣就做到學校同礦場又同科學研究機關結合起來。又如長春地質局與地質學院也結合起來。我看鐵路局可以逐漸與鐵道學院結合起來，也可以與科學研究機關結合起來。

將來鐵路局又是局，又是研究所，又是學校，又是工程段。如你們交大對部來說，又是學生，又是工人，又是部裡的幹部。部裡有什麼事都可以讓學生去做。所有大學生又是宣傳幹部。文件、報紙都可以讓學生去審查，學校人多，你儘管給他多少張紙、材料他們是會在短的時間內看得完的。所以說學生也要綜合利用，這樣對學生來說也會學得快些。

你們應該辦好工科的學院，像鐵道學院也可以與鐵道科學院合起來，一個科學研究機關淨是專家沒有群眾危險得很。

我看你們鐵路在執行第二個、第三個五年計畫時，總失不了業，到那時不會鐵路完全不要了。結合你們的建設任務，應當把學校全盤規劃一下長期辦的學校，要從生產計畫建設任務方面配合起來，應當大辦學校，不大辦學校哪有出路呢？

關於學校辦人民公社，有的辦得快點，有的辦得慢點。你們學校

靠近農村比較容易些，上海市較複雜。大學裡辦人民公社從河南省看也有幾種形式：一種是學校自己先辦起來，沒有農村街道，這是初級形式；一種是與你們交大差不多，以學校為中心聯繫農村街道，這是中級形式。我看將來還會有更高級的比較完備的形式，它會是逐漸完善的過程，要想一下子搞得完整不可能的，人民公社應隨社會的發展逐漸完善。

看來辦人民公社也是像農村那樣經過互助組、低級社、高級社到人民公社的。這只是打個比方，學校辦人民公社不一定完全是這樣子，但應該是逐漸辦起來的。

對一個學校辦公社，像你們太原學校（太原鐵路大學）這樣辦法，我曾想過意思不大，可暫時辦或暫時不辦。因為公社一曰「大」，二曰「公」，「大」沒有大沒大意思，「公」本來就是公家的，似乎沒有什麼。這是當我未去河南以前的想法，當時中央未討論這個問題。以後準備提請中央討論一下這個問題。

後來我又從反面想，如一個學校辦起來公社，有沒有壞處？沒有壞處，可以肯定。

就是像唐山這樣學校辦起來了，雖然還不完備，也不很大，有什麼好處沒有？有好處：

第一，通過人民公社可便於在學校大大開展共產主義教育。學校辦公社是件重大的事，農村、街道、機關……都要進行共產主義教育，成立了公社比不成立公社進行起來更有利些。

第二，便於發動群眾，貫徹群眾路線，對群眾進行集體教育。由於公社成立，實行了組織軍事化、生活集體化、行動戰鬥化，這樣更便於在學生中進行集體教育，過集體生活。同時，也必然要向群眾進行工作，如煉鋼鐵，實行「三化」就要向群眾進行工作。成立了人民公社不是縮小了群眾路線，相反是更便於發揮群眾的積極性，貫徹群眾路線。

第三，可改變學校人與人之間的關係。無論領導者和學生、教職員與學生之間的關係都會改變。過去有人說學校有三輩，教授是父親，學生是兒子，實習工廠的工人是孫子；人民公社化後，改變了人與人的關

係，無論教授、學生、工人都是社員，都須以普通勞動者出現。

第四，解放了家屬的勞動力。

第五，便於影響、教育和改造舊的知識分子。這件事不要勉強。有的是故意以辦公社來改造人家，如逼著人家到集體食堂去吃飯去，有的母親年歲太大了不習慣，也總有點不樂意去的。要慢慢做工作，不習慣也不要勉強她。有的也是好心，認為這樣做對舊知識分子改造有好處。

總起來說，總有些好處，起碼會將一軍。看來唐山鐵道學院按照唐山市委要求這樣做好，沒有壞處。城市比較複雜，也不要設想一下子就是完備形式。

如第三步城市以區成立公社時，有可能反過來你們學校變為學校的一部分了。那時我想不會以你們為中心的。

鐵路辦教育要規劃一下，需要多少技術力量？幾種形式搞？等等，都要列入規劃。

鐵路有那麼多潛力，辦學校是容易得很。如一個客車飯車上一天吃三頓飯，不吃飯時就是個很好的課堂。列車可辦列車大學，還可設想每個集體宿舍又是個學校。你們上海局有五六處集體宿舍，是否可辦五六個學校呢？恐怕上海集體宿舍還是你們鐵路上條件好些。

進行教育工作也好，做黨委工作也好，共青團、工會工作也好，宿舍不能不利用。

你們要想辦法把生產組織、教育組織、宿舍組織、軍事組織四個方面統一起來。

同濟大學有你們鐵路專業的系，我這次才知道，以後應想辦法結合起來搞。交通大學的鐵路專業也組織起來。

貫徹黨的教育方針，基礎理論課還是要的。也可能有些幹部以為勞動了，不需要勞動課了。基礎理論課要不要，爭論的不在這個地方。你說要，我說不要。他要系統性、科學性，我們也要系統性、科學性。這個不要不行。問題不在這裡，問題在於什麼叫系統性、科學性，什麼叫基礎。他們（資產階級教授）說的是基礎，還是垃圾？他們認為是基礎，我們認為是垃圾；他認為是理論，我認為是空話。我們重視基礎課

的,更重視系統性、科學性。

你們(太原鐵大)實現了爐邊上課、山頂上課,把工地做課堂……,這些辦法很好。學校大辦工廠,實現了半工半讀,學生又實現了伙食供給制,這個都很好嘛。

老幹部在幹部班學習還是要參加一定的生產勞動,一點不參加不好。他們的理論課教學區別於一般學生在生產勞動時不停課的做法是可以的。

康生同志在全國鐵路教育工作會議上的報告

（1958年11月6日下午三時半，在上海鐵路局禮堂）
（根據紀錄整理，未經本人審閱）

　　事前不曉得，如果曉得的話，我就晚幾天來了（到上海）。沒有調查研究，來一個突然襲擊。昨天晚上說，與很少數同志談一下，今天一看，有那麼多同志，聲勢這麼浩大，突然襲擊，又無準備，講什麼？我看你們出題目！若不，就散了，我毫無話可說。（全場大笑）既然造成這麼一種形勢，吸了煙，喝了茶，沒有話說，這樣走了，真是對不住。

　　昨天晚上聽了你們的彙報，聽說鐵道部召開了這樣一個全國鐵路教育工作會議，我認為很好，開得很及時。今年三、四月間鐵路在開源開過一次會，這次會前，毛主席在今年一月間指示黨內工作方法六十條，其中三條（四十八、四十九、五十）講到教育工作，這三條是進一步發揮了主席去年二月二十七日在最高國務會議上所做的〈關於正確處理人民內部矛盾〉報告中的所提的教育方針。六十條其中的三條，具體指出教育工作怎麼做法，使全國黨內黨外曉得了社會主義教育工作是什麼內容、什麼目的、什麼形式、什麼方法。今年三月的鐵路教育工作會議正是根據這個指示布置工作的，所以開得很及時。那次會議後，鐵道部的教育工作有飛躍發展。過去鐵路上高等學校只有二所（京院、唐院），今天已經發展到三十三所，這個發展在教育歷史上是少有的，在鐵道部教育史上也是空前的，當然不是絕後的。今天八月開黨的八大二次會議又討論了教育工作，特別是北戴河會議討論了教育工作，還做出了指示，這給我們社會主義教育工作帶來更巨大的發展，事實也是如此。通過整風、反右、生產大躍進，教育工作的發展，技術文化革命的高潮，

是教育工作走上了新的階段。一年來的教育工作，它的發展趨勢大概經過了這個幾個過程。開始是去年整風、反右，這一個政治上、思想上的偉大的社會主義革命取得了勝利，又通過今年雙反、交心運動，更加在思想戰線上取得偉大的勝利，就是說無產階級思想在同資產階級教育思想鬥爭中取得了很大的勝利。在整風、反右基礎上，從今年春天勤工儉學，發展到大辦工廠，從大辦工廠發展到學術批判，從學術批判發展到教學改革，從教學改革發展到科學研究。現在人民公社化以後，教育工作隨著人民公社化運動，更將走向新的階段上去。這種新的階段就是說教育為無產階級的政治服務，就是為廣大的教育工作者、為全黨全民所掌握了。這就是列寧所講的：「教育是無產階級專政的有力的工具。」假若過去人們以為教育與政治沒有關係的話，通過右派的進攻與反右鬥爭，從教育同生產相結合、從社會主義建設，從社會主義宣傳來看，人民可以很清楚地看到，教育不但是為無產階級的政治服務，而且教育本身即是無產階級專政的一個工具。這一原則已為絕大多數人們所承認。幾千年來的教育都是同生產勞動脫節、分離的，這是一切有階級的社會中教育的共同之點。無產階級所領導的社會主義社會和共產主義社會，不管它在共產主義社會的低級階段或在共產主義社會的高級階段，它的教育的重大特點在於教育與勞動相結合，其目的在於使人類體力、智力勞動相結合。教育與勞動脫離和教育與勞動結合，這是資產階級教育與無產階級教育一個原則上的區別，但是使人們瞭解這樣一個問題，不是一件容易事情，因為以前教育都是與勞動脫節的，要改變人們這種觀點，它的本身包含著階級鬥爭，也包含著思想方法上的鬥爭。就是說要消滅那種教育同勞動分離的舊教育，建立教育同勞動結合的新教育，是嚴重的兩條道路、兩個階段的鬥爭，也是馬克思主義與非馬克思主義、無產階級與非無產階級兩種方法、兩種思想的鬥爭，因此要使人們懂得這一點，常常比懂得教育為政治服務還難。人們對教育為政治服務可以同意，但是人們不容易瞭解教育必須與生產勞動相結合。但是經過了黨中央和毛主席的領導，這一方針為絕大多數同志認識了。絕大多數同志用各種方法把教育與生產勞動相結合。教育與生產勞動結合雖然現在還

沒有結合得很好，但是已經看到了它的巨大的力量，看到了與資產階級教育完全不同的結果，看到了實現這一原則使全國教育、全國學校面目一新。這一種效果越向前發展，人們會越看得更加清楚，效果會越加明顯。因此我們看到今年教育改革的同時，出現了學校科學研究的躍進，這種躍進是過去不敢設想的，人們不易瞭解的，同時甚至感到是一件奇蹟的。有的同志大概經過北京，我提議你們看看北京展出的教育與生產勞動相結合展覽會，如果有人還以教育與勞動相結合是否會降低品質、教育與勞動結合是否會減弱了科學研究（這種懷疑過去有，現在有，將來還有），展覽會可以用具體的成品、尖端科學研究的成果給你回答的。就教育家也好，黨內部分同志也好，從事教育工作的教職員也好，今年春天都是擔心這個問題的，覺得實行這個方針一定會降低教學品質，一定會亂，一定會妨礙科學研究，說大學生參加勞動是浪費人才。這種觀點現在還有，估計上海人代會中間還可能有這種觀點，特別是工商業家、舊教育家等人們，更可能反映這種情況。過去他們的孩子都是白白的胖胖的，現在成了「推炭鬼」了，成了「窮工人」的樣子，把「書香門第」破壞了，孩子叫你們給勞動壞了。講這種話的人有兩種：一種是好心的，他們不瞭解馬克思主義的教育原則，不瞭解社會主義共產主義教育是怎麼回事，只是根據過去資產階級的觀點，善意地好心地擔心我們教育品質降低，科學研究搞不好，這種人觀點不對，但出發點還是善意的，這是大多數；還有一部分人完全是資產階級立場、觀點，仇恨勞動人民，輕視勞動，認為勞動與知識是完全對立的東西，因此惡意地攻擊我們的方針路線。但是人們如果去看一看學校裡的情況，特別是看一看展覽會，就容易看出一年來實行了毛主席的教育方針，不是使教育品質降低了，而是大大提高了，不是妨害了科學研究，而是使科學研究有了飛躍的發展。不敢設想的尖端科學，這一年在學校中都實驗成功了。舉兩個例子來說，如研究六十四種稀有元素，原來在十二年科學規劃中不敢設想搞成功的，現在不到一年完全搞成功了。十二年科學規劃中，不敢列入的程序機床現在有好多學校試製成功了，這也值得鐵路上的大學注意，清華大學試製電子電腦控制機床成功，天津大學試製磁

帶錄音控制機床成功，效果很好，在機器上是尖端的，而且是有革命意義的。這些的事情都是學生、青年助教製造出來的。據說這種機床美國才試製了三百部，蘇聯試製了二十部，清華大學一下搞了兩部。由於尖端科學是保密的，還有多少我也不知道。從這個展覽會，我們看出黨的教育方針是勝利的，黨是能夠領導教育，能夠領導科學的。沒有黨的領導，科學發展是不可設想的。

貫徹教育改革方針必須搞群眾運動，走群眾路線。馬列主義群眾路線在教育工作上並不例外。人們總是認為科學研究是專家在實驗室裡的事，我們不要把群眾估計過低。我到太原鐵路局看到一個工人發明了一個電氣制動閥，我看比馬特洛索夫制動閥好得多。這個人不是大學教授，也不是什麼大學畢業或中學畢業，僅僅是一個高小畢業生，他解決了許多困難問題，解答了科學家的許多疑難。這說明在鐵路上也出現了這種現象。因此，社會主義教育在實現毛主席的方針後，中國已經出現了一批新的社會主義的青年科學人員。因為尖端科學研究教授專家很少，或是沒有參加，所有這些創造發明都是青年人幹的。社會主義制度、社會主義教育使我們已經看到產生科學上的這種新的人才，這種新的人才是時代的產物，社會主義時代的產物。這種新的青年人的科學人才、無產階級知識分子，是資產階級的知識分子老專家永遠跟不上的，這不是說個別人的努力跟不上的問題，而是就整個來看，這是時代的前進。因此，我們應該破除迷信認為科學研究只有依靠資產階級專家，只有靠少數人才能成功的，破除那種迷信、顧慮，認為教育與生產勞動結合會降低科學研究的品質。所有這些使我們看到黨的教育方針已取得了巨大的勝利，黨在教育工作上、科學究所工作上已經取得了領導權。黨在學校裡不僅在政治上、思想上有領導權，而且在教學上、科學研究上也有了領導權。北京的大學生說：「過去政治上靠黨委，科學上要靠老教授。」即政治上靠共產主義，科學上靠資本主義。但今天學生們講：「科學研究上也不能離開黨的領導，離開了黨的領導，將會一事無成。」教育上的確出現了一種新氣象，的確出現了文化革命的高潮。那麼教育的發展趨勢更要向那個方向走，我看學校教育更要社會

化，就是說學校教育工作逐漸更要社會化，而社會的各種組織更要學校化。就是使學校逐漸成為既是學校又是工廠，又是研究院；反過來說，工廠、鐵路會成為既是工廠企業，又是學校，又是科學研究機關。總的來說，就是智力勞動與體力勞動逐漸結合，少數人的學校同全民教育逐漸結合，少數高等學校畢業學生同全國高等教育普及逐漸結合。同志們問教育的趨勢是什麼，這大概是教育的趨勢。學校今後不會像過去那樣脫離勞動人民、脫離生產，孤立地關起門來進行教育與科學研究，今後不會有那樣的學校了，那種冷冷清清的學校逐漸地沒有了。學校逐漸成為整個社會的有機組成部分，學生們還想脫離生產勞動、脫離社會、脫離工農群眾孤立地到學校讀書的那種情況沒有了，或是逐漸沒有了。學校的學生又是學生，又是工人，又是農民，又是科學研究人員。一句話，學生是社會有機組成的成員，如果還想離開社會、離開群眾、離開生產去辦學校，就會走到資本主義道路上去，結果學校不僅不能發展，也是人民所不屑的。反過來說，工廠、企業，還想和過去那樣，不管人民的教育問題，也是將逐漸行不通的，所以工廠就會變成又是工廠，又是學校，又是研究機關。這樣說是否會發生一個問題：學校不是滅亡了嗎？教育不是亂了嗎？這個問題，要講一講。首先，學校它是經常滅亡的，一種社會、一種時代來了，舊的就必然滅亡，新的又出現了。比如五四運動前後，我在上海讀書的時候，上海有聖約翰大學，今天找不到了，滅亡了。還有馬相伯辦的震旦大學，也沒有了。那時有一批學生為了反對帝國主義退出聖約翰大學，辦一個光華大學，這個大學也沒有了。我在上海讀書時的大學百分之九十八都沒有了，剩下來還有兩個，即復旦、同濟，但按其內容來說，同濟早已不是那個德國人的同濟了。所以說學校是經常滅亡的。另外一方面，國民黨時代在上海所辦的學校也都沒有了。南京也找不到。學校滅亡不等於教育滅亡。現在學校是要逐漸滅亡，不會萬古長存。共產黨還要滅亡，難道只有復旦大學會存在？我看不見得。學校滅亡，會有一種新的教育機關來代替的。至於教育是不會滅亡的，你們當中有些教育工作者，不要擔心失業。我想只有那麼一個時候，就是有一個科學家或生物學家，發明人在母親肚子裡就

能夠大學畢業，那時要考慮教育是否存在，但這種尖端科學還不知道有沒有，恐怕很難實現。如果沒有這種發明，教育是不會滅亡的，相反會更加擴大，更加提高。我們要十五年普及大學教育。要學校社會化，知識分子勞動化，勞動人民知識化，這樣教育才更發展起來，體力勞動與腦力勞動才能逐漸消滅，共產主義才能實現。這是一個趨勢，是不可抗拒的。學校一定要與社會結合，比如學校有一個計畫，計畫很好，社會上突然來了全民煉鋼，它不管你同意不同意，把你的學生沖走很多，你如果不把學校同社會共同計畫一下，明年還會被動的。比如唐山鐵道學院學生什麼時候回來，你校長不能掌握他們的命運，而由正規生產運動來決定。這種情況明年可能好些，礦山機械可能多一些，八立方公尺以上的小高爐正常投入生產，這一方面的勞動力的緊張可能緩和，你們的學生可能有一部分回來。但你以為這樣就可以安心了？不一定，我看明年煉銅、煉鋁、煉油的小土群又會來的，如不計畫進去還會被動。大連港是件大好事，既然贊成結合，但來了一個大生產，你又說不好，豈不矛盾？看你怎樣利用和組織的問題。今天的學校校長、黨委書記、教授們要學會幾套本事，既能在學校教課，又能到礦山、礦井、鐵路……上教課，學會以工廠為學校，以爐邊為課堂的本事。我有一個理想，有人敢辦，我可以教書，這就是辦一個鐵路列車大學，沒有校址到處走，哪裡有經驗，就開到哪裡去教學。要學會這套本事，能夠在工地教書，在列車上教書，我看比固定在唐山好。學會這套本事，才能適應形勢。去年冬天寶成路通車時，我到過寶成路，那裡有幾個工段，我很羨慕那個地方，每一個工區就可以辦一所很好的學校，我到工人工棚裡去看過，有許多理論書，《毛選》、《近代史》等一大堆書。為什麼不在那裡辦學校？現在鐵道部有多少工地，每一個工地都是一所學校，那就是工、農、商、學、兵結合了起來，有馬列主義，在工地上也有；沒有，到北京宮殿也沒有。打開腦子想想，把工地變成學校的話，鐵道部將有多少學校？尤其是鐵路辦學的條件實在好，首先是人，明年鐵路可能修三萬公里，那將辦多少學校？不僅是車站辦學的問題、學校辦工廠的問題、工廠辦學校的問題，而是工地成學校，又是工程隊，又是學校，又是文

娛隊，又是體育隊，這才能適應新的現代教育趨勢。一方面看到教育與
生產密切結合，又一方面看到有些地方出現學校與行政部門結合起來
了。當然不是所有的學校，有一些專業學校與專業部門，是可以結合
的；如長春的地質學院與地質局完全結合起來，如太原的礦業學校又是
礦業局，又是研究所，行政、科學研究、教育三方面結合起來。提出一
個問題，你們是否可能實驗一下，把學校和行政業務部門逐漸結合起
來，我看有可能。今天農村出現了這種現象：人民公社以後，校社統
一、校政統一，這種現象不僅在一個鄉，而且在一個縣也出現了。如河
南的孟津縣，就是一個縣政權，又是一個聯合公社，又是一個綜合紅專
大學。鐵路雖然比較複雜，但某些部分可否統一，我看有這個需要，有
這個可能，這是教育中的新出現，希望加以研究。研究正出現一段新現
象，人民公社化以後擺在學校面前的問題，就是學校怎麼辦？唐山鐵道
學員已經成立了人民公社，很好。雖然今天還不完備，但可以通過公社
成立，大大進行共產主義教育，實行「軍事化」、「戰鬥化」、「集體
化」，便於發動群眾，便於依靠群眾，便於實行群眾路線，便於進行集
體教育。通過人民公社化可以逐漸改變學校人與人的關係，通過人民公
社化可以解放學校一部分家屬勞動力參加勞動。當然今天還不完備，它
將來將隨整個形勢改變而改變；如農村一樣，開始是低級社，慢慢地是
高級社，慢慢地是人民公社，越發展越大。開始是自己成立，慢慢結合
農民，以它為中心成為一個公社的教育部門，大概會走這條路。因此雖
不完備，但有利於進行共產主義教育。學校要加強共產主義教育，抓住
人民公社這個運動是有利的。過去學校不大宣傳共產主義，只宣傳社會
主義，今後應把宣傳共產主義成為一個政治、教學、科學研究工作的中
心問題。因此各校要把中央編的馬恩列斯論共產主義社會那本書好好地
讀一讀，同時必須研究當前人民公社，才能適應當前形勢。

　　再隨便談一點工廠辦學校的問題。現在有兩個任務，一個是知識分
子工農化，另一個是勞動人民知識化。中央北戴河會議教育指示中特別
指出這一個問題。一面是學校辦工廠，另一面是工廠辦學校。工廠辦學
校這件事是回什麼樣的事，我看鐵路各級黨委負責同志曾研究過，還要

進一步研究。八大二次會議之後，毛主席和少奇同志特別提出這個工廠辦學校的問題來。這件事是關係我們工廠企業本身的問題。中央指示不是僅僅指示學校如何工作的問題，而是指示全黨、全民如何普及教育的問題。首先是工廠。中央指出這樣辦學校技術革命、文化革命的需要，也是準備過渡到共產主義條件的需要，工廠辦是工廠準備過去到共產主義的問題，而不僅是個人學習哪門功課的問題。如果工廠裡不普及大學生教育的話，共產主義是不會實現的，無產階級是不會提高的，因而無產階級不會領導全國人民走向共產主義的。同志們要瞭解中共的指示，必須從這麼一個關鍵上去瞭解的。是工廠辦一個什麼工廠的問題，是辦一個什麼企業的問題，是走什麼道路的問題，就是說還是走資本主義道路？還是走無產階級道路？應該說明我們今天工廠當然是社會主義的，毫無疑問。但是同志們必須知道社會主義是向共產主義過渡的階段，這個社會發展可以走向共產主義，如果不走向共產主義，則會倒退到資本主義。我們的工廠是如此的，如果辦工廠的同志不考慮好體力勞動和腦力勞動逐漸消滅，如果你不在工廠中進行共產主義教育提高工人群眾覺悟，不在你的工廠中逐漸消滅資產階級法權思想，不使工廠中既能生產物質產品，又能生產新的共產主義人才，如果你沒有這一套打算，僅僅是生產生產品的話，你的工廠有可能倒退，回到資本主義中去。當然資本家上臺是不可能的，但是許多制度、許多思想停留在資產階級法權當中。工廠辦教育是這麼回事，不是簡單幾個學校的問題。你的工廠能否辦學校，表示你有無決心向共產主義走的問題。很難設想全國都向共產主義走，唯有你這一個鐵道部不走，那你豈不成了前進的絆腳石了嗎？資本主義工廠與社會主義工廠其中有一個重大差別，一種是智力勞動與體力勞動分裂的，一種是智力勞動與體力勞動逐漸結合的，這是一個重要的標誌。因此，你們應該好好地看看中央的指示，掌握住中央指示的精神與實質，然後拿這個指示，一方面向資產階級的思想進行鬥爭，另一方面也檢查自己的思想，進行大鳴大放大辯論，進行批評與自我批評。

如果貫徹執行中央指示，我看總起來有三條：

一、思想上認清中央指示的精神實質。

二、拿這個武器，向資產階級的思想進行鬥爭，同時以批評與自我
批評的精神檢查自己。

三、發動廣大群眾，依靠廣大群眾，大鳴大放大辯論，同群眾共同
商量，找出貫徹執行指示的方法。

貫徹執行好中央的指示，要解決三個問題：

首先黨委的思想要搞通，提高思想認識，真正做到掛帥，親自動
手去抓，如果能夠這樣，鐵路辦是不難的，比學校辦工廠還容易。北戴
河會議之後，絕大多數同志都瞭解了這一條，你們及時地召開了這個
會議就是證明，說明部裡的領導注意了這個問題。各個地方也注意這
個，寫了許多材料，已看到鐵路上有些很好的現象。現在發展到大、
中、小學六十六萬人是不得了的事情，而且有許多地方努力研究半工半
讀的方法，這很好。我看了吉林站的經驗就感到很好，我看那地方的
黨委很好，通過群眾想了許多辦法，試驗半工半讀的方法，不但是注
意了，而且是積極地想辦法去實現它。希望吉林方面的同志繼續做下
去，經常給我們一些材料，到年底總結一下，這是個好的方向。其他還
有一些我沒有看。所以黨委一抓，許多困難就可以解決。決定黨委抓
不抓首先要解決許多思想問題。工廠辦學校在某種意義上與學校辦工
廠有相同的地方。過去學校從來沒有考慮到辦工廠，一提起辦工廠他就
覺得我是學校，不會辦工廠，學校辦工廠自古以來沒有聽說過；反轉來
說工廠辦學校，這件事也沒有過。因為如此，黨內黨外產生了一些思
想。首先從黨內看到，大致有幾條：一條認為我是搞生產、搞運輸，辦
學校不是我的職業，那是不務正業。按其思想實質來說，這是舊社會資
產階級辦工廠、辦鐵路的思想，用毛主席的話講，就是見物不見人的思
想。他們覺得社會主義的鐵路、社會主義的工廠，大概同資本主義的鐵
路、工廠一樣。鋼軌可能一樣沒有多大差別，但是講人的問題區別可大
了。所以這種不務正業恰恰是社會主義的正業，你不去務這一行，你才
叫不務正業咧。二，有的同志這樣說：「教育妨礙生產，現在生產很
忙，完不成任務，再把工人弄去學校，豈不更完不成了嗎？」看來好像

有點道理，這種思想同學校資產階級老教授的思想有共同之點。老教授認為勞動與讀書是對立的，要讀書就不能勞動，要勞動就不能讀書；勞動就降低品質，妨礙學科學。我們這邊調了一個頭，我們是搞生產的，生產就不能讀書，讀書就不能生產，他把人的思想覺悟提高，認為同生產毫無關係，正如老教授認為勞動同知識分子無關一樣。這些事已經有很多例子。上海求新造船廠一些同志生動地回答了這個問題，告訴你馬列主義怎樣推動了生產。該廠黨委書記親自掛帥給工人講哲學，講了一次，就有一個（群眾）提出了一個問題，他認為工廠的計畫工資制不是馬克思主義，妨礙生產，他提議取消計件改為計時工資，從一百六十元工薪減少為九十元，如果鈔票掛帥觀點來看，每月少拿七十元，但他一定要減少，他講計件工資妨礙工人的積極性，本來還可躍進，但躍進後怕人講閒話，說這傢伙又想掙錢了！同時實行計件，工人之間不團結。沒有集體主義，相反損人利己。由於他提議，全廠學了一二課哲學，車間全部提出取消計件工資制。從經濟上看，計件改計時，工資減少百分之三十，有的一半還多。如果照資產階級法權的觀點來看，一定妨礙生產了，一定沒有積極性了。學校中學的政治經濟學就是這樣，認為計件工資制是工資制中最先進的制度，是列寧主義的制度，是推進生產最好的辦法，人們沒有物質刺激就不能生產。現在看看這套理論是資產階級的，妨礙生產的，妨礙共產主義的。這麼來學習，工人共產主義風格大大發揚，他們講出六條好處，工資雖然減少了百分之三十，但生產效率提高，過去車一個東西用五十四分鐘，現在只用八分鐘，數量提高了，品質也提高了，最重要的是工人心情暢快了。這是一件大事，不僅是生產上的大事，也是馬克思主義理論上的一件大事。你說學習妨礙了生產，結果人家學了幾課得到這麼個結果，你看妨礙了沒有妨礙？提議您們去訪問一次，由於求新造船廠取消計件工資，上海許多工廠都取消了。

我提出一個問題，今天鐵路上究竟是靠什麼？是發明了一種特殊的火車頭嗎？是另外建造了幾條路線嗎？是試用了新機械嗎？是鋪了雙軌、修了浦口長江大橋嗎？不是的，現在能拉這麼多車輛，到底是什

麼？主要是吃了政治飯，靠思想吃飯，這明明是教育效果，但是又說教育妨礙生產，這不是矛盾了嗎？比如現在說八小時工作制，實際上都十一小時，十四小時也有，這是好事。過去有這麼個教條，好像是八點鐘工作制才是社會主義，超過了八點鐘就是資本主義。哪裡有這回事，資本主義六點鐘還是資本主義，社會主義十點還是社會主義，可是過去教條主義很厲害，好似工廠已超過八個鐘頭就不是社會主義，死了就見不得馬克思，外賓參觀也不敢講。這是迷信。為什麼無產階級為了他們前途、為了實現共產主義，不可以多做一些工作呢？整風、反右、生產大躍進中突破了許多東西，這是共產主義風格，我們吃教育飯、吃政治飯、吃思想飯完成了任務，反而說教育妨礙生產，這是一種真正糊塗的想法。

還有一種想法：他也贊成辦學校，但就認為工廠沒有條件；辦學要有教授，我沒有；辦學要有專職人員，我也沒有；辦學校要有圖書館、儀器等等，一切條件我這裡都沒有。這是條件論。如果說工廠辦學校困難，學校辦工廠豈不是更困難嗎？我到蚌埠機械廠去時，還有一種論調，叫做不合制度，認為辦大學要中央批准、教育部登記、校長要由國務院任命，否則就是違法亂紀。因為沒有辦過學，這也難怪。總之，要黨委把大家思想明確起來，黨委掛帥，就會辦起來。工人說：「廠長動動手，全場工人跟我走。」不動手不行，動手不抓不行，抓要抓出點味道來，像求新造船廠。

第二個是全廠辦學，群眾路線，叫做人人負責，人人有份（受教育）。特別是廠要依靠車間，車間是生產環節，也是教育環節。黨委掛了帥，依靠全黨，依靠群眾。中央規定十五年左右普及大學教育，你們規定七至十年普及大學教育，要在廣大工人中宣布，當大學生，人人受教育。如長春在工人中宣布後，工人認為不僅在政治上有了前途，而且在文化上也有了前途；老幹部也安心了，過去總認為是土包子，現在也可以變成大學生；老工人也安心了，大老粗也可以變成大學生；中學生也高興了，他們一到工廠還很高興，覺得很奇怪，一按電鈕機器就開始了，但日久了便覺得沒有意思，又看到自己的同學都升了學，現在自己

也可以成為大學生，因而高興了。一宣布後老工人、新工人，大家多興奮，因此要相信群眾，群眾發動起來，什麼困難也可以克服。工廠辦學校，首先開一個群眾大會，人人想辦法，宣布一下，人人可當大學生，到底幾年，你們想辦法，我看群眾會想出很多辦法來。要想學文化是廣大人民的要求。我到農村中看，有兩件事，一是需要機器，二是需要文化。工人機器有了，迫切需要文化。我想了一個辦法，你們可試一試：哪個廠廠長、黨委書記辦學不積極的時候，你可以召開一個群眾大會，宣布說毛主席要在十五年左右使工人達到大學水準，我想工人一定會起來責問廠長。火應該由廠長去點、黨委去點。現在許多工廠工人一面要生產，一面要學習，為解決這個矛盾，工人想了許多辦法，將來實行四班制是一個辦法。你們吉林車站也有一個辦法，叫大三班，也可以兩班去頂，一班去學習，甲班十二小時，乙班十二小時，丙班去學習。天津有的工廠十點、十點、四點。鄭州機械廠叫做七點鐘大禮拜制，每天工作七點，學習四點，一月休息兩個星期日。基本原則是集中時間工作，集中時間學習。還有頂班的辦法，工人去學習，家屬去頂班。

第三個辦法就是密切地同生產結合，使學習能夠推進生產。農村學校與生產組織都是統一的，教育計畫與生產計畫統一的，教育指標與生產指標統一的。我們一下子還不敢做到，但要注意到打垮許多教條，同生產結合起來。工人為什麼學哲學，就是為的要解決生產中的矛盾。

只要有這三條就能辦起學校來，鐵路上條件好得很，你們有辦學傳統，有七十萬文化大軍，這是中央各部沒有的。整個考慮一下鐵路教育問題，現有鐵道學院、醫學院，將來可以辦師範學院，培養師資；可辦工學院、農學院、財經學院、文學院、馬列學院、藝術學院，需要什麼就辦什麼；還可辦軍事體育學院，這叫做工、農、商、學、兵，高、大、中、小、幼（高級研究班、大學、中學、小學、幼稚園），辦這樣的綜合大學。這一面是工農商學兵，這一面是高大中小幼，成為一個十字架，鐵道部坐在當中，四通八達，這樣鐵路就辦好了。就講這些吧。（掌聲）

康生同志1958年在11月27日在宣傳文教
會議上的講話

（1958年11月27日）

有幾個問題通知一下：

（一）《和平和社會主義問題》雜誌問題，這個雜誌是在布拉格辦
的。開始辦的時候，我們提出過意見，說恐怕辦不大好。當
時蘇聯一定要辦，為此，開過了一個會，做了決定，決定的
大意是：雜誌不能凌駕在各國黨之上，不能有批判這個黨和
那個黨的文章，兄弟黨內部有意見可以內部協商解決，不能
在雜誌上發表。現在發生了問題，今年十一月一日，我們以
趙毅敏的編委名義寫信通知編委會：今後這個雜誌在道義
上、政治上我們都不負責任，中文版也無法繼續出版。這個
雜誌在蘇共二十二大以後，連續發表攻擊阿爾巴尼亞、影射
中國的文章，我們遵守〈莫斯科宣言〉、莫斯科聲明和創
刊會議決定準則的文章，雜誌不予登載，相反登載了修正
主義的文章，這是違背了〈莫斯科宣言〉、聲明，也違背了
創刊會議的決定。創刊會議的決定上說，雜誌發表重大意
義的文章或材料，如果編委會發生原則分歧，應通知各國黨
的中央委員會來協商解決，編委會無權決定。在創刊會議
決定時，蘇聯代表波列馬廖夫還提出過保證：「我強調地提
出保證，雜誌應開展生動活潑的討論，不應有各國黨之間的
爭論，不能凌駕各國黨之上，編委會不能批評這個黨或那個
黨對與不對。」在蘇共二十二大，在主編蘇聯代表主持下，

違反了創刊會議的決定，連續發表攻擊阿爾巴尼亞、影射中國的文章。因此，我趙毅敏同志在去年十一月二十七日、今年五月十五日兩次寫信給編委會，指出他們的錯誤，要求制止。可是編委會兩次拒絕了我正確立場，說我主張「兄弟黨之間有意見應內部協商解決，不能干涉別國內政」這種堅持〈莫斯科宣言〉、聲明的正確立場，是對他們黨誣衊性的一種表現。問題不是你這個黨、我這個黨的問題，這是一個共同辦的刊物，又不是你蘇聯一國辦的刊物，怎麼可以這樣講法？！對雜誌提了一些正確的意見，就是對蘇聯的誣衊？！我趙毅敏同志十一月一日的信，轉到蘇共中央已經是二十一日了，現在還不知道反映。他們還說我們這個時期寫文章不好，使雜誌不能很好反映中國的偉大建設。我們反駁說，他們自六〇年六月起，就不登我們文章了。六〇年六月我們寫過一篇〈關於世界反對帝國主義的統一戰線問題〉文章，他們不登；日夫科夫的一篇〈和平共處是在藉危機走向社會主義的道路〉文章，他們登了。雜誌的性質起了變化，已經不是一個共同的刊物了，變成了是蘇聯黨的隨心所欲的攻擊別國黨的雜誌，是破壞各國黨的團結和雜誌了，所以，我們去了信，指出他們的錯誤，並通知今後我不負政治上、道義上的責任，中文版也不辦了，我們還準備撤回我們的人員。辦這個雜誌，我們一年要出二十五萬美元，這兩年我們也沒有繳，出了錢辦一個專門辱罵我們的雜誌，沒有這麼笨！這個問題在國際上可能會有很大反映，可能還有人來罵我們。今天趁各地同志都在這裡，通知一下，可能有外國朋友、黨外人士要問，要瞭解一下，以後中央可能要發一個文件，也可能不發，要看中央的決定。

（二）最近，一些兄弟黨在開代表會議，保加利亞、匈牙利已經開了，十二月三日義大利要開，十二月五日捷克要開，明年之初法國要開。修正主義在帝國主義那邊碰到釘子後，差不多

有一個規律，一定要來罵中國，來討好帝國主義，可謂忠心哩！保黨代表會議，蘇聯聯絡部長去了，六十一國兄弟黨，只有三分之一，即二十一個國家罵阿爾巴尼亞。匈黨代表會議，費了很大的勁，六十一國兄弟黨，是一半和一半，三十國罵阿爾巴尼亞，三十一國不罵，最後組織了墨西哥的代表來罵我們，說是蘇共為首的一方與中國黨為首的一方有鬥爭，並誣衊我們是機會主義、教條主義、宗派主義立場，這個人叫崗富納斯，實際上是蘇聯指揮棒的代言人。匈還有政治局委員不指名地指責我們，有一個省委書記和一個州委書記指名罵我們，卡達爾最後發言中也點了我們的名。針對這些情況，我代表團按照中央指示，在酒會上利用敬酒講了話：（1）慶賀匈黨會，感謝他們招待。（2）對匈代表大會上有人大肆攻擊阿爾巴尼亞，並指名攻擊中國黨，表示很大的遺憾，我們的態度是遵守〈莫斯科宣言〉、聲明的，不幸的是有人利用黨的代表大會來攻擊其他兄弟黨，加深了分歧，破壞國際團結。（3）一個黨可以攻擊另一個黨，凌駕其上，是不公平的，應該平等協商來解決分歧。誰先攻擊，是很明白的，責任並不在阿爾巴尼亞身上。（4）會上，有人指名或不指名地攻擊中國黨，這種攻擊絲毫不會影響一貫堅持馬列主義原則的中國黨，中國黨就是在與帝國主義、機會主義、修正主義、各種反對派等等的鬥爭中成長和壯大起來的，中國黨永遠不拿原則來進行交易。最近，出現了帝國主義、修正主義、反動的民族主義的反華大合唱，也證明了中國黨是正確的。（5）為了解決國際問題上的巨大分歧，建議召開各國黨的代表會議，這是解決問題的唯一正確途徑。利用一個黨的代表大會進行攻擊，是不對的，不能解決問題。匈這時沒有辦法，組織也來不及了，最後組織了個約旦來罵了幾聲，捷克的黨代表大會，估計會罵得更凶，我們的原則是按照中央的方針；堅持原則，先發制人。

（三）古巴的形勢，反對美帝國主義的形勢。中央最近準備發一個
　　通知，通知是這樣講的，反對印度侵略，反對美帝侵略鬥爭
　　的勝利，是當前國際鬥爭中的兩個偉大的勝利。這一個月，
　　檢閱了和考驗了世界上各種政治力量和各國人民，帝國主
　　義、修正主義、反動的民族主義充分暴露了自己的面目，這
　　對今後的國際鬥爭將發生深遠影響，馬克思主義和各國人民
　　顯示了自己的威力，世界各國人民提高了覺悟和識別能力。

　　　關於古巴問題，中央起草了一個通知，正式發下去，可
　　口頭向十七級以上幹部傳達（要等正式文件）。

1. 應充分估計古巴人民鬥爭勝利的偉大意義：（1）古巴人
　　民經歷一個月的鬥爭，保障了祖國主權，保障了革命，打
　　退了帝國主義的挑釁；（2）卡斯特羅[1]同革命力量頂住了
　　修正主義的強大壓力，堅持了馬列主義的革命路線，堅持
　　了發動群眾鬥爭的正確立場，團結了人民；（3）在鬥爭
　　中鍛鍊了古巴革命人民，提高了以卡斯特羅為首的領導威
　　信，豐富了反對修正主義、反對帝國主義的鬥爭經驗。古
　　巴不是削弱，而是更強大了。認為古巴革命遭受挫折、
　　古巴革命已被出賣的悲觀想法是不正確的，古巴的勝
　　利，說明馬列主義拉丁美洲扎下深根，是拉丁美洲革命
　　的無價之寶。

2. 古巴人民鬥爭的勝利，又一次證明美帝國主義外強中乾，
　　欺軟怕硬。（1）肯尼迪[2]很壞，對肯尼迪不能有任何幻
　　想；（2）肯尼迪不是真的敢打一次核戰爭，目前世界上
　　是核僵持局面，美國資產階級不願在自己土地上打核戰爭
　　的，肯尼迪擺出架子，實際上是對蘇聯的核訛詐。（3）
　　只有進行針鋒相對鬥爭，才能使肯尼迪知難而退，才能保
　　護和平，採取無原則的屈服退讓，帝國主義便胃口越來越

---

[1] 編按：Fidel Castro（1926-2016），臺灣譯名為卡斯楚。
[2] 編按：John F. Kennedy（1917-1963），臺灣譯名為甘迺迪。

大；（4）肯尼迪害怕的是古巴人民的鬥爭、全世界人民
的鬥爭，只有人民起來鬥爭，才是打破敵人侵略計畫的唯
一途徑；（5）必須很好意會毛澤東思想，戰略上藐視敵
人，戰術上重視敵人。

3. 現代修正主義者在肯尼迪核訛詐面前嚇破了膽，蘇聯在古
巴問題上的態度，是社會主義有史以來的一次空前奇恥大
辱。蘇聯在古巴設立導彈基地，本身即是一種錯誤，不是
說明古巴，這是修正主義企圖控制古巴的一種做法，想拿
古巴來作為對帝國主義討價還價的一個棋子。古巴得到一
次深刻的教訓，最有力量的不是導彈，而是人民。

4. 充分考慮古巴革命事業的困難，充分照顧古巴同志的處
境。美帝國主義不滅古巴革命是不甘心的，修正主義不把
古巴納入其軌道也是不甘心的。但是古巴在軍事上、經濟
上還不得不依靠蘇聯，有時還必須有某些不喪失古巴獨立
主權的必要的妥協。對米高揚去古巴，要有兩個看法：
一是在原則問題上古巴是拒絕了，一是在具體問題上可能
要有一些妥協。我們不對古巴提出過高的要求，古巴在反
對帝國主義，反對求證主義，反對反動的民族主義中的一
些做法，不應該也不可能與我們一樣。我們應堅決支持古
巴，古巴也支持我們。

5. 全黨、全民最近一月來，在支持古巴、反對印度侵略兩大
鬥爭中，受到最生動、最深刻的愛國主義、國際主義的教
育，這兩個鬥爭，更顯示出了毛澤東思想的偉大光輝。美
國《紐約時報》記者說：「中國對印度的停火和蘇聯對古
巴的辦法成為尖銳的對照，中國人將教訓俄國人：不要
先退後談判，應該先教訓一頓敵人再談判。」英國《觀
察家報》說「在古巴、印度兩大事件中，美國是一勝一
敗，中國是兩個勝利，赫魯曉夫兩個都敗了。」這些報
導都很有趣。

　　這個通知是黨內的，對黨外、對報刊要按照中央公開的提法。

（四）請各地注意，不要再演《孟麗君》的戲了，為什麼對這部戲那麼有興趣？！宣傳部幾次通知還不行？！這本小說是反對朝鮮的，為什麼在現在這個時期，一定要演反朝鮮的戲，究竟為什麼？中國的戲不知有多少，為什麼一定要演這個戲？已經講了一年，還是要演！真是不懂？！不僅演戲，還有電影。我看到一個電影，香港的，實際上是國內拍的，裡面有俘虜等，更是明顯。（陸定一同志插話：「是個戲劇。」）這個戲在國內不要演，不能演。

（五）朝鮮作家韓雪野作品的處理問題。韓犯了很大錯誤，性質可能是顛覆活動的性質，蘇聯利用有名作家搞顛覆活動。他的書，原來通知賣完為止，現在要改變一下，不賣了。各地對新華書店，出版部門要好好抓一下，就在北京，十中全會以後，西單新華書店還大做廣告，新書出版《劉志丹》。

（六）阿爾巴尼亞有一作家，最近投了蘇聯，關於他編寫的一個話劇，北京最近演過，本身沒有問題，我們也不要演了。阿使館先說不要演，後又說還可以演，我們還是不演，採取主動。

（七）反對修正主義的鬥爭，各省應掌握，原則上要堅定，策略上要靈活，處理上要謹慎。不要因為在北京聽了報告，看了文件，就去放手大搞。要注意，修正主義特別注意搜集地方報紙的消息，搜集地方報紙最便當的地方是圖書館。圖書館是搜集情報的好地方，所以三本書，一律不帶回去。因為有了原則問題，書內引了少奇同志沒有發表過的話有十三處之多，還有小平、總理等的話也不少。這是個紀律問題，凡是不經過本人看過表示同意，一律不准拿出去。地方的同志要注意，在參加會議聽到常委、書記處同志的講話，沒有經過本人同意的，一律不能在文件上提，更不能登報，回去也不要傳，這是討論中的意見。

反對修正主義，湖南的同志出了兩本小冊子，一是《國際人士的一些言論》，一是「反三尼公司」的，不知叫什麼名稱。我沒有看過，不知道好不好，但這類書不能由地方決定出版，一定得經過中央宣傳部批准。我不敢講這兩本書不好，不好當然不能出版，好也不能出版，這是國際範圍的鬥爭。據說，修正主義正組織力量在主席哲學方面抓小辮子，應該謹慎。

山西人民出版社有一本書，是介紹拉丁美洲革命運動的，很多講古巴革命鬥爭的材料是引用羅加（古巴的右派）的，這不行，請山西省委再看一看，不好的不要發行，基本上好的則加以修改，送來審查批准，才能出版。

中國青年出版社出了一本《非洲遊記》，聽人說很多地方是帝國主義的觀點，我還沒有看。這本書據說還是文化部大力支持出版的。

凡是此類材料，黨委一定要加以領導，寫好後一定要送中宣部嚴加審查，批准後，才能出版，總之，積極性不能打擊，領導應該加強。

1959

中共上海市委教育衛生工作部關於機關馬列主義教師初步討論康生、陸定一同志報告的反映材料

　　據虹口、徐匯、長寧、榆林、提籃橋、西郊等區委及黨校一、二部等彙報，各單位理論教員初步討論了康生同志與陸定一同志的報告後，有如下的反映：

一、在以下各問題上思想認識有所提高

　　（一）對反右派鬥爭的意義有了進一步的認識：

　　　　1. 黨校一部不少教員檢查自己過去認為所有制是起決定作用的，所有制解決了，誰戰勝誰問題也就解決了，所以認為反右鬥爭只是思想上的問題，小魚翻不起大浪，對它的嚴重意義認識不足。

　　　　2. 西郊區教員普遍檢查自己對當前階級鬥爭形勢認識不足，八大以後，認為當前我國主要矛盾改變後，思想領域中的主要矛盾也轉變了，不是資產階級思想和無產階級思想的矛盾，而是先進思想和落後思想間的矛盾，還認為高潮以後，社會主義一關已過了。有人還驚訝，似乎社會主義這一關比土改關、戰爭關還好過。

　　　　3. 西郊區教員還檢查自己看問題帶有很大的片面性，一提到階級鬥爭基本結束，就以為可以不再重視階級鬥爭了，一九五五年還提的，到一九五六年批判了斯大林關於階級鬥

爭越來越尖銳的理論後，就不大敢提了。聽了毛主席〈正確處理人民內部矛盾〉報告後更忽視了敵我鬥爭的一面。

4. 提籃橋區委教員原來認為我們與右派的矛盾是接近敵我邊緣的人民內部矛盾，反右鬥爭僅僅是思想上鬥爭，討論後才認識這就是敵我矛盾，是政治上的兩條道路的鬥爭。

（二）對理論與實際的關係的認識有了提高：

1. 關於講理論課聯繫實際的問題，黨校一、二部、榆林、提籃橋區委等單位教員檢查自己過去講課著重系統性，忽視戰鬥性，雖然也為貫徹十六個字的方針而努力，但下基層去調查，只是為了講課找些例子，而對不良思想傾向做鬥爭就很不夠。黨校二部有人曾認為：「理論是長期派用場的，而實際問題、思想問題只是在一定時期內派用場，我們的教育是系統地進行理論教育，傳授知識，至於學員思想上有什麼問題，主要是黨內活動和實際工作部門的事。」因此講課內容照抄照搬多，不生動，不具體，脫離實際，對錯誤思想沒有提到原則高度批判，有「教書不教人」的現象。

2. 關於理論教員參加實際工作問題，有些教員檢查過去過於注重四門課的專業，認為只有搞好這個專業才是自己的任務，對參加實際工作就常有牴觸，認為是不務正業，認為是做了「機動部隊」，或者認為教員參加實際工作應當有目的，就是必須對自己的專業，對講課有幫助，否則就認為是「無目的的實踐」。

　　有些教員檢查過去認為我們的教條主義不是書讀得太多，而是讀得太少，希望少做具體工作，靜下來多讀書。有人曾埋怨區委條件不好，搞運動太多，最好像市委宣傳部學習室一樣，埋頭讀書。有的檢查自己過去認為：我們半路出家搞理論工作的人，首要的任務是讀書，所謂：「兩耳不聞窗外事，一心唯讀聖賢書。」片面地認為只要

埋頭讀書，馬列主義寶庫就可以取用不竭，因此不願下去
做實際工作。長寧區有人不願參加下基層救火，有人不願
旁聽反右派鬥爭會，說還不如看書收穫大，現在都初步做
了自我批判。

（三）對於理論教員的培養前途等問題的認識也有了提高：

1. 關於理論教員的思想改造問題，一般都檢查了自己過去對
進修也好，聯繫實際也好，主要的目的至多只是為了把課
講好些，很少考慮到由此學習馬列主義的立場、觀點、方
法，改造自己成為工人階級知識分子；討論後體會到「教
育者必須先受教育」的重要，認識到多數知識分子由於出
身的限制，帶來了不少非無產階級思想，如不在實際鬥爭
中，在理論學習中改造，就可能向資產階級道路上發展，
清華大學政治教員的事例，普遍感到必須引以為戒。

2. 關於個人前途的問題，很多人都檢查了自己的個人名利思
想，有的過去認為做理論教員高人一等，是一種複雜勞
動，下去參加實際工作時，總以教育者自居，視別的幹部
為「搞具體工作的」；有不少人則希望成名成家，寫文章
為了揚名和稿費，想當大學教授，地位高，現在開始認識
到這是資產階級知識分子的路線，認識到像沈志遠那樣的
理論家的道路的危險和可恥。

3. 關於理論教員的培養問題，有些人檢查過去只有聽課、讀
經典才是培養，對下去參加實際工作認為是使用，不是培
養，因此埋怨領導培養不夠。如黨校一部某同志就說：
「過去感到自己講課品質差，只想到高級黨校去學習，撈
些本錢，沒有想到還應當在實際鬥爭中提高自己。」

4. 對於「社會主義思想教育」，一般都開始認識到它的重要
性，如蓬萊區委教員說：「我們擔任社會主義思想教育是
『養兵千日，用在一朝』，如果不擔任這項工作就是臨陣
退卻。」

二、同時還存在以下的思想問題

（一）如何貫徹理論聯繫實際的方針？對理論必須聯繫實際的方針一般是沒有人公開反對的，但在如何貫徹上還有許多具體問題。如：

1. 理論教員以一定的時間（如每年二個月）下去參加實際工作，或做調查研究，目的究竟是什麼？是搜集材料？還是體驗生活，改造思想？還是就是參加實際工作？

2. 和自己專業無關的實際工作究竟應否參加？如果參加，目的又是什麼？是否只是體驗生活？

3. 理論聯繫實際是系統地聯繫好？還是點滴地聯繫好？有人說：「對於受過長期革命鍛鍊的人應當系統地聯繫（意思是應當系統地學理論）；對於鍛鍊少的人就應當聯繫具體思想問題，有什麼問題聯繫什麼問題。」

4. 先理論還是先實際？一般都認為我們這些人理論、實際都很少，應當先理論還是先實際呢？有人認為應當先理論，因為沒有理論怎能聯繫實際呢？而且我們要講課，必須先看理論書，其次聯繫實際、掌握理論困難，聯繫實際容易，只要下去一二次，就有充實講稿的例子了，或說：「與右派鬥爭，就是與修正主義理論做鬥爭，而我們沒有理論，就無法做鬥爭，所以要先讀理論。」或者說：「理論知識少的可以遲些下去參加實際，已有理論基礎的可以先下去。」還有人認為我們看書是為階級鬥爭，所以看書也算是參加實際。但也有人認為應當先實際，首先通過實際工作來改造自己的世界觀，才能豐富自己的理論知識。此外，還有人主張兩者並重，不分先後。

5. 有人認為領導上常把理論教員當作突擊力量，隨時抽掉，影響教員專業，結果，把教員變成「通才」。

（二）對社會主義思想教育的看法：

1. 進行社會主義思想教育是必要的，但這必竟還是暫時的，以後系統教育怎麼搞？從師資班出來一年還沒有講課，現在又要停一年來搞社會主義思想教育，恐怕過去學的理論都要忘了。

2. 搞社會主義思想教育不但要理論上通，還要解決實際問題，要求很高，恐怕不能勝任了，而且這種課不須由負責同志來講，我們這些人做什麼呢？

3. 我們過去搞系統理論教育是以講課為主，現在康生同志指出應當辯論，社會主義思想教育就是以辯論為主，那麼以後再恢復系統理論教育時，採取什麼方式呢？

4. 有些人仍認為社會主義思想教育是臨時任務，而且是整個黨委的事，自己可以少動些腦筋，打算半心半意地參加。另外，抽空仍舊研究四門課，有的甚至認為為了搞社會主義思想教育，首先須看書，「沒有學過代數，就做不好四則題」。有的要求給他時間以便研究，批評資產階級社會學。

（三）關於理論教員前途問題：

1. 理論宣傳與宣傳鼓動究竟有什麼區別？教員的任務究竟是兩者中的哪一種？理論宣傳如強調戰鬥性，往往容易變成鼓動。列寧說過，理論宣傳往往不是一下子就能領導的，需要想一下，可見與宣傳鼓動有區別（意思教員不能當作宣傳員使用）。

2. 理論教員如果首先應做政治宣傳員，但宣傳任務很多，像時事、政策、運動、生產，甚至銀行儲蓄等是否都要我們宣傳？有些重大政策的學習等叫我們管是對的，但如中小學畢業生思想工作、工廠增產節約等也要我們宣傳就是打雜差了。

3. 教員的前途是理論研究者？還是理論宣傳者？

　　很多人認為應當是宣傳者，但又感到不做研究，怎能

宣傳？或問：我們的努力方向是喬木同志、伯達同志的方向？還是漆琪生的方向？有人認為兩者不矛盾。喬木、伯達同志是宣傳家，也是學者；漆琪生是學者，也是宣傳家。

中共上海市委教育衛生工作部關於高等學校馬列主義教師初步討論康生、陸定一同志報告的反映

　　據復旦、財經、體育學院、華東紡院、第一師範大學、華東師大、外語學院、政法學院、二醫等校彙報，初步反映如下：

一、在以下各問題上提高了認識

　　（一）對當前形勢問題：一般都檢查自己過去以為革命高潮以後階級鬥爭基本上已經沒有了。而沒有認識到政治上、思想上誰戰勝誰的問題還未解決，產生了麻痹右傾思想，許多人與右派共鳴，現在才認識到反右鬥爭的重大意義。

　　（二）對馬列主義的態度問題：很多人都檢查了自己以個人主義態度對待馬列主義的思想，希望成名成家，只想搞科學研究，定了很大的讀書計畫，不願參加社會活動，有的甚至提出教學與研究的矛盾，個人的目標是讀書、寫文章、副博士、博士，有的稱這為「狀元路線」。財經學院某老教師自己分析，舊知識分子學馬列主義有三種態度：（1）解放前是為了反對馬列主義；（2）解放後是從興趣出發；（3）作為謀生工具。

　　（三）關於理論聯繫實際問題，一般也都檢查了過去見習工作中理論脫離實際的嚴重缺點，大致有以下幾種表現：

　　　　1. 教員本身學習時就是脫離實際的，總是想學好一套理論，

好搬回來教，學習時如有機會參加實際工作，也只想去搜集一些資料，而不想真正參加工作。

2. 認為應當先理論，後實際，教員只是把馬列主義鑰匙交給學生，以後學生到了工作崗位上，在實際工作中去運用，這就是理論聯繫實際，就是所謂：「師父引進門，修行在個人。」

3. 強調理論科學性、系統性，而認為聯繫了思想就會破壞系統性，聯繫實際少的就是理論性強，因此有的認為中國革命史是一門理論性低的課，有的在講民族問題時，正當匈牙利事件發生，也絕口不聯繫。學生中也有人要求多講理論，少講實際，有的雖也說要聯繫學生思想實際，但不願自己調查，伸手向黨、團支部要思想情況，因為他認為做思想工作是黨團支部的事。

4. 過去受教學大綱限制，講完大綱內容，要聯繫實際，時間已不多了。此外，高教部對如何聯繫實際，也很少指導。

（四）關於「教育者必須先受教育」，一般也都檢查自己過去很少考慮到自己要先改造，有人說：「個人主義人人有，何必太重視。」而這次清華大學政治教研室的例子給大家很大的震動，開始認識到問題的嚴重性。有人檢查自己過去定的個人規劃，基本上是向「書本進軍」，雖然也提出要爭取入黨，但沒有具體步驟。總之，沒有考慮到通過學習馬列主義來改造立場、觀點、方法。

二、尚存在的問題

（一）關於暫停四門課進行社會主義思想教育：

1. 懷疑這個方針：

（1）用運動的方式，不系統地講理論，不能從根本上解決立場、觀點、方法問題，根據學生的思想來辯論，比

較片面，這個問題解決了，那個問題來時仍不能解決，不如按大綱講全面（華紡）。

（2）理論教師的任務與黨團幹部做思想工作應有區別，理論教師是不善於做實際思想工作的（華紡）。

（3）搞運動也不應完全妨礙理論進修，應抽一部分時間學經典作為基本建設（華紡）。

（4）擔心一年後系統理論課恢復時將怎樣進行？有的道理通，具體問題不通。如體育學院某教員說：「到校兩年沒開課，現在剛備課政治經濟學三章，預備下學期開課，又停了。」意思是很惋惜，留戀系統講課。

（5）個別的人抱「犧牲一年」的心情來迎接社會主義思想教育，有的人則感到空虛、徬徨，覺得變化太大，今後怎麼辦？個人方向怎樣？都不明確。

2. 畏難：有些人感到沒有充分的時間做準備。教學的要求又比過去高，要解決實際思想問題，感到很困難。如某教員原擔任中國革命史課，要解決實際思想問題，感到很困難。如某教員原擔任中國革命史課，自己感到對其他課不熟，而在社會主義思想教育中可能遇到各方面的問題，擔心不能勝任，因而要求減少社會活動，以便加緊準備。

3. 對社會主義思想教育的性質有爭論。財經學院有三種意見：一種認為社會主義思想教育就是反右鬥爭的一部分，是一個問題的兩面，兩者同一性質；一種認為兩者性質不同，形式也不同，反右是解決敵我矛盾，是急風驟雨，社會主義思想教育是解決人民內部矛盾，是和風細雨；第三種意見認為兩者性質相同，都是階級鬥爭，不過反右是政治上的，社會主義教育是思想上的，知識方式不同。

（二）關於理論和實際的關係問題：

1. 在當前階段鬥爭尖銳情況下，政治教員要執行宣傳家的任務，但以後仍可以搞如此批判胡適那樣的理論研究，也就

是說「當前首先是宣傳家，一般情況下是理論家」（復旦）。

2. 對做理論家有信心，但對做革命家，感到標準不明確，政治教師是不善於做政治思想工作的，只善於作理論工作，怎樣才能成政治家？

3. 反右派是政治鬥爭，也是思想鬥爭，做思想工作就需要理論。這就給我們理論工作者提出了任務（意即我們仍應做理論家）。

（三）其他：

1. 當前所謂政治上的社會主義革命與思想上的社會主義革命，二者是否同一含義，有沒有區別？

2. 康生同志說：人民內部也有左、中、右，這個右與右派之右有何分別？這個右指的是那些人？

3. 中間路線與中間勢力問題仍感不明確。

4. 目前國內占優勢的是馬列主義思想，還是資產階級思想？有兩種意見：一種認為是馬列主義思想，因為這是指導思想，不可能是劣勢，否則邏輯也講不通，反右鬥爭中右派被孤立了也是證明；另一種認為從國家軍政機關、工廠企業來看占優勢的是馬列主義思想，但從全國看占優勢的是資產階級思想，不應對馬列主義的勢力估計過高，否則易生麻痺思想。

中共上海市委教育衛生工作部關於1959年3月30日在上海社會科學院舉行的座談會上康生與胡繩同志的發言紀錄

（1959年3月30日）

（此紀錄未經康生與胡繩同志審閱，僅供內部參考）

會議開始，康生同志發言：

「今天請大家談談學術討論和馬列主義教育兩個問題，中央準備把理論工作抓一下，提高、提高。從全國來看，自然科學空氣很活躍，社會科學也須活躍起來。原來有個設想，提高理論隊伍，準備改變高級黨校的任務為培養秀才，將北京人大與上海社會科學院用來培養理論隊伍，或稱為政治師範。先準備在本年上學期在理論教師中開一個短期的學習會。建國十年來，在中國馬列主義學說，特別是對立的同一學說是大大地發展了一步，隊伍也有了提高，但是有許多問題還需要提高到理論上進行分析，而理論隊伍還是很薄弱的。目前，有些重理輕文的現象，而我們的馬列主義基礎，特別是隊伍還是不能值得驕傲的。這一次去莫斯科，通過留學生談話，瞭解中國在蘇聯科學院學馬列主義的只有一個，這還是我派去的，是林老的女兒。現在有人說，社會科學特別是馬列主義不要到蘇聯去學了。這個話總是對的，但要具體分析，如世界史是在中國學好呢？還是到蘇聯去學好？中國誰搞世界史？（眾答：「周谷城。」）對！是向周谷城去學，還是向蘇聯專家學？如西洋哲學史，中國有誰？有賀麟。是跟誰學好呢？如語言學，中國沒有一個。就是馬列主義，如資本論，是跟郭大力學好，還是跟蘇聯學好？總之，驕

傲不得，我們的馬列主義基礎不是很高的。如去年討論資產階級法權，今年的討論曹操，這可看出我們的馬列主義基礎如何？這只能怪領導沒有抓，領導得不夠。具體工作的同志不是不願意我們管，而是找不到人抓。自然科學一年還開幾次會，還到懷仁堂，找毛主席照個相。而社會科學就沒有，已經拖了十年，要抓一抓。現在初步有個設想，但還不成熟。聽說，這裡學術討論很活躍，你們有召開經濟學術討論會。我還不知道，沒有數，怎麼開得好？下面積極性很大，而上面沒有領導，不能再拖下去。」

社會科學院唐文中同志彙報該院政治理論課程開設情況。

「…………」

康生同志插話：「現在一個政治理論教師管多少學生，一百還是五十人？」

唐文章同志：「現在一個教師不只管一百人，甚至有的管二百至三百人……。」

康生同志插話：「政治經濟學以什麼做教材？」

唐文中同志：「以蘇聯政治經濟學教科書第三版為教材。」

康生同志：「對，是可以用，不夠的地方可以補充。哲學是以什麼為教材？」

唐文中同志：「以毛主席的〈實踐論〉、〈矛盾論〉和〈正確處理人民內部矛盾〉為教材。」

康生同志：「我從莫斯科帶回一本《馬列主義哲學基礎》，這本書可以用。這裡有沒有？」

湯德銘同志：「目前已叫外語學院先將這本書的辯證唯物主義部分翻譯出來。」

唐文中同志：「同學們要求學的知識面廣一些。……。」

康生同志：「對，這個要求是對的，蘇聯的這本書可以一章章地翻，翻出一章先用起來。」

在唐文中同志彙報後，社會科學院李培南同志彙報了該院今後擬成立幾個研究所的問題。

康生同志：「你們是將科學院哲學、社會科學部分包下來了，歷史研究所有兩個也可以。」

楊西光同志：「我贊成將歷史研究所拉出來，集中一些。將來培養學生，復旦哲學系招一百多人，師大政教系招四百多人，這裡（指社會科學院）搞一百多人。這裡可多搞一些研究工作。」

康生同志：「這裡可搞高一些的人，一個是培養，一個是研究，主要是培養秀才，舉人也可以。」

楊西光同志：「將來這裡可收大學畢業的。」

康生同志：「這裡可收一些助教進修的，幹部班中也可留一些下來，除了要培養教書的以外，還要培養高級的一些，如進士。我們也曾考慮，每一門學科要有一個人負責，如討論經濟問題或歷史問題，都有一個人去抓。」

石西民同志：「最近感到這個問題，開了幾次會，學術空氣就活躍起來了。這是好現象。上海過去的學術討論也是幾起幾伏，經驗還未總結起來。去年學生起來了，要批評誰就批評誰。問題是如何領導。雖然不必要有結論，但也要有一些結果，寫出一些好文章來。不然今天曹操是白臉，明天是黑臉，很熱鬧，但是不解決問題。」

楊西光同志：「去年學術批判的好處是，青年人起來了，問題暴露了，問題提出來了。缺點是：一、是領導沒有很好抓；二、是在運動以後接下來搞的，有些講整風方式來搞，有些亂了；三、青年人起來了，怎樣培養，沒有很好地培養力量，在醫學院批了四個專家，復旦搞了周谷城、劉大杰。」

康生同志：「劉大杰是有些學問的，他那本書我很喜歡看。」

楊西光同志：「由於領導沒有細微地抓，下面已經搞起來了，劉大杰也檢討了，領導不好說話。」

陳其五同志：「但是劉大杰的檢討中有一句話：『如果是黨的意見，我接受。』」

楊西光同志：「現在對周谷城的方式是請他講，他要開四次講座，有許多人聽，聽後學生鼓掌歡迎，準備將他的講稿發表。」

康生同志：「發表要注意起什麼作用，不要是為了整他才發表。」

石西民同志：「邏輯學是否可以搞幾個人研究一下。」

湯德銘同志：「上海搞邏輯學的有七八個人，劉佛年也可搞一下。」

康生同志：「到蘇聯問了一下，搞邏輯學的人牢騷很大，因為他們要把邏輯學取消，搞邏輯學的人不大被重視。現在我們是得出一條經驗，就是一定要有人管。」

楊西光同志：「聽說為什麼不要在上海召開中醫的學術討論會，還不知道要搞什麼東西，如果說現場會議，我們不懂，就抓不了，搞個經驗交流會還可以。」

康生同志：「學術批判這個問題值得研究，在反右中，我們反對右派的反社會主義綱領，為了批判費孝通、吳景超等人，中央準備成立綜合小組，現在才知道這個工作量很大，必須看他們的著作，才能瞭解什麼問題，明確要點，確定政策，才能組織力量，分配任務，進行準備。看起來首先要有領導，要有頭管，討論問題，確定政策，不能糊里糊塗地開，一點結果也沒有。」

石西民同志：「目前報紙在宣傳學術界的空氣活躍，實際上空氣沒有什麼可宣傳，主要是要拿出文章來。」

復旦大學歷史系總支書記余子道同志彙報復旦大學歷史系師生關於中國歷史問題的學術討論情況：「譚其驤從北京參加歷史問題討論會回來以後，瞭解了百家爭鳴的方針，已寫了文章準備批評郭老的替曹操翻案的文章，關於曹操對黃巾的關係、對待少數民族問題、曹操的個人品質問題，他已做了報告。……。」

康生同志：「大家的意見怎樣？」

余子道同志：「學生中有擁護郭老的文章，認為基本上是對的，也有學生準備寫文章，而古代史教研室大多數教師也擁護譚其驤的意見。」

康生同志插話：「黨內意見怎樣？有沒有分歧？」

余子道同志：「黨內意見也有分歧，有的說，郭老引用的材料也有

些問題。」

康生同志：「《人民日報》刊登郭老的文章有些確定啊，因登得很大，使有人懷疑這是黨的意見。一定要使大家能自由討論。」

復旦大學吳常銘同志彙報政治理論課的教學情況：「……前些時批判教條主義，教師思想上顧慮很大，教師講課追求通俗生動，聯繫實際，舉例很多，但是理論往往沒有講清楚。目前，要求教師先要講理論講清楚……。」

康生同志插話：「對。要首先講理論，講清楚，然後再去聯繫實際。」

吳常銘同志：「……最近出一些事情，有一位青年教師講哲學史，講黑格爾唯心主義講得多一些。有些骨幹生認為康德、黑格爾講得有道理，這個教師過去曾被批評教條主義，碰到這個局面思想很緊張。……。」

康生同志：「康德、黑格爾也是有好處的，你完全說他們一點好處也沒有也是不行的。」

吳常銘同志：「這兩年沒有開課，要補課問題就很大，如四年級這幾年一門理論課未開，如果全補就緊張了。」

康生同志：「對，不能全補的。」

吳常銘同志：「考慮政治經濟學和哲學補一下。……。」

康生同志：「你們有多少教師？」

吳常銘同志：「一共七十多人。」

康生同志：「在哪裡培養的？」

吳常銘同志：「一部分是人大，一部分是過去本校有三個蘇聯專家，辦了一期研究班培養的。」

康生同志：「你們這裡政治教員除了幾個右派？」

吳常銘同志：「復旦有四個。」

唐文中同志：「社會科學院有二個。」

康生同志：「不多，社會科學總有些馬列主義。」

湯德銘同志：「上海政治教師中，右派的比重是百分之七點五。」

吳常銘同志：「……學術討論要有個長期打算，目前來看，一個學

校的力量很弱，需要各校集中起來，這更要有個全盤打算。如這次《解放日報》一登，學校就沒有準備。……。」

康生同志插話：「對，不能沒有準備。」

吳常銘同志：「學術討論要在科學研究的基礎上進行，過去大學畢業的助教，沒有信心搞科學研究，定規劃二年寫一篇，結果都未實現。而現在學生集體搞，寫了文章。（陳傳綱同志插話：『也有個人寫的。』）看了不少書，寫作能力得到很大鍛鍊，這也可考慮今後社會科學學生如何培養問題。也是要使之上馬。去年，學校搞學術批判就使學生得到很大鍛鍊。……。」

康生同志插話：「社會科學是否也可採取私塾的辦法，要寫文章，叫學生寫？君子動口不動手是不行的。」

吳常銘同志：「社會科學系的培養目標是比較明確了，是否要培養少數專家？」

康生同志：「對，要的。」

吳常銘同志：「但如何培養這些少數專家？此外高等學校的外文學習問題很大，工農要花很大力量。上課與自學時間是一比五，都要求免學。」

康生同志：「在蘇聯的研究生學哲學、社會科學的沒有很好的外文基礎是很困難的，社會科學和自然科學不同，需要外文更好一些，這是一個很大的問題。派留蘇學生問題，可以是在蘇聯大學畢業回國的，工作了幾年，再派出去研究，他們的外文基礎較好，要進行調查一下。」

華東師大常溪萍同志彙報師大關於教育學與心理學討論的情況：

「上次康生同志提出教育學、心理學要不要的問題。這很複雜。學教育學的學生信心不大，認為不學教育學、心理學也可把書教好。但討論後，認為這是由於過去沒有學好；如學好了，應該是比沒有學的好。所以，結論還是要的。」

康生同志：「對，這個意見對，還是要的。現在的教學時數有多少。」

劉佛年同志：「教育學為一百多小時，心理學為五十多小時。」

康生同志：「五十多小時太少了一些。」

常溪萍同志：「關於心理學是什麼科學有爭論。去年有三種意見：一是社會科學論，二是自然科學，三是邊緣科學。現在還在研究未下結論。……。」

康生同志插話：「聽說有人說，還有什麼共產主義的心理學。在蘇聯認為心理學是什麼科學？」

常溪萍同志：「蘇聯也在爭論，但傾向於邊緣科學的。」

康生同志：「說是有什麼共產主義的心理學，這是說不通的。總之，不要採取輕易取消的辦法，弄不大清楚，可以慢慢研究。」

………………………

康生同志：「譚其驤的八千字文章什麼時候發表呀？」

余子道同志：「今明天準備在《文匯報》發表，現在正在修改。」

石西民同志：「你們開毛澤東文藝學說，開了幾門？復旦如何？」

常溪萍同志：「名字改了，課程還在開。」

陳傳綱同志：「毛主席文藝思想在復旦還在開。」

劉佛年同志：「檢查了毛澤東文藝思想課的教材，用這個名字是很不妥當的，現在不叫這名字了。」

康生同志：「不叫好。」

石西民同志：「叫馬列主義文藝思想好了。」

常溪萍同志：「學生已經編的《毛澤東文藝思想》怎麼辦？」

康生同志：「不出好了，你們大學對學報要抓一下，還有的和國外交換，有的是在胡出。」

石西民同志：「復旦有好幾種學報，少搞一下，不如出一種，搞得好一些。」

康生同志：「搞一種已經了不起了，要有些水準。」

胡繩同志：「就是有錯誤，也要有些水準。」

康生同志：「是呀，我很擔心。知道學報在國外很流行，人家很尊重這個東西，這是反映這個國家的學術水準。學報是基礎建設，大學黨委要慎重。這次經濟會議討論，社會科學院是主力嗎？」

　　李培南同志：「經濟研究所準備了兩篇文章，最近在宣傳部討論了一下。」

　　石西民同志：「我們領導不了，我們只是領導房子、吃飯問題。」

　　康生同志：「我考慮這次搞，不要搞大辯論，即使是右派言論也不要鬥，要心平氣和，不要那麼緊張。于光遠告訴我這回事，我還不知道。我有三點意見：第一，不要做結論，這是學術問題。蘇聯發表一個東西，往往等一年，要引起大家敢於講話，要百花齊放；第二，是不要鬥，即使是很錯的東西，也可以商量，不要武斷；第三是要領導，上海市委要領導。」

　　石西民同志：「上海哪能領導，要請你去。」

　　康生同志：「誰叫你們答應的，要盡地主之誼，我根本不去。周揚來了，叫他去好了。」

　　石西民同志：「中央負責同志來了，不一定做結論，但可指明一下方向。」

　　社聯胡少鳴同志彙報社聯活動情況：

　　「…………」

　　康生同志：「你們搞哪些項目？」

　　胡少鳴同志：「共八門學科，哲學、經濟學、歷史、教育、法律、外文、語言、國際關係，另外新聞掛鉤。」

　　康生同志：「會員是否自願參加？是否要納費？」

　　胡少鳴同志：「要兩個會員介紹，或機關介紹，會費每年一元，得個會員身分。」

　　康生同志：「一塊錢買個會員，那不錯，我也到上海來花一塊錢買個會員。」

　　胡少鳴同志：「……目前，佛學尚未有人研究。」

　　康生同志：「上海有個人將我一軍，有位老先生寫了一本書，龍門書店出版的，他聽人說我家線裝書最多，佛學也最全，要我替他審查這本書，我說絲毫不懂，交給了別人。上海有沒有人懂？這是缺門。」

　　胡少鳴同志：「缺門很多，如亞非史，如希臘文，目前懂的只有徐

懷啟一個。上海懂外文的很多，要好好地摸一下。」

康生同志：「這個想法很好。有一天看左拉的一本書，是從文學角度談到拿破崙的歷史情況。是否可考慮叫張恨水寫袁世凱一生，叫個人寫閻錫山、張作霖一生？我很喜歡香港出版的《末代皇帝》，還有些用處。你叫這些老傢伙寫社會主義、現實主義是不行的，搞這些還可以。社聯來個調查，上海有些什麼人物。」

陳其五同志：「師大有個徐懷啟，通神學、希臘文。」

康生同志：「到蘇聯，人家問我景教碑，因碑後面有外文，很有用處。回來搜集一下，果然有外文，英國要開一個漢學研究會，要中國人參加，但不要國民黨人參加，蘇聯正在準備，而我們還不知道，這很值得研究。」

「⋯⋯⋯⋯⋯」

康生同志：「情況沒有摸，哲學、社會科學要抓，隊伍也是有的，領導抓得不緊，沒有計畫。如何抓法，大家可以研究。你們提些意見，怎樣搞好。在討論《紅旗》時，這次我沒有參加，胡繩同志參加的。要將理論性文章加重，也想到理論隊伍問題，要系統地研究理論，要專門地討論一次。考慮高級黨校改變任務，將輪訓任務交給地方省市。小平同志想將黨校一邊搞輪訓幹部機關，一邊是學術研究機關，零星的力量不小，問題是未組織。中央有政治研究室、翻譯局、檔案局，還有《紅旗》雜誌，中國科學院哲學社會科學部下十個研究所，一個是科學院，一個是各大學，一個是中央機關，是有些人的，實際還不止，在軍委各部還有些研究所，還有些力量，要組織起來。加強領導。」

「有人提出中央再組織一個哲學、社會科學小組，有人認為就由文教小組管，尚未意見統一。總之要有人管，將主要學科指定人負責，高級黨校有些力量，可搞土改史、整風史等。」

「北京市想成立哲學、社會科學辦公室，將鄧拓同志搞到北京，但又去搞《前線》去了。」

「準備寫個報告，中央出個關於理論工作的指示，但重要的還是黨的理論領導機構要負責。自然科學有科委，科委只管自然科學，社會科

學分開了，社會科學歸宣傳部管了。本來想科學院成立個分黨組來管，但有郭老，他本來是管社會科學的，這樣他出來單管自然科學也不大好。還在考慮。」

「原想將上海社會科學院與人大擔任這個任務，現在看看你們的計畫也好。總之要下一點決心將社會科學的一些基礎建立起來，現在還不是那樣，系統相當地薄弱。從莫斯科的研究生來看，值得我們注意。莫斯科五千四百個研究生，研究哲學、社會科學的只有百分之零點七，就是研究文學的也很少，問題是不高，程度不高不全，只有一門，不遠，只顧今天用的，不顧明天。今天來看，哲學、社會科學的研究也是如此，不高，不全，不遠，只看到當前的，不注意基礎的、長遠的東西。」

「在討論《紅旗》的會議後，喬木與周揚同志召開了幾個座談會，討論理論工作與加強這方面的領導問題。喬木同志瞭解的情況大概是這樣：社會科學的隊伍上面是老的，下面是新的，而中層的很缺。以後書記處討論過一次，做了三條決定：一是向政治局提議黨校改變性質，搞理論建設。過去輪訓幹部，主要是組織建設，搞五百名，今年就招生，要考的。有些人（包括我在內）想將黨校改名為馬列學院，有人認為名字不必改。二是中央發個關於理論工作的指示。三是將情況向政治局做個報告，要歸口，要有人管。當時，也談了加強出版等問題。」

「看起來各地也開始注意了這件事，同宣傳部的同志談，今年上半年專開了個會，專門研究學校的哲學與社會科學的教學情況。胡繩同志瞭解情況，我是從莫斯科回來查了一下，在教育會議上已經發現了這個問題，而是在人民公社出來以後，特別是在資產階級法權思想批判以後，暴露出社會科學基礎薄弱，專業隊伍不強，提出了和暴露了不少問題，有的是敢想、敢說，但也有的是胡想、胡說，就是科學院長在討論歷史人物時，不用歷史觀點與階級觀點，這就說明我們的基礎不強了。」

「要對文學史提供一個意見，長期未解決的就是人民性問題，也就是主席在〈正確處理人民內部矛盾〉中提出的什麼是人民的問題。所謂

民間文學，但什麼是人民，如這個問題弄不清，就很難討論什麼是民間
文學、什麼不是民間文學了。」

「十年來，馬列主義水準有很大提高，但專業的成就還很難說，就
從刊物中也可看出，真正搞理論性，文章不是很多的。也設想，哲學找
個人管。中央有個小組，經濟哲學、歷史都有個頭，開會就找他。哲學
社會科學一年也開幾次會，中南海照照相。小平同志說：『社會科學每
年開幾次會吧。』喬木同志說：『一年抓四次，我想這個會不好開，一
年開二次也可以了，要花很大勞動量。』」

胡繩同志：「我從工作談起，參加了《紅旗》雜誌編委，現在《紅
旗》和學術的關係很小。」

康生同志：「蘇聯共產黨人編委會改組，理論是在理論上未起作
用。」

胡繩同志：「《紅旗》是個理論性雜誌，但學術界寫文章很少，在
學術界有這個印象，這種理論性文章只是縣委、地委書記才能寫的，這
是《紅旗》編委工作沒有做好。中央提出《紅旗》要多發表議論，學術
界認為是搞理論工作的，談不出什麼，也寫不出什麼。但學術理論方面
有許多問題可寫，小平同志已提出黨校要對土改、資本主義的經濟改造
等問題進行研究。搞實際工作的人往往是寫當前的問題，而已經過去的
問題，就沒有興趣了，但總結過去的經驗，加強理論的闡述，是有很多
工作可做的。有這麼一句話是『實踐在先，理論在後』，但是要分析，
理論也起指導實踐的作用。」

康生同志插話：「是這樣的。」

胡繩同志：「現在搞的要有創造性的。現在的文章有兩種：一種是
我們應該怎樣、不應該怎樣。一種是想了一點東西、感想，其中有些是
胡思亂想，但沒有真正充分的論證；有的認為，沒有什麼可說，要麼就
重複中央的文件，離開中央的文件談怕犯錯誤；有的是想與眾不同，就
出了毛病。實際上還是有很多問題可以研究。如資本論中論證工人階級
貧困化搞了多少材料來論證，而今天談人民公社的優越性，好像就沒有
什麼話可說了。如果真正通過許多材料來說明如何使勞動生產率提高，

這樣的論文就很少。最近和科學院研究一個問題：人民公社是人民的創造，中央加以總結，但人民是如何創造的？公社是在什麼條件下搞起來的？這雖沒有什麼新道理，但是如能掌握許多材料，原原本本地講清楚，就很好了。」

康生同志：「在二十一天後，有二十七個國家共產黨來我國，到處找人講土改、整風，也找我去講。如能有幾篇文章翻出來看看也就行了，但是沒有。」

胡繩同志：「像這些工作叫實際部門去做是不行的。學術界可以做這些工作，不一定要求理論很高，但有用處，只是發表一些感想是不行的，最後總是要有創造的。但是要整理材料，整出過去沒有的東西，也很難說，但能將問題說清楚就好了。例如平均主義問題，過去都談過，但還可研究一下，往往是在什麼條件下，產生平均主義的，這是否也有一些指導作用呢？也有指導作用的，中央有了文件，不錯，但如能論證得更清楚，將已有定論的東西解釋清楚，希望各校、研究機關幫助我們動一下。」

康生同志：「現在連不斷革命論與革命發展階段論的文章也沒有，中國革命史也就是這兩句話。」

石西民同志：「搞學術批評和科學研究有聯繫，需要寫個報告，有些什麼經驗和打算，可由宣傳部與教育衛生部一起搞，這要細緻地搞。」

康生同志：「這個工作量很大，反右中，我看了幾本費孝通文章，很花力氣。小平同志要我們搞規劃，早點搞。」

石西民同志：「要組織力量，研究所問題，歷史研究所是否搞二個？我傾向是一個，將來培養秀才，要求要高一些，培養研究生，國慶十週年，上海解放十週年，『五四』四十週年，總要弄出一些文章來。」

康生同志：「『五四』四十週年，《紅旗》也要準備一下。」

石西民同志：「上海的《解放》雜誌問題也不少，請同志們多寫一點文章。今天會就開到這裡。」

康生同志的報告紀錄（一）

（1959年5月11日）

我今天也搬了一大堆書來和你們談談學習問題。在大學裡講課有二種情況：一種是資產階級學者，第一回上課就搬了一大堆書上講臺，以嚇唬學生；一種人是兩袖清風，一本書也不帶，講稿也不帶，有飄飄然之感，像天津的右派分子雷海宗，就是如此。我今天搬了許多書上講臺，大有資本階級學者之嫌。

你們讀過四書沒有？還記得有這麼幾句話麼？即「君子有三畏：畏天命，畏大人，畏聖人之言」。我也有三畏，但不是以上的三畏，我也不怕孔老夫子的話，馬列主義經典作家的話又何必怕呢？我的三畏與四書上說的三畏是不同的。

第一怕錄音。今天是否有人錄音？我很懷疑，中央曾下過通知，毛主席曾有指示，對中央領導人的講話，不要隨便錄音，不要當成指示（除了經過討論的決議而外）。因為講話已離開具體條件和環境就不一定適用，我今天講的只限於今天，明天我就不認帳了。我今天不是來做報告，而是「亂彈琴」，所以我不贊成錄音。你們學校大概常常錄音的，你們回去要大大宣傳不要錄音，這個風氣不好。我的講話並不好，不值得錄音；我的講話也沒有壞到非錄音不可，像對付右派分子的發言，害怕他賴掉，錄音下來「立此存證」。

第二怕筆記。你們平日和愛人談話要不要寫筆記？父親對你講話要不要寫筆記？兒子對你講話寫不寫筆記？你們自己平時說話要不要寫筆記？因此，我要求你們在我講話時也不要寫筆記，希望你們「筆下超生」，對於不寫筆記是一個解放。

第三怕從談話中找公式，找口號，找概念。上海有一個報紙討論理論結合實際的方針問題，有的說：「『實踐—理論—實踐』這個公式不適用於學校。」又說：「『理論—實際—理論』公式也行不通。」有的說：「毛主席在〈改造我們的學習〉中的三句話，沒有包括改造思想。」又說：「黨校的十六個字方針，沒有指出以中國革命問題為中心。」這些看法究竟誰對呢？我怕討論這些問題。我怕隨便找幾句口號或公式去套，這樣會把人的思想搞僵化。列寧在〈青年團的任務〉一文中說過共產主義不是靠幾句口號就建立得起來。

我有此三怕，所以我不敢來。我曾經不止「三過其門」，就是最怕進你們的門，我怕你們把我的話當作「金口玉言」。我們要求每個人都要以普通勞動者自居，我希望隨便接近你們，和你們交朋友。我也奉勸你們回學校教書時，把學生當作你的朋友。毛主席說過有三種謙虛：一種是教條主義的謙虛，不相信自己，只販賣教條；二種是修正主義的謙虛，抄伯恩斯坦的東西；三種是我們的謙虛，即實事求是的謙虛。

我希望我們大家從錄音中解放出來，從筆記中解放出來，從概念、公式、口號中解放出來，這樣才能達到思想解放。

你們當中有多少人讀過《紅樓夢》？你們還記得有一回賈寶玉和林黛玉吵架，大概是賈寶玉說過這麼一句話：「既然如此，何必當初。」賈寶玉沒有學過辯證法，也沒有學過戀愛學，不懂得相親相愛的反面，就是相吵相鬥。你們當中的女同志如果準備談戀愛，就要準備生氣，生氣就是戀愛向前發展的必要過程。賈寶玉是形而上學者，把戀愛看得那麼簡單，不懂得事情天天在變化，固定公式、口號最容易犯形而上學。

毛主席在最近七中全會會議上說要善於觀察形勢，研究學問。教政治課都要善於觀察形勢。今年一月教育會議討論了去年的教育狀況是大發展、大普及，也提出了今年的教育方針是整頓、鞏固、提高為主，但沒有討論，有些人不舒服。因為去年有二百零三個大學發展到一千多個大學，不夠條件的要去掉帽子，力量不夠的要合併。但是今年不是不要發展，必要的重點的點還要發展，不過總是這樣，發展以後需要提高。

因此也有人有賈寶玉思想：「既然如此，何必當初。」政治課教師也有些賈寶玉思想。一九五七年把四門政治課停了，有的說：「我們原來就是要讀書，你們不要我們讀，現在我們肚子空了，又要我們讀書了，豈不是『既然如此，何必當初』麼？」事實上，中央宣傳部也曾經編過社會主義思想教育的文件，不過是急忙中編出的，現在的四本書沒有放進去，也是估計不足。

任何事情想找一成不變的公式而不問客觀形勢如何是不行的，政治課教師首先不要脫離當前形勢，政治課要和當前現狀密切聯繫，應當看到整風以前政治課狀況，同時要從現實出發。一九五七年到現在有何不同？經歷過（1）整風、（2）反右、（3）生產、（4）勞動，特別是經過了一次政治思想戰線上的社會主義革命，大家還記得整風反右以前，不少政治課教師，埋頭搞教學大綱、搞教材，當時如果不投身到革命中去，對馬列主義是個諷刺，從教研組走出去，把四門政治課停了是必要的。你們還記得列寧寫《國家與革命》的時候，當沒有寫完就去搞革命了，現在看來豈不可惜？恩格斯也是這樣，德國革命來了，就放棄了自己的科學研究。我們假定美帝國主義在福州登陸，而且還占領了拉薩，還丟了幾顆原子彈，你們想想看還能照舊教書麼？所以反右一開始就要大家投入政治鬥爭。現在政治思想上的革命已取得勝利，生產上也取得很大成績，對於解放十年來很多重大問題都沒有上升到理論上來，如整風以後，沒有一個學校把整風經驗提高到理論上來總結，如果還想把過去的一套東西——整風反右的方式來一成不變地應用（雖然整風反右的經驗還是有很大可以採用的地方），不能不成為形而上學，我們要從現實出發，不能有「既然如此，何必當初」的思想。

有人問理論結合實際方針如何理解？我認為事物是從過程中表現的，例如白天與黑夜是辯證關係，吃飯與拉屎是辯證關係，有人說它們之間既然是有機聯繫，不如一面吃飯，一面拉屎，豈不省事？我想這種情況除開三個月未滿的小孩和患阿米巴痢疾的病人或者精神失常的病人以外，大概是不可能的。記得在延安整風時，最初一個時期既要學通理論又要聯繫好實際，結果效果不好，然後才先學文件，整頓精神實

質。毛主席在〈整頓黨的作風〉報告中提出的「學習—精通—應用」
這個公式，你們可以記下來，但要活著用。有人說這不是階段論麼？
因此，有人主張在學校只要學理論，不要聯繫實際，完全把兩者分開
來，否認在運動過程中表現自己。學理論、教理論要分析當前形勢，
又要認識任何事物都是在運動過程中表現自己，否則就不是辯證法，
而是形而上學。

這是學習會的目的，就是要你們認真讀書，研究學習馬列主義理
論，你們要把這種學習風氣帶回去提倡一番。

當前為何強調學習理論，因為世界共產主義運動已經到了一個新
的階段，一九五七年莫斯科會議宣言以及八大政治報告中都已說明了，
馬克思主義已經在十二個國家和十億人左右人口的地區變為現實。蘇聯
建國已四十年，中國也有十年的歷史，整個世界是東風壓倒西風，社會
主義國家，首先是蘇聯已進入全面建設共產主義階段，馬列主義也發展
到了一個新的階段。因此，在國際共產主義運動中提出了一系列的新問
題，特別是從社會主義向共產主義過渡問題，這個問題已經逐漸成為各
國共產黨必須研究討論，必須用馬克思觀點解釋面臨新的形勢。還停滯
在原來階段，就會使理論落後於現實。中國解放十年來社會主義革命和
建設有了很大成績，也提出了許多新的問題，馬克思主義在中國十年來
得到了發展，毛主席和黨中央提出了許多理論上的新問題，內容豐富，
有待於專業理論隊伍加以研究。最好讀一讀，十年來《人民日報》和黨
的決議與指示，這也是從現實出發，從歷史實際出發。

我在十年中生了四年病，有些情況不瞭解，我只講一講最近三年
來的情況；並不是以前七年不重要，事實上，特別是三大改造需要好好
研究。我從一九五六年四月五日談起，即從三大改造和所有制改變基本
結束以後，這一年的二月蘇共二十大大會批判了斯大林的錯誤，對發展
馬克思主義有好處，毛主席說這是揭開了蓋子，解放了思想；但批判有
點過火，帝國主義和一切共產主義敵人，利用這個機會在世界上掀起
了反蘇反共運動，在共產黨內部也出現了修正主義思潮。《人民日報》
根據黨中央政治局的討論，於四月五日發表了〈關於無產階級專政的歷

史經驗〉的文章，這篇文章提出的問題很多，其中一個重要理論問題，是社會主義社會的矛盾問題。社會主義社會有矛盾，有很多人不是一下子就知道的，很多人過去認為社會主義社會沒有矛盾。其實這是不現實的幻想，但毛主席在報紙上公開提出來還是第一次，無疑地這是馬克思主義理論建設上一個重大的問題。接著，毛主席又在五月三日大概是各省市委書記會議上提出「十大關係」問題，這是從社會主義經濟建設中提出來的問題。報告中提出在有限發展重工業的基礎上要實行工農業並舉的方針，以後規定在總路線的幾個並舉問題中，這個問題，從理論上講，有限發展重工業以前是講過的，社會主義工業化大家也是知道的，但是，過去籠統地認為社會主義經濟就是工業化，似乎是農業比重越少越好，我們去訪問東歐人民民主國家，他們介紹也著重工業化人口比重，對於農業人口比重，似乎越少越好。這種看法當然有一定道理，但是社會主義農業經濟在社會主義建設中的地位和作用究竟怎樣，這個問題並不十分明確，毛主席提出這個問題對社會主義經濟建設的理論是一個重大發展，社會主義在中國的情況下若不把農業放在重要地位是要犯錯誤的。

毛主席提出十大關係問題，說明毛主席善於在新的環境下發展馬列主義辯證法，這個問題對於哲學理論研究是一個重大課題。有一次教育我們如何運用哲學觀點來指導實際。毛主席在這次會議上還提出發展文化科學藝術的「百花齊放，百家爭鳴」的方針，陸定一同志在一九五六年六月做了「百花齊放，百家爭鳴」方針的報告，一九五六年九月開八大會議毛主席講了話，劉少奇同志做了報告，提出了很多問題，其中提出了中國民主革命和社會主義革命的銜接問題。從中國革命的歷史來看，否認革命階段論就要犯「左」傾錯誤，否認不斷革命論就要犯「右」傾錯誤，毛主席既是不斷革命論者，又是革命階段論者，中國革命在毛主席領導下，也就是馬列主義不斷革命論在中國的實現和發展，從歷史上看這樣，今後也是這樣。

一九五六年九月，一方面在國際上出現了波匈事件，另一方面反映在黨內出現了反冒進思想。匈牙利事件當然是一件壞事，結果也變成好

事，使我們得到許多教訓。鐵托集團大肆叫囂反蘇反共，我們黨在十二月二十九日發表了〈再論無產階級專政的歷史經驗〉。毛主席對社會主義矛盾問題從理論上加以進一步闡明和揭示，提出兩類矛盾：一類是敵我矛盾，一類是人民內部矛盾。社會主義社會矛盾的理論向前發展了，同時還提出了馬列主義普遍真理與革命實踐相結合的問題，既要反對教條主義，又要反對修正主義。我們黨經過了討論進一步闡明了馬克思主義的普遍真理，闡明了什麼叫十月革命道路，什麼叫社會主義建設的基本經驗（五條經驗），以後分別寫入了〈莫斯科宣言〉中。

一九五六年這一年在馬列主義理論上，包括經濟學、哲學（對立統一的規律）都得到了發展，在反對教條主義和修正主義問題上，在社會主義科學藝術發展方針上，在社會主義建設的重大問題上，都提出了許多新的問題，這一年是理論上豐富收穫的一年。

一九五七年是大革命的一年，根據一九五六年提出的理論原則來指導革命，經過一九五七年大革命的實踐，補充豐富了一九五七年提出的理論問題。一九五七年二月二十七日毛主席做了〈關於正確處理人民內部矛盾的問題〉報告，在理論建設上是一個重要文獻，讀一百遍也不算多，比一九五六年理論更加系統地說明了八大以後人民內部矛盾問題，提出：什麼叫無產階級專政、專政與民眾的關係，進一步發展了馬列主義關於無產階級專政的學說，系統地總結了黨歷來解決人民內部矛盾的經驗和辦法（即「團結─批評─團結」的公式），更系統地揭示了什麼叫「百花齊放，百家爭鳴」的方針，提出了六項政治標準，具體地解決了害怕這個方針的不正確看法，說明這是用對立統一的規律來解決科學文化建設問題。報告中還提出了知識分子改造問題，還把十大關係中的工農業並舉方針問題做了具體解釋。

一九五七年三月十二日中央開了宣傳工作會議，有黨外同志參加，毛主席做了報告（文件沒有發表），會議中提出來許多問題，其中一個重大的問題，即對社會主義如何徹底消滅階級問題，提出了具體步驟：從經濟上改變所有制、改變經濟基礎，固然是最根本的，但還不夠（從

匈牙利事件和反右鬥爭來看），還要從政治思想範疇來消滅階級，還要
有一個政治思想上的社會主義革命，沒有它就不能鞏固，從國際與國內
來看，都是一個大的問題。一九五七年春，黨中央就感到思想上整風，
知識分子改造是一個十分重要的問題，不從基本問題上消滅階級是不行
的。從政治思想上消滅階級，在馬列主義理論上還是未能解決的問題，
所以一九五七年四月三十日黨中央發表了整風的指示，接著來了一個
右派的大進攻，更感到是一個大問題，社會主義革命只從經濟上解決
還不夠，還要從政治思想上來一次革命，這是不可避免的。六月八日
《人民日報》發表了〈這是為什麼？〉社論，開始反擊右派。七月一
日，《人民日報》發表〈《文匯報》的資產階級方向必須批評〉的社
論，八月毛主席又寫了〈夏季形勢〉。十一月開莫斯科會議提出了和
平與戰爭問題、社會主義國家共產黨的建設問題、馬克思主義普遍真
理與各個國家共同規律問題。在宣言中還提出了思想革命問題，特別
是從匈牙利事件與整風反右教育了我們：消滅階級，不是像斯大林所
講的那樣簡單迅速，消滅階級不是那麼容易，必須從政治思想上進行
革命，同時還要建立無產階級知識分子隊伍；在這方面，我們對馬列
主義有了發展。

　　記得八大二次政治報告中曾經說國內還存在兩個矛盾階段、兩個剝
削階段，資產階級知識分子看了後說資產階級知識分子越來越升級了。
這是從政治思想上的範疇而提出的。一九五八年一月開南寧會議批判了
一九五六年的右傾保守思想，毛主席提出了不斷革命論的問題，接著又
開了最高國務會議，毛主席又提出從政治思想戰線上的革命轉到文化革
命與技術革命，並向自然開火的問題上來。毛主席還提出不斷革命，這
是毛主席在新的情況下提出的，這次不斷革命論和過去不同，性質和內
容不一樣。同時還提出了教育必須為無產階級政治服務，教育必須與勞
動生產相結合，這是用哲學觀點解釋教育目的。這個會議還提出學習辯
證法唯物論，提出建設理論工作隊伍。實際上整風運動是馬列主義學習
的普及運動，需要進一步提高，因此毛主席向我們提出要：（1）學習
哲學、政治經濟學。（2）學習歷史、法學、文學、邏輯學。最近一年

來邏輯學開展了很多爭論，但許多人並不懂邏輯，但不妨礙發表文章。我以為要首先學習邏輯中（包括亞里斯多德─中世紀─文藝復興時代─現在的邏輯史）。毛主席還建議中央及各省市負責同志學習一種外國文，外國文是學習的重要工具，專業理論工作者尤其要學習；還提出學習自然科學與技術科學。同時，毛主席還提出中央各省專區和縣要培養無產階級的秀才，要有三個條件：（1）要學習馬克思主義，要懂馬克思主義，要懂得較多的馬克思主義；（2）要有一定的文化水準和科學知識；（3）要有詞章修養。你們每人可以寫一篇文章來看看（不論字數多少），我自己是阿Q君子派，動口不動手。一九五八年三月開了成都會議，在理論上提出了學習與尊重辯證法唯物論，提出要提高風格、破除迷信，要振作精神，要講真心話，並從理論上揭示了正確處理人民內部矛盾的「團結─批評─團結」的公式，論述了它們之間的辯證與轉化的關係，已提高到理論的意義上來了。

一九五八年五月八大二次會議提出了「鼓足幹勁，力爭上游，多快好省地建設社會主義」的總路線，經濟建設上提出了過去〈十大關係〉中所提出的幾個並舉的方針，提出了青年人勝過老年人，提出了解放思想，要大家敢想、敢做、敢說、不怕教授。一九五八年九月北戴河會議根據實踐，系統提出了人民公社的一系列問題。

一九五八年的特點是：一方面是思想革命，另一方面是由思想革命帶來了生產大躍進。人們的幹勁很足，但頭腦有些發熱，有些超過現階段的想法和理論。一九五八年十二月鄭州會議和十一月六中全會提醒幹部注意現狀，注意不斷革命論，還要注意革命階段論，工作不可偏廢。

武漢會議時，毛主席說過不要過早宣布消滅階級，要大家學習辯證法，要研究兩條腿走路的方針，還提出工農並舉、土洋結合、大集體小自由等。對立統一規律在一九五八年有很大發展。

一九五九年一月開了七中全會，提出了工作方法，要提高幹部馬列主義水準。我們從三年來歷數一下，哲學、政治經濟學、黨的建設、黨史，提出了一些什麼問題？發展了一些什麼問題？面對這些情況，不提高理論是不行的。

做理論工作的必須做理論的大事記，搞四門政治理論課的人都要做大事記，這也是從歷史實際出發。

（此件未經報告人審閱，如有錯誤由記錄者負責）

康生同志的講話紀錄（二）

（1959年5月16日）

　　發現了個問題，你們看，剛剛聽過報告，馬上討論，馬上彙報，好不好？解決思想問題總要有時間。現在學校裡似乎很緊張，有人說是因為政治課時間太多。你們研究一下，政治課時間是否多了？每週真正上課時間有多少？現在學校裡緊得很，有什麼學習競賽、學習走廊、集體學習⋯⋯，哪裡是腦力勞動？是體力勞動！你們簡報上說，會開得太多，我很贊成。我看來點自由主義好不好？開了會要有時間去想想嘛！魯迅有《三閒集》，悠閒，悠閒，再悠閒。讀書就要悠閒嘛！當然有這樣的人，「上馬殺賊，下馬吟詩」，騎馬騎得夠緊了，下馬就吟詩，不大容易。學習也要留有餘地，不要整天只看馬列主義，休息時，小說亂七八糟隨便看看也有好處。可以換換腦子，搞得太熱了不行。

　　我有一點狹隘的經驗介紹一下。我看書看得多了，亂七八糟地看，不管對我教育意義怎樣，多翻幾章，漏掉幾段也可以。叫做休息嘛！我就用這個辦法，睡前、醒後翻翻、看看。前天看了《南史》大有所感，我們平常說「徐娘半老，風韻猶存」，但不知徐娘是誰，大概是姓徐的女人。「半老」的規格如何？三十五算不算？人們常常把口號隨便講、但不知道是什麼意思、怎麼回事。當然平常講話不可能去查書；但是研究學問，就不能毫無根據就說的，研究馬列主義不能只滿足於口號、概念和原則。

　　曹操以後是晉，晉以後是宋、齊、梁、陳。南宋皇帝叫劉裕，又名劉寄奴。齊朝皇帝叫蕭道沖，搞了三十年就垮臺了。之後是梁，梁也姓蕭，皇帝蕭衍，其子蕭繹，此人很有學問，有方氣，好讀書，可惜長

得不那麼漂亮，只一隻眼，其妻姓徐，因其夫只一眼，因此搽粉只搽半邊臉，好喝酒，大概也很解放吧。蕭繹有許多祕書，很年輕，像你們一樣。有個祕書季江年輕漂亮，徐娘特別愛他，大概季江也有情，因此說：「徐娘半老，風韻猶存。」就是這麼一個故事。你看，這些亂七八糟的書與馬列主義毫無關係，但看了也有好處，可以觸類旁通。

一個人沒有專長是不行的，我深有體會。我就是這樣一個半吊子，各行各業的人和我說話，三句話還行，再講下去就瞎眼了。搞馬列主義要下點功夫，但不能搞得那麼緊張。我上午講了許多話，你們中午忘掉了可不可以？可以，因為講的你們印象不深嘛。以後你們偶爾想起來了也可以。所以，你們要多想想，少開會。有個中學教師講課很賣勁，一上完課就到學生宿舍徵求意見，要反映，一次尚可，常去了，學生就怕你，躲避你，為什麼？很簡單，因為他沒有時間來想。不要搞得那麼緊，人家還沒有想嘛。思想工作絕不是那麼簡單，你們要和人接觸，但不要逼得那麼緊，思想工作總是要醞釀嘛，思想工作一定要經過人的腦子。

言歸正傳。

上次報告，我把三年來的事情粗略地回顧了一下，同時指出，我們黨在三年多來，社會主義革命、社會主義建設中，馬列主義得到了發展。這不是說我們黨好得不得了，而是說我們黨在新的環境中怎樣運用了馬列主義。馬列主義是科學，科學總要發展的。

我說了三年的情況，有這樣一個想法：理論聯繫實際有許多辦法，其中一個辦法，就是為了弄清楚當前的實際，就必須聯繫過去的歷史實際。為了弄清現在，展望將來，必須回顧過去我們所走過的道路、經歷了什麼情況，所以回顧了三年來的情況。有的同志為聯繫實際發愁，這就是一種方法，當然是粗略的。

研究理論工作，研究任何問題，像主席在〈改造我們的學習〉中講的，要詳細占有材料，而且把材料加以科學地分析和綜合地研究。所以我說是如何聯繫實際，一個是聯繫歷史實際，再一個是研究問題時要詳細占有材料，並且加以科學地分析，綜合地研究。像《資本論》中說

的：「研究問題要搜集豐富的材料，分析這材料的形態，研究各種形態的關係。如果要認真做研究工作，如果不先完成這些工作，對現實運動就不能有適當的敘述。」（一卷二版跋）我提個方法你們去試驗一下，把一個月的《人民日報》，從五月一日到三十一日，全部攤開在地板上，或者院子裡，看看這三十一天的大標題是些什麼。看了，想一想，很可能想出問題來。你們聯繫實際苦於沒有材料，我很同情，現在祕密的文件很少，中央的政策總會反映在報紙上、社論。利用報紙，這是一個重要的方法。看了報紙可以看出我們黨中央這個月裡在想什麼，幹什麼，主要幹什麼。如果另有需要，還可剪下許多有用的材料，加以簡單地綜合，很有好處。任何研究工作都要有材料，材料也並不神祕，到處有，報紙就是。問題是去搜集、占有、綜合、分析它。五月份大概一個時候西藏問題很是我們的重點，從西藏問題可以看出兩個問題：第一，社會上階級鬥爭是客觀存在。不鬥爭不行，很能啟發人的階級覺悟，貴族與農奴的矛盾不經過階級鬥爭是解決不了的。其實，什麼是資產階級，什麼是資產階級的兩面性，把五月份的報紙一看，就可以得到很生動的材料；對這兩個問題印象很深刻，並可提到理論高度。不但你們可以這樣做，也可引導學生這樣做，這是個辦法。主席說過，對人講話、寫文章，材料不一定多，解剖一個麻雀就夠了，多了反而把觀點模糊了；但自己研究問題，就必要掌握很豐富的材料。所以我上次講話就有這麼個目的來聯繫實際，掌握材料。

上次回顧三年來的事情，現在稍微綜合一下，到底是些什麼問題。從理論的角度上可以看到，馬列主義的辯證法，關於對立面統一的學說，一句話，關於馬列主義哲學得到了發展，特別是可以看出黨中央和毛主席用馬列主義指導實踐，也就是在實際工作中運用馬列主義辯證法；因為哲學不僅要講、要學，還要在實際中去用，去指導實際。〈莫斯科宣言〉說：「一個馬克思主義政黨如果不用辯證法和唯物論的觀點去觀察問題，就會產生片面性的主觀主義，就會使思想僵化或脫離實際……，就會在政治上犯錯誤。在實際工作中運用辯證唯物論，用馬克思列寧主義教育幹部和廣大群眾，是共產黨和工人黨的迫切任務之

一。」同志們千萬要注意，千萬不要使思想僵化。我上次報告說「三怕」（怕錄音、怕記錄、怕從我的話中找公式），就是要大家不要思想僵化。〈莫斯科宣言〉這一段話是有根據的，因為有人認為哲學同實際工作不一定那麼密切，也就是哲學不一定能指導實際工作，它是改造人的宇宙觀的。

從過去三年工作中，辯證法如何貫徹了各項實際工作，在經濟建設上，總路線的幾個並舉顯然是辯證法的運用；在政治上，「造成一個又有集中又有民主的，又有紀律又有自由的，又有統一意志，又有個人心情舒暢、生動活潑的政治局面」。這些也是對立面統一的關係：在文化教育中，強調理論與實際結合、教育與生產勞動相結合；從整風中思想改造上，提出又紅又專，是紅與專統一；在文學藝術上，提出普及與提高的統一。──一句話，任何工作都是兩條腿走路。同樣可以看到大集體小自由，不斷革命論和革命發展階段論，都是辯證關係。以上是從哲學的角度看的，這一系列的問題擺在理論工作者面前的任務是加以研究、解釋、發揮，可見我們的工作是很重要的。

同樣地，把三年的工作綜合一下，從經濟學角度看，也提出了一系列的問題。社會主義建設總路線，一方面是幾個並舉，兩條腿走路；另一方面又以重工業為基礎，有主導的方面。隨著人民公社的發展，去年鄭州會議又提出了社會主義社會商品生產與價值規律問題、按勞付酬問題。可以說，三年來的發展在經濟學上提出的問題很豐富，特別多，許多問題沒有弄清楚，要解決，研究的問題很多。這門課很重要，發展馬列主義，在這門課很重要。這門課不大好教，農村中現在正在討論毛主席提出的六條，毛主席在信中說：「農業生產的規律還沒有摸到，再過十年，客觀規律性將逐步被我們所認識。我們將在某種程度上得到自由，自由是必然的認識。」教政治課也要摸規律，摸清農業生產的規律要十年，政治教育工作比農業生產更加細微。你們都很年輕，為什麼那麼急？急什麼？青年人性急是缺點也是優點。我再過十年，可能會見馬克思了，我不急，你們急什麼。小孩子看戲，演員一出場，就急著問這是好人還是壞人，回答說好人就滿足了，也不去觀察研究一番。小孩子

可以，我們看問題就不能那樣簡單。政治經濟學這門課很難教，沒有課本就用蘇聯的好了，不合國情的可以解釋一下，不足處可以補充一下。我們要積極地編教科書，但編一本完整的教科書不那麼容易，要有時間的積累，一方面要看得遠些，但另方面也要看到三年來，面前擺著很多問題要研究。

三年來，在政治上有哪些問題？首先是社會主義社會的矛盾問題，不斷革命論與革命發展階段論。社會主義的向前發展，無產階級專政與民主，這些都是馬列主義的基本問題。

黨的建設方面，三年來提出，貫徹我們黨的歷史和黨的建設中一個很重要的問題是整風，整風使我們找到了一個具體地進行思想教育的形式，找到了在全黨全民進行馬列主義教育運動的具體形式。如果說延安整風奠定了民主革命的思想基礎，那麼這次整風奠定了社會主義革命、社會主義建設的思想基礎，所以這次整風運動意義重大。第一，「進行思想文化領域的社會主義革命，造成忠於工人階級、勞動人民和社會主義事業的強大的知識分子隊伍」，這是普遍規律。我們不僅認識到這是普遍規律，而且找到如何實現這一規律的具體形式──整風運動。第二，我們不僅看到社會主義社會中存在著矛盾──人民內部矛盾，而且找到了一種正確解決人民內部矛盾的具體形式：「團結─鬥爭─團結」。這是一個公式，這個公式是一種規律，如果死背公式，就危險了。我說不要去背這個公式，不是不要這個規律，而是去分析它、理解它的精神。毛主席解釋這個規律說：「就是從團結的願望出發，經過批評或者鬥爭使矛盾得到解決，從而在新的基礎上達到新的團結。」這是一般的說法，這樣去理解還不夠，還要再問一下，什麼叫「從團結的願望出發」？團結的願望有兩種：（1）一種願望是合乎客觀實際、客觀規律的願望，這種願望是符合馬列主義的，這種願望是客觀實際在人民頭腦中的反映，也就是符合客觀實際的主觀能動性。所以這種願望，是正確的願望。（2）另一種是願望心是好的，但不合乎客觀實際客觀規律，不符合馬列主義思想，常常是一種主觀主義願望。所以「從團結的願望出發」就是要從正確的願望出發，才能達到團結的目的。不合乎馬

列主義的願望，雖然心是好，但不能實現團結的願望，因為它達不到團結的目的。這種主觀主義的願望，要不就是丟掉原則的遷就主義的願望，這是右傾願望，要不就是要求過高，脫離實際的左傾的願望。這些都不是正確的願望，都不能達到團結的目的。什麼叫「經過批評或者鬥爭」？當然，首先要在團結的願望下批評或鬥爭，因此就要分析清楚批評與鬥爭的性質。有些問題是屬於政治性的敵我矛盾的性質，有些雖是政治問題，但屬於人民內部矛盾，有的是學術問題，有的是上下行問題，不能眉毛、鬍子一把抓，要加以分析。要分清楚批判的對象，什麼時間、確定問題的性質，然後才能確定批評的方法與程度。去年各校搞學術批判，因為五七年剛經過整風，頭腦相當熱，一轉到學術批判，就用鬥右派的方法去搞，當然不能解決問題，問題就在於沒有分析「批評與鬥爭」的性質。今年好多了，但還有。只有分清什麼人、什麼時間，弄清批評的性質，然後才能確定批評的方法與程度。否則會會有兩種偏向：一種是可能發生右，即本來是敵我矛盾，當作了人民內部矛盾；本來是政治問題，當作了學術問題，這就失掉了原則性。另一種也可能發生左，本來是人民內部矛盾，當作了敵我矛盾，本來是學術問題，當作了政治問題，這樣就會發生「無情打擊、殘酷鬥爭」、「粗暴態度」……都來了。所以批評這個問題要加以分析，要注意分清性質、對象與方法。通過鬥爭，解決矛盾，達到新的團結。什麼叫「在新的基礎上達到新的團結」？這問題也不是沒有問題。整風時，有些同志也有好心，也經過了批評，但越批越壞。於是有人說，既然達不到團結，還不如不批評。所以這一團結是與前兩個環節是分不開的，如果前兩個環節沒有搞好，則團結的目的是達不到的。三個環節是統一的。如果團結的願望是從主觀願望出發的，批評、鬥爭不夠或過火，當然達不到團結。也經過了鬥爭，但過了一些時候又不團結了。為什麼？這是因為人們要求形而上學的百分之百的團結，百分之百的團結是沒有的，這必然要失敗的。因為在新的基礎上的團結上必然會發生新的矛盾，想一勞永逸是主觀願望。沒有新的矛盾，事業就不會向前發展。所以新的團結是相對的團結，後一團結與前一團結有聯繫，而且比前一團結更高一級，這是

辯證的團結而不是形而上學的團結。後一團結在新的條件下必然產生新的矛盾，這樣來考慮，就不會失望，不會停滯不前。這個例子說明：（1）我們不僅發現了人民內部矛盾，而且找到了一種解決社會主義內部矛盾的重要方法；（2）人們絕不要抽象地背誦公式，要具體地分析、瞭解，才能很好地運用它，才不至於思想僵化。

所以，三年來，從馬列主義理論看，從解決人民內部矛盾看，從社會主義建設看，可以看出，一方面馬列主義在我國實際鬥爭中得到了發展，同時也在我們面前提出了一系列的問題，值得我們去研究、分析、說明，所以要大家讀書，鞏固我們的基礎，掌握武器去解決這些問題。

從國際來看，馬列主義到了新的階段；從中國來看，馬列主義得到很大發展。不但在中國，而且在國際上也提出了許多理論問題，如價值法則、商品生產、向共產主義過渡、社會主義建設經濟規律等等，總之，在毛主席領導下，黨的理論水準比過去提高了，特別是整風反右以後，馬列主義有了發展。但是看看我們專業理論隊伍的情況：五六年我在音樂堂已經講過，我們的馬列主義理論隊伍不算少，有一師人以上吧，總之，人不少。同志們做了不少工作，五六年我就講了，你們上課總是在宣傳馬列主義吧，總沒有講過馬列主義糟吧。現在青年人幸福得很，你們說你們教得不行，但比我們那個時候教得好得多，如果在幾十年前，你們是刮刮叫的教授了，新的人總比老的人好。我們讀馬列主義時是誰教的？是現在政協的施復亮，是李季（托派）、李漢俊、彭述之（托派）、鄭超這些人，當然還有秋白等同志。要有點自信，當然不是驕傲，要相信你們可以教，教得不壞。你們做了許多工作，特別是反右派鬥爭中可以看出有相當水準。你們是青年，青年總比老年強，不要被嚇倒，要適當估計你們的成績，成績是主要的，工作是好。

但是面臨著這樣的形勢，我們的專業隊伍還需要很大的努力。首先，我們馬列主義基礎知識不夠高，隊伍也還不夠大，在新的任務面前不高、不齊、不大。在延安時說不高不齊是對那個時候講的，現在比那個時候高一些、大一些，但在今天新的任務下還是不高、不齊、不大。從去年一年看到我們的基礎知識很弱，因為去年一年提出了許多問題，

在這樣情況下，暴露了我們的基礎理論知識很弱，不要認為我們差不了。同志們可以回想一下：去年下半年，關於資本主義法權的文章很多，可以看出我們的理論工作者、我們的理論刊物，以及從報紙版面可以看出，我們的理論基礎很不高，可以說是一場混戰。你們可以重新讀一下《哥達綱領批判》、《國家與革命》第五章三節（這不是教條主義），對照去年發表的這些文章，你們會發現，那些同志寫了文章，但沒有看書，根本不知馬、恩提出的資本主義法權是怎麼回事，可見理論基礎知識之重要了。

另一方面，系統研究工作方面，如毛主席提出〈十大關係〉已經三年了，〈正確處理人民內部矛盾〉發表已兩年了，而理論隊伍、報章雜誌系統地研究，說明這些問題的真正有科學性的文章究竟有多少呢？不是要國慶十週年獻禮嗎？獻禮倒不一定，理論工作不能光靠獻禮。但是慶祝建國十週年，我們能向世界共產主義運動推薦幾本書呢？外國同志總認為中國黨的理論工作做得還可以，我們自己也說馬列主義在中國得了很大發展，但就是拿不出東西來。到底我們自己是怎麼生活的？我們是靠毛主席吃飯的，當然這也是好的，但總不能單靠毛主席吃飯嘛，我們每個人還有個頭腦嘛。因此，一方面要看到馬列主義在中國有很大發展，要看到我們有成績，要有信心，但另一方面也要看到我們理論隊伍不強大、基礎差。文學方面，這十年來可以拿出幾本書來，但哲學、社會科學究竟能拿出幾本來呢？目前的情況是：毒草不多，香花很少，而雜草很多。也可能有香花，由於官僚主義沒有發現，也可能有香花而受到壓抑。因為一個人辨別毒草容易，發現香花不易。要辨別香花，就要嗅覺靈敏，傷風不行。而且雜草又多，要去尋找。但是我們還沒有發現，另外的原因是和幾年來忙於搞革命，來不及坐下來細細做理論工作。因此提出要大家重視理論工作，要大家認真讀書、認真學習，這不是提倡教條主義，而是當前的許多現實問題，要求我們把武器磨好，去解決這些問題，更要向前發展馬列主義。我們把同志們找來，讀讀書，交換交換意見。最近中央準備就全黨研究理論工作的重要再發個指示。大家都經過了思想大革命的整風，要既是告訴大家要重視理論工作，研

究理論。這樣大一個運動，從中央起到每一人都好，有沒有一個人做過系統的總結？也許有人做了，但沒有聽講。我經常想著這件事。你們學校裡抽出一些人，搞它三個月，總結一下你們學校的整風經驗，對你們有好處。天天談概念、口號，我有點厭煩，有這些經歷天天爭論概念，吵如何聯繫實際……，為什麼不去聯繫呢？你們每個人從整風中把自己總結一下，每個班、年級也可總結一下。當然，不是你們不願意，問題在於去年大生產、大躍進、下廠下鄉，大家忙得很，辛苦得很，大家抽不出時間來搞；但今年，學校裡應該抽出一部分人，給一定時間，解除其工作，做這件事。學校、系、班級、自己也可以做。我也沒有做，我想：三年來我得到些什麼？有哪些糊塗觀念澄清了？怎麼覺悟的？這樣做，有很大好處。北京許多學校把整風經驗全年總結一下很有好處，這樣北京市的整風經驗就好搞了。〈改造我們的學習〉中說：「我們搜集的材料還是零碎的，我們的研究工作還是沒有系統的。二十年來……『瞎子摸魚』，粗枝大葉，誇誇其談，滿足於一知半解，這種極壞的作風……存在。」現在情況怎樣？以整風而論，每個人都積累了些材料，但是零碎的；每個人也有研究，但不系統。在哲學、經濟學、黨史等方面也有這些情況。我提個建議（不是指示，是建議，可以不算數的）：每個學校是否從總結整風中學習如何搜集豐富的材料？學習系統地做研究工作，學習如何理論與實際結合。是否可以從這裡開始？如果給我三個月的時間，我可以研究「四十年來馬列主義在中國的發展」。但現在，明天開會，今天才通知我去講話，怎麼講？各地方對此問題已有覺悟，王任重有篇文章〈讀書、談心、想問題〉就是要從馬列主義找立場、觀點、方法。學校也有改變，復旦出了周谷城，不研究邏輯學怎麼行？劉大杰的文學史也在討論。最近北京在討論邏輯學、哲學、辯證法、心理學、文學……，學術空氣比過去活躍些，但還存在問題。什麼問題？你們也反映了，就是害怕讀書的空氣。現在還有這種情況：學生到圖書館，帶著物理學，又帶著《紅旗》雜誌，一看支部書記來了，趕快插起《紅旗》。找你們來，是希望你們回去打破怕讀書的空氣，讀書不等於教條主義。

　　不論是自然科學還是社會科學，有兩種情況：整風初期，科學研究機關有種說法，說理論的源泉是實踐，因此研究理論就等於聯繫實際，也因此理論聯繫實際這個問題不存在。這種說法是教條主義的藉口。理論是從實踐中來的，但理論必須回到實踐中去考驗，去指導實踐。現在「理論就是實踐」的說法已經少了，現在又出現這種說法：既然實踐出理論，因此參加實踐就是研究理論，實踐就等於理論。這種說法有些同志已經解決了，但學生中大部分還沒有解決。實踐是理論的源泉，但實踐不等於理論。整風是實踐，可以產生理論，但參加整風並不等於就提高了理論，因為從實踐上升為理論還需要做一番工作。介紹大家看看高爾斯基的《邏輯學》（人民教育出版社）在第六頁中講到：「感覺、自覺、表象構成認識的感性階段，在這個認識階段上，我們是從事物的可以在感性上被感知的性質方面來反映事物，這種被感知的性質，既可以是一般的，也可以是個別的，既可以是本質的，也可以是非本質的，既可以是必然的，也可以是偶然的。」這三條講得很好。實踐可以創造理論，但在實踐中有的是一般的、本質的、必然的，而有的則是個別的、非本質的、偶然的，它們是互相絞在一起的。因此，在整風中，你不能說：「今天這場鬥爭是非本質的，老子不參加。」人家是絕不會答應你的，認為你參加得不積極。即使答應了，你也不能預料這場鬥爭是不是本質的。接著，高爾斯基還寫道：「在認識現實的感性階段上，我們不能把事物的一般性質跟個別性質分開，不能把本質的性質跟非本質的性質分開，不能把必然的性質跟偶然的性質分開。因此，在這個認識階段上，我們不能揭示出事物和現象之間合乎規律的、必然的聯繫。」為什麼？因為沒有經過理論的概括。要把實踐上升為理論，必須從實踐中不斷地揚棄、昇華、取捨、選擇、提高，找出其本質的必然的東西，發現其規律、聯繫。教條主義與主觀主義過去有，現在有，將來還會有。但不能否認，現在存在著對理論的重要性認識不足，原因就在於把實踐當理論的思想作怪，認為我多少參加了些實踐。

　　這兩種說法，表現相反，而實質一樣，即把理論與實踐的辯證關係分割開來了，是一點論，怕讀書，怕講理論，怕搞理論，與這一思想

有關。

　　以上這一些問題，去年甚至前年我們都談了，今天要要進一步地談一談。從第一個命題——「理論就是實踐」，這個命題是錯誤的，因為理論從實踐中來，但理論必須聯繫實際，三年來的過程已做了證明。今天要進一步說明的是：理論不等於實踐，但研究理論不等於就是脫離實際。三年來的情況是實際，擺出來是為了研究理論。研究理論可以脫離實際，但這是方法問題，脫離實際不是研究理論的屬性，研究理論脫離實際是研究不好的，不聯繫實際很難研究理論。從第二命題中，實踐是理論的源泉，但實際不等於理論。今天要進一步說明的是，參加實踐不能等於脫離理論，參加實踐是研究理論更好的場合，是使理論更好地運用到實踐中去，去指導實踐，在實踐中考驗，進一步豐富理論。例如，五六年中央提出了一系列理論問題，指導了五七年的鬥爭，反過來又豐富了理論。同樣地，大家參加了整風，豐富了理論，同時在實際中得到了啟發。在參加平定西藏叛亂中懂得了階級鬥爭和資產階級兩面性為何事。為什麼在課堂上講馬列主義、學馬列主義頭頭是道，而在參加實踐、解決實際問題時馬列主義沒有了呢？因為：（1）在解決實踐問題沒有把馬列主義用之於實踐，沒有在馬列主義上想一想；（2）或者認為我參加了實踐，現在下放勞動了，理論以後再說吧，似乎參加實踐就會脫離理論。

　　現在情況有好轉。這次上海經濟學會討論商品性、價值規律、按勞付酬、工資問題等，有個好現象，就是參加者掌握了大量材料，當然材料要去粗取精，但這次比過去好；另一個是參加實際工作的同志和機關部門提出了許多論文。

　　因此，不要怕讀書。有人問：「這樣是不是以讀書為目的了？」我們讀書是從馬列主義中找立場、觀點和方法的。小而說會回去教好書，大而說是建設社會主義，發展馬列主義。至於第一天讀《哥達綱領批判》好麼？第一天讀書的目的就是讀《哥達綱領批判》。所以，教條主義並非讀書讀多了，有時教條主義由於讀少了書。你們大概比我讀得多，我是讀少了。無的放矢地讀書當然不好，單為了解決問題而去讀書

為什麼不好呢？有的人說：「你這不是階段論嗎？所謂：『在學校讀好書，到社會上工作才是實踐、運用。』」我們不贊成這種想法，但要弄清楚，這種提法在整風運動中，其本質是要引導大家不去參加整風運動，以及企圖證明教條主義是對的。但是有些人反對這個提法的時候又偏到另外地方去了，怕講階段了，彷彿一講階段就是右派。毛主席說是階段的事物本身是有階段的，但階段不是那種劃分法，好像在校是讀書，出去是實際。右傾保守思想顧慮這個條件、那個條件的條件論是不對的，但不等於不要條件，那豈不是主觀主義？馮友蘭說他提出的「抽象的繼承」是自己四十年來哲學上的逆流。我採取歡迎，因為人家採取了自我批評，應該歡迎；另一方面，他也承認「抽象繼承」是掩蓋了哲學的階段性，人家進步了，要與人為善嘛。但有人在討論中竟批評馮主張繼承，好像共產黨不主張繼承，其實根本不是這個問題，共產黨也主張繼承的。馮這個提法的中心問題要否定哲學的階段性，如果光在「繼承不繼承」這個問題上打轉轉，怎麼能解決得了呢？人家說有條件，你說不要條件；人家說有階段，你說沒有階段；人家說有繼承，你說不要繼承。這是沒有抓住問題的本質，這哪裡是理論性的問題，這是語言的問題嘛（意即從語言學問題上反對他）。馮友蘭承認他的一部分證明的理由不是哲學而是語言學。語言學當然有繼承性嘛，例如過去是「學而時習之」，現在還是有用。總意，不要從語言學上想問題。因為右派講了「階段」，我們就不敢講，資產階級講了「抽象繼承」，我們就不敢講「繼承」，那還得了！

到底現在反什麼？不要那麼機械，是教條主義就反教條主義，是經驗主義就反經驗主義，是修正主義就反修正主義。如果一定要提，那我提：反對形而上學，反對唯心論，這三個主義都是形而上學、唯心論。

（此件未經報告人審閱，如有錯誤由記錄者負責）

康生、周揚同志對中學政治課的一些意見（紀錄稿）

（1959年6月24日）

（中央教育部六月八日召開中學政治課教材座談會，會上政治教育司負責人傳達了中央文教小組關於中學政治課的指示。這份材料是市教育局與會同志的紀錄稿，現印發供負責同志參考，希勿向下傳達或翻印。）

康生：（看了教育部送去的教學大綱「草稿」）中學問題完全不懂，有幾個問題可以考慮一下：（1）中學政治課到底要不要分兩部分？分兩部分有好處，不致被時事政策擠掉；但兩套都放在課內，是否將基礎知識課擠掉？是否控制得住？很可能向秀麗擠掉馬克思。在我腦中，無論高中、初中都是小孩，時事問題不知道些也無妨？是否多了？用不用得了？（2）感到偏高偏重，大學怎麼辦？徵求了意見沒有？徵求意見時要說清楚，不要怕當「白旗」。（3）整個內容政治性的東西多了一些，道德品質少了一些。蘇聯怎麼辦的？蘇聯十八歲以下小孩不談政治（學憲法、道德教育大綱），咱們是否也學蘇聯，就叫政治道德教育？與蘇聯不同，我們要政治，但也要道德，是否考慮把名稱也改了？過去有「修身」，現在道德仍重要，偷東西、說謊總是不好。要講階級性，也要講共同性，不能說無產階級偷東西就是好的。尊敬老師總是要的，有右派、壞分子是我們的責任，不能要學生尊敬哪個、不尊敬哪個。

周揚：康生同志「政治多了，道德少了」的意見很重要。文藝等

等都要強調為政治服務，結果不是為政治服務，是為抽象服務（概念化），與其這樣，不如道德教育多講一些。要樹立正面榜樣、正面任務，政治、道德教育不能光靠政治課，還要靠語文組。榜樣問題即歷史人物問題，一般選死人較有把握，歷史上有許多勇敢先進人物，這些榜樣人物戲劇中保留不少。因戲劇要到民間去演，為此，一定要演與群眾有共同聯繫的人物，因此戲劇在文藝中更有人民性。政治課也要有民族性，選一些歷史人物，不要盡搞馬克思、外國的、現代的，要把眼界擴大一些。這是階級性與個性問題，我們要強調階級性，也要強調個性。主席講過個性有兩種：破壞性、建設性。在舊社會，破壞性的個性是革命性，不要抹煞差別，提倡平均主義，要大膽提倡個性，要提倡建設性的個性，不要庸庸碌碌、謹小慎微，道德就要行動，這就是要有一直、細膩改革。過去講階級性，不講個性，不講意志、性格，現在要全面考慮。尊敬教師，也要尊敬老人，人民中間有許多模範人物要講。提綱中新舊對比這種方法好不好？這是土改時農民中用，效果好。我認為對青年來講，對比也是抽象的東西（沒有生活經驗），不是具體的東西。可以講新生活怎樣來的，附帶講一下，不要因一種方法行之有效，就推倒所有方面去。現在的東西不要講得太多，中國、世界現狀，可以放在時事政策中講。社會發展史倒要講，青年對今天東西不要求他們記那麼許多。（康生同志插話：「蘇聯十八歲以下不搞政治不好，我們搞多了也不好。」）搞多了變成簡單的宣傳，學生說：「反正過去不好，現狀好。」

康生：「為什麼學習？」很好，可講講馬克思、恩格斯怎麼學習的。

中共上海市委教育衛生工作部政教處印

康生同志在戲曲座談會上的講話

（1959年11月25日）

　　十一月二十五日上午九時，中共中央政治局候補委員康生同志召集了上海京劇院和上海戲曲學校兩個單位的部分幹部和演員舉行座談會，出席的有周信芳、李玉茹、王燮元、俞振飛、周璣璋、言慧珠以及崑曲傳字輩教師多人，在座的還有文化局徐平羽副局長。這個座談會的目的主要是瞭解上海崑曲和京劇的躍進情況和明年的打算。康生同志在會上除了聽取大家的意見外，還做了重要的發言和指示。下面是根據康生同志的發言，由筆記中摘錄整理來的紀錄。

一、放「衛星」問題

　　康生同志首先對於戲曲為政治服務的問題給予了很高的肯定。他說：「從延安時起，京劇是過了三關。那時，有人懷疑京劇能否為抗日戰爭服務，但解決了，說明是可以服務的；後來又懷疑能否為新民主主義社會服務，也解決了；但說可以為社會主義社會服務，就不大信了，結果還是可以；現在看來，就是到了共產主義社會，也還是能服務的。」他說：「這個過程也還是不容易的。」

　　康生同志很關心上海戲曲界放「衛星」向明年國慶日獻禮的問題，他問大家準備了哪些好戲，要他們提出一些劇碼來，並對放「衛星」如何搞法做了指示。他說：「放『衛星』的最好辦法是走群眾路線，發動大家寫。這是普及問題，要發動每一個有創作能力的人，特別是老師自己也要動手搞。有四個字：先是回想一下，還有什麼好戲？把它們報

出來，不管是否『衛星』，報出來選，選了以後再整。『想、報、選、整』，是發揮大家的智慧最好的辦法。想：就是敢想；報，就是敢說；選，就是大家選；整，選了以後再整理。」

當李玉茹同志提出像《竇娥冤》這樣的戲，重新整理，可否成為「衛星」時，康生同志說：「『衛星』當然要看內容，但也要看表演藝術，僅僅解決劇本不行，還要和傳統結合起來。《竇娥冤》可以算，但演得好就算『衛星』，不好就不算。不僅看劇本，還要看演得怎麼樣。」

康生同志鼓勵大家說：「這一年來，大家進步都很大，思想解放了，只要把大家的力量和智慧集中起來，一定有辦法。」

二、對於戲曲理論遺產和一些劇碼的意見

康生同志在座談會中談得最多的是劇碼，並由談劇碼接觸到中國戲曲理論方面的一些問題和幾個古人，非常精闢地說：「清朝的李笠翁、焦循、王國維是三個大戲劇理論家。王國維在戲劇史方面，在考據上有一定的貢獻。李笠翁也是了不起的人物，他提的口號到現在還有用：『變死音為活曲，化歌者為文人。』一定要把演戲的文盲變成有文化的人。在那個時候，李笠翁敢於組織一個女班，做班頭，到處演戲，在舊社會中，名氣當然不好，但很了不起。李的作品，有好處，也有局限性。」

康生同志說：「真正理論家還是焦循，很高。三人各有長處，但能用歷史眼光看戲的，三大家中只有焦循。他愛唱崑曲，但看到了崑曲的不群眾化，他認為崑曲後來大部分只能演愛情戲，慷慨激昂、振奮人心的就少了。花部則能有教育意義。」

康生同志引述了焦循所著《花部農譚》一書中所談到的戲。他認為焦循談《清風亭》談得不錯，當時是諷刺一個什麼人，當時有所指，就像《綠牡丹》有所指一樣。諷刺教育上的黑暗，像《燕子箋》上的「狗洞」，諷刺考試制度不合理。

焦循提到揚州的《賽琵琶》，即《秦香蓮》，戲中寫秦香蓮帶了兒子上了綠林，帶了兵，平了邊疆，封了大官，回過頭來，她審陳世美。焦循就說比《琵琶記》好，所以叫《賽琵琶》。——康生同志也認為這種演法不錯！

焦循還提到《司馬師逼宮》，不大妥當，司馬師在歷史上是風流儒雅、能文能武之人，司馬父子在歷史上統一中國，是有功勞的進步之人，現在舞臺上演成大花臉，不恰當，但也很難改了。

由司馬師，康生同志又講到了董卓，說：「這也是歷史上被顛倒了的人物。董卓是很勇敢、很有功勞的一個人，他做領袖是人民舉出來的，他帶兵能和士兵同甘共苦，不然的話，為什麼董卓死了，他手下的人就造反呢？現在看來，董卓當時是應該做皇帝的，他要是做皇帝，有很多人擁護他，但可惜他沒有參謀長；像漢武帝那時有個參謀長叫鄧禹，鄧禹本沒有什麼，但他給漢武帝出了一個主意，勸他堅決要做皇帝，這個政治設計對了。趙匡胤的參謀長是趙普，朱元璋的參謀長是劉基，董卓就少這麼一個人。董卓最會團結知識分子，他很愛蔡伯喈，蔡也是為了說董卓的好話，才被殺死的。蔡伯喈是個孝子，他父母死了，護墓三年。因為他講董卓的好話，統治階級糟蹋他，把蔡伯喈醜化了，才有了《琵琶記》。《琵琶記》，趙五娘的事，其實都是蔡伯喈的事。

反轉來，王允其實是個壞傢伙，蔡伯喈就是他殺死的。《連環計》就是寫特務。蔡伯喈被捕後，當時，文化界保他，王允不放；蔡上書願為司馬遷，王允說漢武帝最大錯誤就是未殺司馬遷！演戲有個好處常常違反作者意圖，像《連環計》的小宴很明顯，演起來，王允是令人討厭的、渺小的，有臭味；呂布是天真的。我們總愛呂布，不愛王允。

康生同志談起了川劇，他說：「川劇中保留了很多好戲。今年春天，我在四川，看了他們的《戰綿竹》很好，戲劇矛盾很強，丈夫要投降，她反對，最後自殺了。是個很可愛的旦角戲。《哭祖廟》這個戲也很好。」

關於元曲方面，康生同志舉出了關漢卿、王實甫兩個人的劇碼做了非常透徹的分析。

　　他說：「把元曲《竇娥冤》改編為明傳奇《金鎖記》，明朝人實在不高明：帶著金鎖掉在水裡淹不死，蔡昌宗掉到龍王那裡，把龍女許配為婚，最後大團圓。實在庸俗得很，把關漢卿糟蹋了。」

　　「但關漢卿這個戲，也未寫好。《竇娥冤》不是關漢卿最好的戲，不像《趙盼兒》、《望江亭》組織得好。就是第四折好，最壞的是中間，寫走了，沒有組織好，當中兩折滑下去了。第一折，是竇娥父親，把她賣給婆婆，這個婆婆也不大高明，路上討債，就拉了兩個野漢子。開始，布置了婆婆與童養媳的矛盾，而後來，這根線沒有了。」

　　李玉茹同志說，她想改編此戲，打算不提婆媳間的矛盾。康生同志說：「這樣搞可以。這個婆婆並不好，一個被出賣的童養媳這樣代婆婆一死，糊里糊塗地死了，死得冤枉，真是看著彆扭，真成了竇娥『冤』了。」

　　康生同志認為明朝人改編的傳奇《拜月亭》改得也不好。他說：「明朝人改戲實在改得壞。現在很多地方戲都沒有把關漢卿的《拜月亭》演出來。」他認為元曲《拜月亭》是關漢卿最好的戲，他說：「把元戲都擺出來，思想高度最好的兩個戲，一是關漢卿的《拜月亭》，一是白仁甫的《牆頭馬上》。」

　　「元曲《拜月亭》表現在元代封建社會裡的反封建鬥爭，在拜月時不是開玩笑，罵她父親是豺狼、毒蛇，現在改成兩個孩子逗樂子，這個不好。是把父親痛罵一陣，那詞句實在是好，太大膽了。搞《拜月亭》，要跳出明人的圈子。」

　　康生同志認為在描寫女子性格上，元人雜劇中沒有超過《牆頭馬上》的。真是強烈極了，《西廂記》簡直不能比。崔鶯鶯叫人看了總覺得扭扭捏捏，不是那麼爽快。《牆頭馬上》表現的戀愛很大膽，自己看著男的好了就結婚，女的性格很堅強，罵尚書一直到結尾還是罵。這個戲有三種性格，左派是女的，右派是尚書，中間偏左是小生，這三種性格構成了矛盾，這個女的性格比鶯鶯大膽，敢想敢愛，最後團圓是看在兩個孩子身上，不是看在老傢伙身上。

　　關於《西廂記》，康生同志談得較多，他說：「明朝已有人感到

王本《西廂記》不好演。去年發現了一本書是萬曆年間,此人覺得王本寫的文詞很好,不能改,但人物難演,明人李日華改的《南西廂》也不夠。」他提出要保持王實甫的文詞,而又能適合舞臺(康生同志說這是幾百年來未解決的問題)。改的也未全成功,但是方法較好。他不改文詞,而改道白,改情節。像〈佳期〉一折,王本中,鶯鶯好像很不願意去,是被紅娘拉去的;他則把鶯鶯性格改得很明朗,她想去,怕母親知道,又怕紅娘靠不住,所以猶豫,但主要是想去的,因此紅娘一來促動,就去了,這就合理了。

又如〈跳牆〉一折,改得也活了:既然鶯鶯同意見面了,為什麼見了張生又發脾氣?原來是鶯鶯的詩瞞著紅娘,不料張生把詩對紅娘說了,紅娘知道以後,和她開玩笑,不是「迎風戶半開」嗎?但門被紅娘關上了,張生只得翻牆而過,等張生過牆後,鶯鶯問張生怎麼過來的,張生說從牆上過來的,並對鶯鶯說寫的詩告訴紅娘了,鶯鶯為了遮羞這件事,才臨時變卦,大發脾氣。

康生同志又把王《西廂》和董《西廂》做了比較。他說:「王本不按出奔寫,不好;董《西廂》寫出奔,好處就在這裡。董是怎樣組織戲的呢?他寫了張生、鶯鶯兩個知識分子,紅娘、法聰兩個勞動人民,知識分子要戀愛不敢戀愛,結果兩個知識分子戀愛是兩個勞動人民幫助才成的。」康生同志說:「我喜歡董《西廂》。我直到現在,不懂王實甫為什麼要把法聰改成小丑,法聰是個綠林英雄,對張生是從頭到底幫忙,最後,他們的出奔也是法聰的主意。王實甫寫了個惠明,吹呼了一大陣,如果這樣有本事,為什麼不去打仗?而且有頭無尾,插了一陣,以後又沒有了。」

關於《西廂》的結尾,康生同志認為還是逃走才行,否則同老夫人的矛盾難解決。

(關於王《西廂》文詞上的問題,見後)

周璣璋同志向康生同志彙報了正在寫作的《唐賽兒》的一些問題,他非常高興地說:「最有興趣的一段是老百姓不願意她死。」接著關心地問:「材料搜集得怎麼樣?到過蒲臺去沒有?」周璣璋同志說:「只

看過《蒲臺縣誌》。只是唐賽兒起義的背景是什麼,查《明史》好像當時社會較穩定。」康生同志說:「哼,那裡,不穩定啊,燕王掃北,鬧得很厲害。魯迅也印證過它,永樂和建文的鬥爭很激烈,永樂把建文趕到北方,他做了皇帝,百姓不服,永樂掃北,把人殺得很多,渤海、魚臺一帶,幾乎把人殺光,這時極不穩定。」關於《唐賽兒》和燕王掃北是否有關,因燕王掃北比唐賽兒起義還早,這一問題,康生同志指出:「早也沒有關係,他掃北之後,接著就起義造反不正好嗎?」

康生同志問上海有沒有整理《天雷報》(《清風亭》),周信芳院長說這是他常演的劇碼,也做了一些整理,就是結尾問題難。康生同志說:「我看這是個好戲。(張元秀)那是個勞動人民,賣草鞋,氣魄很大。結尾是要想想怎麼結得好些,老本子雷擊怕不大好,群眾起來趕跑也可以,也可以民變哩。」

對於幾個同志提出打算整理或創作的劇碼,如《小忽雷》、《浣紗記》、《鴉片戰爭》、《桃花扇》等戲,康生同志除了說「我總不喜歡侯方域這個人」外,都給予了鼓勵,同時他還建議說:「我經常在想,上海的連臺本戲是好傳統哩,可以把全部《三國》、《水滸》改成連臺本戲,一年是《水滸》年,一年是《三國》年!」

三、關於舞臺藝術的繼承傳統和革新的問題

康生同志談到京崑演現代戲好還是傳統戲曲好的問題,他著重說:「傳統無論如何不能丟,崑曲、京劇還是以演傳統劇碼為主,但也不拒絕演現代戲。現在我們贊成演現代戲,可以突破老的框框,發展創造性。打破框框就可以把傳統劇碼整理得更好。最近在收音機裡聽《楊家將》,聽不出誰唱的來,後來他們告訴我是譚富英,這就是現代戲的好處,老戲也演得活些了。像評劇等劇種就應多演演現代戲。」

他聽幾位「傳」字輩老師說他們原會崑曲三百多出,但現在只教了一百多出,他很懇切地說:「一定要學下去,學校無論如何要把三百多出戲教給學生,不然越唱越少,是自己消滅自己。」

康生同志談了崑曲的藝術改革問題。

談到崑曲套數問題，康生同志同意倪傳鉞同志的看法說：「崑曲套數要衝破。明朝人衝破了北曲的套數，結果又給自己弄上一套新的套數把自己套住。可以衝破一些，可以自由一點。崑曲的節奏也要改一下，有的可以快一些、靈活一些，崑曲演《紅霞》衝破了套子，這樣是好的。」談到南曲、北曲的運用時，他說：「現在南北合用是好的，抒情的東西應多用南曲，這是明人的進步處。還可以插用民歌、元朝的東西中民歌很多，〈衣錦還鄉〉、〈貨郎擔〉等就是民歌。」

他說：「在一折戲裡，一韻到底是不必要的，但換韻太多也不行。」

對於崑曲詞句深奧不易聽懂，如何改法問題，康生同志說：「恐怕要分別對待，特別是有名的戲，老戲詞很好的，不要輕易改動。如〈山門〉、〈刀會〉詞很好不要改。是不是絕對不能改呢？也不是。不要斷言不能改，不合理的就要改。像《西廂記》，〈草橋驚夢〉一折詞很好，但也有不好之處，如〈燕兒樂〉，像〈綠依依牆高柳半遮〉這不明明說的是春天嗎？但又說黃葉紛飛，這又到秋天了，太不合理了，就應當改，要改也不要迷信。我寫的一封信（按：指發表的談《西廂記》的信）發表後，有老先生來信表示不同意我的看法，他說柳樹葉子落得晚，秋天是還有柳葉的。這還是不對。他忘了《西廂記》寫的是北方，山西，不是南方；而且『綠依依』無論如何是描寫春天景色的。」

康生同志又說：「上面談的是整理傳統劇碼的原則，至於改編戲那就是另一回事了。」

當周信芳院長提到京劇應該多運用崑曲曲牌時，康生同志說：「不僅崑曲曲牌多，川劇曲牌也很多。我看了陽友鶴同志（川劇名演員）的《陽告》，這個戲很好，曲牌也不少。我要他說川劇有多少曲牌，他說不清楚，要去問打鼓老。現在變得曲牌只有打鼓老知道了，這個情況應該改變。」

由曲牌又談到了音韻，康生同志認為這是個重要問題。他說：「過去詞曲中分幾十個韻，弄得很複雜，是不必要的。元曲用十九韻就是個很大的進步了，雖然後來又加上了些。崑曲很多韻還是可以合併，像

京劇只有『十三轍』就行了。京劇『十三轍』中只沒有『ㄩ』（音於）
音。為什麼呢？因為京劇唱詞收音大都不是收在仄聲，大部分是收在平
聲。用平聲可以裝飾音，若用仄聲『ㄩ』，加裝飾，一用就變了。崑曲
用仄聲的還不少，可以考慮『十三轍』加『ㄩ』韻，成『十四轍』就夠
用了。」

　　康生同志進一步說：「很多人把學音韻看得很難，其實並不難。
現在有了注音字母，拼韻方便得多了。例如『江陽』轍，只要告訴學
生凡是以『ㄤ』收音的都是『江陽』。注意字母分聲母、介母、韻母
三部分，韻母、介母就是韻轍。這是很容易教的，小孩子都可以學。
為什麼還搞不好？問題還在作者。現在很多戲連平仄都不分，這是個
問題。」

　　由韻轍又談到了演員的咬字吐音問題。康生同志談起，他在收音
機裡聽到一個演員唱《玉堂春》，唱「皮氏心太狠」，「狠」唱錯了唱
錯了……明朝人在這一點上還是進步的，講究字音有「頭」、「腹」、
「尾」。

　　康生同志盛讚周信芳院長和俞振飛校長在這方面的修養。他說：
「你們兩位的吐字音韻，可以說是上海的兩面紅旗！」

四、相互學習問題

　　周信芳院長談起現在有些演員見識不廣，會戲不多，流派很少，這
樣下去路越走越窄……。康生同志很重視這個問題，他幾次強調劇種之
間、流派之間相互學習的重要性。他說：「京劇這樣下去很危險，只學
一種，只會皮黃，地方戲也不學。一個川劇演員要學會五種戲才能做演
員：高腔、胡琴、崑腔、亂彈、燈戲。」他說：「這次去安徽，看到老
徽戲，得到很大啟發。徽戲要會五種曲調：崑腔、吹腔、高腔、亂彈、
皮黃。京劇只學一種，好危險！還有只模仿一派的，就更窄了。像譚
派，很好，但有些戲就不能唱，那種聲調就不能表達。像《洪羊洞》，
楊延昭是病人，就合適像崑曲。許多地方都有崑戲，崑曲要學學川戲、

婆戲等劇種中的崑戲，崑曲〈醉皂〉就不一定唱過川劇，川劇的皂隸，身上帶了一根鐵鍊子，請客時套在小生頭上，就很有趣。崑曲卻把皂隸的鐵鍊子唱沒了。」

康生同志深刻地提出戲曲演員學習美術問題，他說：「我很喜歡畫，但自己不留畫，現在只存了四張，是梅蘭芳、程硯秋、荀慧生、尚小雲四位先生的。在北京凡是會畫的，我都要求他畫一張。」他說：「現在該輪到上海了，請周先生、俞先生你們動動手，送給我一張。畫得好，畫，畫得不好也畫，是提倡。」他風趣地對他們再三拱手，說：「我是當面請求，書畫都要。要什麼樣的紙，我就送來！」他又拱手要求在座的說：「凡是會的我都要求！」

康生同志加重語氣說：「這是個十分好的傳統，要提倡這種愛畫的風格。當然不必像有些演員那樣在臺上當場寫字、畫畫。無論如何要保持這傳統，藝術各方面是相通的。」

五、戲曲教育問題

康生同志非常關心下一代的培養問題，幾次詢問上海戲曲學校的情況。在談到學生學習內容時，他再次強調要多學幾種曲調，要學流派、學美術這幾個意見。他很同意周信芳院長所提的要培養學生成為多面手的看法，他認為學生一定要多學各種流派，否則很危險。他說：「北京中國戲曲學校七十二個畢業生，沒有一個好唱鬍子的，明後年還沒有，這就是個問題。」他說：「我對戲曲學校開玩笑說，明年一年不許譚派來教鬍子，要請小達子、李多奎來教！我的意思是教他們衝開一點。」

他說：「一定要培養學生欣賞美術，戲曲學校要上美術課。」

他希望上海戲曲學校：「明年要大招生，京劇班、崑曲班都要招。要研究教育方法，不要那樣正統，要多跟班、多演出、多實踐。」

他對上海戲曲學校崑曲班學生演的〈琴挑〉提了一個意見。他說：「陳妙常彈琴時那左手完全不像彈琴，應該教教他們。」

（康生同志對如何培養下一代的許多意見都歸納在前面幾段中了，

因此前面幾段中許多指示，對戲曲教育工作也都是適用的。這裡不再重複——編者注）

六、資料搜集問題

康生同志很注意戲曲資料的搜集工作，他說：「圖書館、戲曲學校應當有意識地搜集這方面的資料。崑曲的很多曲譜、身段譜，在南方應當容易搜集些。」他說：「我曾在舊書攤上看到過明版的〈慧明下書〉身段譜，後來硯秋同志搜集去了，不會丟。因怕引起他太太傷心，不便問。還有傅惜華先生家中有不少資料，他有明人《西廂記》曲譜，與《納書楹》不同，與北曲也不同。現在北曲譜已不多了，很可以注意一下；已經晚了點，但還可以注意。戲折子倒是一捆捆的常發現，好看的不多。」

花部農譚

編者按：康生同志去年在上海所召開的戲曲座談會上的講話，我們已列印分發。康生同志在講話中特別提到清代戲曲理論家焦循的《花部農譚》，認為這是一部很有參考價值的資料。因為《花部農譚》流行不廣，解放後也未翻印出版過，現在我們根據宣統年間徐乃昌刻本，加以校勘和標點翻印出來，以供大家研究。必須說明的是，《花部農譚》中雖然有不少精闢的見解，但也不是全部正確的，因此我們必須有批判地來對待這一部作品。

梨園共尚吳音。「花部」者，其曲文俚質，共稱為「亂彈」者也，乃余獨好之。蓋吳音繁縟，其曲雖極諧於律，而聽者使未睹本文，無不茫然不知所謂。其《琵琶》、《殺狗》、《邯鄲夢》、《一捧雪》十數本外，多男女猥褻，如《西樓》、《紅梨》之類，殊無足觀。花部原本於元劇，其事多忠孝節義，足以動人。其詞直質，雖婦孺亦能解；其音慷慨，血氣為之動盪。

郭外各村，於二、八月間，遞相演唱，農叟、漁父，聚以為歡，由來久矣！自西蜀魏三兒倡為淫哇鄙諔之詞，市井中如樊八、郝天秀之輩，轉向效法，染及鄉隅。近年漸反於舊。余特喜之，每攜老婦、幼孫，乘駕小舟，沿湖觀閱。

天既炎暑，田事餘閒，群坐柳陰豆棚之下，侈譚故事，多不出花部所演，余因略為解說，莫不鼓掌解頤。有村夫子者筆之於冊，用以示余。余曰：「此農譚耳，不足以辱大雅之目。」為芟之，存數則云爾。

嘉慶己卯六月十八日立秋，雕菰樓主人記。

花部所演有《鐵邱墳》者，一名《打金冠》，為薛剛打殺偽太子，夷其三族，逮其兄薛猛於陽河誅之。偽太子者，武氏私幸薛懷義所生，所為驢頭太子者也。徐績閔薛氏之鬼餒而，乃自以其子易薛之子而撫育之。其《觀畫》一出，竟生吞《八義記》。乃《八義》之程嬰，本諸太史公之《晉世家》，嬰乃趙氏家臣，以己子易趙子，見其忠於所事。若績於薛氏，既非故主，亦非深交，而公然以己之子易薛之子，在己大為不仁，於薛亦不足為義，豈非無稽之至者哉！而何苦為之？及細究其故，則妙味無窮，有非《八義記》所能及者。《觀畫》之後，薛氏子去之韓山，起義師，直入長安討武氏。韓山者，邗上也，即徐敬業起兵之事也。今則不曰徐敬業而曰薛交，若曰：以徐績之人，豈得有此忠義之子，能起義兵為國討亂？當日所謂徐敬業，實薛氏子薛交也。是徐績之子也，而非徐績之子也。徐績之人，焉得有此忠義之子！作此戲者，假《八義記》而謬悠之，以嬉笑怒罵於績耳。彼《八義記》者，直抄襲太史公，不且板拙無聊乎？！

《龍鳳閣》慷慨悲歌，此戲當出於明末。《擊宮門》一出，即隱移宮之事也，李娘娘即選侍也；楊波即楊漣，漣之為波，其意最明；徐量即是徐養諒。但故謬為神宗事耳；神宗太后雖亦姓李，其父李偉有賢稱。

陳家谷口之敗，楊無敵與子延玉並死於難，其端由於王侁忌功不救。時督師者潘美。業本欲待時而動，美不能用其謀；及侁遁，美不能禁，美亦沿河而去。業力戰谷口，見無人，乃大呼：「奸臣誤我！」還

戰，遂死。則美之陷業可知，不盡關乎佽也。美，良將也，豈一王佽不能制？！自此敗之後，國威大損。宋之弱，實由於美矣！後太宗以足創甚，召寇準於青州，而壽王之位定；澶州一役，庶洗從前之恥。花部有《兩狼山》劇，演楊業死事，則全歸獄於美。延昭愬枉於朝，召寇準讞定其獄，而潘之害賢，寇之嫉惡，淋漓慷慨，豪髮畢露。若曰：業之死，向令得準斷之，則美之罪當不止於奪官而已。宋之於遼，自潘而弱，自準而振，且恨當時未有忘身殉國、秉道嫉邪如準者！訊之，杖之，大聲指罵之，假鬼神瞞弄之，乃使美得逃其咎也！尤謬悠者，則潘方統重師，朝廷遣官逮之，莫敢動，適王佽怨美殺其兄，乃擒美致檻車，而佽即統其軍。蓋美陷業而委其罪於佽，史如其所委者書爾；而特於楊業口中出「奸臣」二字，美之為奸臣，實以此互見之，有《春秋》之嚴焉！為此戲者，直並將佽洗去，使罪專歸於美，與史筆相表裡焉！佽，音莘，演者或誤為仄聲，非是。

唐張仁龜，本張尚書之庶子，其嫡不容，尚書乃使遠為張處士之子，有手書為據。仁龜稍長，漸知其為尚書子，乃竊據而逃之京師；既登第，仕為官，遂忘處士養育之義。處士以無據，鬱恨而死。已而仁龜出使，自縊於驛亭，相傳為張處士冥訴陰譴之。事載《北夢瑣言》，花部中演為《清風亭》劇，張處士仍姓張，仁龜則謬為薛氏子。其本末略同：處士夫婦以織屝磨豆為生，拾得此子，有血書乞人收養，處士力貧撫育，得存活。至十數歲，適其生母過此，乃竊血書逃去，登第，出使矣！

張自此子出逃，其婦日訴，以思兒得疾，不能復磨豆。張日扶其病婦至清風亭，望此兒歸，蓋年皆七十許矣！久之，愈衰老困苦，行乞而食，暇則仍延頸於清風亭。一日，傳有貴官至，將憩於亭。坊甲灑掃，見二老人，因曰：「吾昨見此官，殊與翁媼之逃子面相似。明日官憩此，翁媼其潛近處。吾驗視誠然，來為翁媼告也！」二老人喜甚。明日，坊甲驗視不錯，乃欣然招二老人。二老人欣然至，入亭視之，良是。往呼兒，其子怒曰：「是何乞兒，妄謬至此！」翁媼乃歷述十數年養育事，仍不動，惟曰：「持據來。」據則已竊去，固無有也。於是二

老人乃蒲伏叩頭曰：「公貴人，我小民豈敢以撫育微勞，冒認父子；但十數年相依，姑作一家僕乳婢，攜我兩人，生食之，死棺之，免餓斃於路，他無敢望矣！」其侍從奴僕感動，跪代為乞。此子曰：「此兩乞丐，得二百錢足矣。」乃以錢二百給之，擲於亭外。嫗讓翁曰：「兒恨爾，爾素督責其讀書過切；我則保持之，雖長，未嘗一日離諸懷也。爾姑退，我獨求之，伊當憐念我。」嫗復入，此子怒詈益甚。嫗大哭，以錢擊其面，觸亭而死。翁見嫗久不返，往視，見嫗死，亦大慟，以首觸地死。此子轉訶斥坊甲勾引，坊甲亦強項不服，此子竟擲驪從去。乃作天雷雨狀，而此坊甲者，冒雨至亭下，見有披髮跪者，乃雷殛死人也。視之，則前之貴官，右手持錢二百，左手持血書，坊甲乃大聲數其罪而責之，此即張處士鬱恨而死、仁龜得陰譴之所演也。鬱恨而死，淋漓演出，改自縊為雷殛，以悚懼觀者，真巨手也。據崑腔劇中，雷殛二事：一為《雙珠》之李克成、張有得，克成以營長謀奸營卒之婦，羅致卒死罪，致其婦以死明節——此事見《輟耕錄》。卒雖因婦死得釋，所賣子亦歸，惟營長未有報，故思得天雷殛之為快耳。然作《雙珠》劇者，營卒妻賣子、投淵之後，既得神救不死，父子夫妻後俱完聚，則李克成固亦天所不必誅也。故《雙珠》之李克成、張有得雖遭雷殛，尚不足以警動觀者。至《西樓》之趙不將，只以口筆之嫌構其父，父禁於叔夜，不許私妓，在趙固洩私忿，而其言非不讜正，以是而遭雷殛，真為枉矣！蓋袁於令與趙鳴陽素隙，心恨之，思得雷殛乃快；《西樓》之趙不將，即指鳴陽也。鳴陽人品學問，豈袁所及？故馮猶龍刪改《西樓》，毅然刪去此折，是也。余憶幼時，隨先子觀村劇，前一日演《雙珠・天打》，觀者視之漠然；明日演《清風亭》，其始無不切齒，既而無不大快。鐃鼓既歇，相視蕭然，罔有戲色；歸而稱說，浹旬未已。彼謂花部不及崑腔者，鄙夫之見也。

王霸之子王英，既邂逅郭後，迎奉於山，後命往市中招集義兵，市中人欣然從之，爭延王將軍酒食。此從王霸遭市人揶揄，反面搬演。英往說姚剛，辭嚴氣直，百挫不撓作人忠義之氣。

《魏氏春秋》云：「夏侯元、何晏名盛於時，司馬景王亦預焉。

晏嘗曰：『惟深也，故能通天下之志，夏侯泰初是也；唯幾也，故能成
天下之務，司馬子元是也；惟神也，不疾而速，不行而至，吾聞其語，
未見其人。』蓋欲以神況諸己也。」子元即司馬師也，師在正始間與泰
初、平叔並稱名士，則其風流元謐可想見矣！今平叔《論語集解》高列
學官，與聖經同不朽；而泰初所為〈樂毅論〉，得王右軍書之，學僮稍
能習字，皆旦夕撫臨，無不知有夏侯泰初者。而子元則花部中大淨為
之，粉墨青紅，縱橫於面，雄冠劍佩，跋扈指斥於天子之前，居然高
洋、爾朱榮一流，所謂「幾能成務」之風，莫之或識矣！《晉書・景帝
紀》稱子元「饒有風采，沈毅多大略」，設令準此，而以生、末為之，
幅巾鶴氅，白面疏髭，誰復信為司馬師乎？！

　　花部中有劇，名《賽琵琶》，余最喜之，為陳世美棄妻事。陳有
父母兒女，入京赴試，登第，贅為郡馬；遂棄其故妻，並不顧其父母。
於是父母死，妻生事死葬，一如《琵琶記》之趙氏；已而挈其兒女入
都，陳不以為妻，並不以為兒女，皆一時豔羨郡馬之貴所致。蓋既為郡
馬，則斷不容有妻有兒女也。妻在都，彈琵琶乞食，即唱其為夫棄之
事，為王丞相所知。適陳生日，王往祝，曰：「有女子善彈琵琶，當呼
來為君壽。」至，則故妻也。陳徬徨，強斥去之，乃與王相訴。王盡退
其禮物，令從人送旅店，與夫人、公子，陰謂其故妻曰：「爾夫不便於
廣眾中認爾，余當於昏夜送爾去，當納也。」果以王相命，其閽人不敢
拒，陳亦念故，乃終以郡主故，仍強不納。妻跪曰：「妾當他去，死生
唯命，兒女則君所生，乞收養之耳。」陳意亦愴然動，再三思之，竟大
罵，使門者擠之出。念妻在非便，即夜遣客往旅店，刺殺妻及兒女。幸
先知之，店主人縱之去，匿於三官堂神廟中。妻乃解衣裙覆其兒女，自
縊求死。三官神救之，且授兵法焉。時西夏用兵，以軍功，妻及兒女皆
得顯秩。王丞相廉知陳遣客殺妻事，甚不平，竟以陳有前妻欺君事劾
之，下諸獄。適妻率兒女以功歸，上以獄事若干件，令決之，陳世美在
焉。妻乃據皋比高坐堂上，陳囚服縲絏至，匍匐堂下，見是其故妻，慚
怍無所容。妻乃數其罪，責讓之，洋洋千餘言。說者謂：《西廂・拷
紅》一出，紅責老夫人為大快，然未有快於《賽琵琶・女審》一出者

也！蓋《西廂》男女猥褻，為大雅所不欲觀；此劇，自〈三官堂〉以上，不啻坐淒風苦雨中，咀茶齧蘖，鬱抑而氣不得申，忽聆此快，真久病頓蘇，奇癢得搔，心融意暢，莫可名言，《琵琶記》無此也！然觀此劇者，須於其極可惡處，看他原有悔心。名優演此，不難摹其薄情，全在摹其追悔。當面詬王相，昏夜謀殺子女，未嘗不自恨失足。計無可出，一時之錯，遂為終身之咎，真是古寺晨鐘，發人深省，高氏《琵琶》未能及也。

《義兒恩》之兒，為其母前夫之子，母攜來為人妾，而思以毒藥謀殺其嫡。值妾兄至，嫡以妾所饋酒肉食之，兄中毒死，妾乃稱嫡殺其兄。為此兒者，誠難自處矣！黨其親母則枉殺嫡，鳴嫡枉則殺其親母，乃自認毒殺其舅。此子真孝子也，故曰義兒。行刑日，與一大盜同縛，盜斬而赦至，其嫡持敝席來收兒屍，見盜首大慟。此本元人《趙頑驢偷馬殘生送》。

《雙富貴》之藍季子，以母苦其嫂，潛代嫂磨麥，又潛入都，為嫂尋兄，行李匱乏，赤身行乞，叫化於街，觀之令人痛哭。

《紫荊樹》之枯死，竟為田三之妻斧斤所致。田大夫士人也，二則胥隸耳。樹死鴉散，終不肯析居，在田二尤難得者矣！

1961

陸定一、康生同志在黨外座談會上的插話

（1961年5月16日）

四月二十三日晚上陸定一、康生同志在黨外座談會上的插話

陸定一：

這幾年很緊張，以後要恢復休假制度。大家分幾年休假一次好？五年還是七年好？休假一年好還是半年好？一年太長，太閒散，半年是否好一些？可以養身體，也可以多讀點書。

現在許多學校需要人去說明，如甘肅缺水，農業很困難。但講學歸講學，休假歸休假；休假是讓大家休息，整理一些東西。

研究生培養，還是要由個人負責。集體是個抽象的東西，集體並不排斥個人。集體只是大家討論討論，還是要個人負責。（周揚：「研究生要挑選。」）

講理論要防止貼標籤，內容未改。

「百花齊放，百家爭鳴」（見報告）

培養目標不要定得過高，也不要過低，這樣可以避免簡單化。有些事情不能怪學生，中央也未搞清楚。

學校要以教學為主，勞動、教學、科學研究要適當安排。黨的領導、思想工作、管理制度未解決。

有事大家商量，不要打手心、打屁股。

康生：

學習有繼續性，不一定下去勞動半年。

師生關係有沒有讀透？我看未讀透，有人以為學生就是兒，因此有話不敢說，有些「不寒而慄」，未這樣談就未談透。

我看對尚鉞的批判有些粗糙，把他個人與黨的關係和學術問題分不開。他是抄蘇聯的，過去說好得很，現在又反過去。還有反對維爾嘯、牛頓的。

如果對人有個印象：多寫文章就倒楣，不寫就好。這也不好。川大有人說反郭老就是反黨，我對郭老也有意見，怎麼辦？不能以為郭老、翦老做結論了。有歪風，必須糾正。劉大杰論陳子昂，就是藉陳子昂向武則天說話，向郭老說話。

人性與階級性討論的，緬甸和捷克大使館都要買我國的古畫，如何解釋？

有人說外語也有階級性，要教中國英語，不教外國英語。

我們有農行主義，有些事確實不知道。雲南大學學生營養不好，但有七萬斤大米。

教材問題。編教材是複雜的事，不能希望一下子就編好。馬長壽先生說「心有餘悸」，是不是敢寫？怕人家抓辮子、扣帽子，也寫不好。要約法三章：一、不扣帽子；二、不抓辮子；三、不打棍子。哪怕某一段可以扣帽子的也不扣帽子，不然就不敢寫。抓住一本書，一輩子不放鬆，誰還敢寫？誇大、聯繫、發展、提高，問題就講不清楚。教材一要積極；二要看到清楚不容易，秀才寫文，三改才成，不要要求太高；三是約法三章。約法三章也可以有閒話。

學生簡單化、絕對化不好，應該教育他們寬一點。文科學生，你可以說曹操好，他可以說不好；你可以喜歡李杜的詩，他可以喜歡李賀，行不行？《水滸傳》裡的人物也有缺點。有人說《紅樓夢》受《金瓶梅》的影響，不要聽了就要鬥爭他。梁山伯、祝英台的故事，我看也有不合理的地方，三載同床，不知是男是女，這不可能嘛！山東有一個

地方戲，就處理得比較好。講陶詩，也要教〈閒情賦〉。講李清照，應該教〈聲聲慢〉，也應該把她的〈上胡尚書詩〉講一講。高級黨校講歷史，請郭老，也請范文瀾；教詩歌，可以請何其芳，也可以請張光年。何其芳的態度不好，但意見還是對的。使學生的眼界寬一點，不要以為李杜之外就沒有詩人了。有的是真正的詩人，有的是無病呻吟。每個戲找社會主義，每篇文章找人民性；其實，連人民性是什麼也搞不清楚。

華東局宣傳部寄來

1964

康生同志在高等、中等學校政治課
座談會上的講話

（紀錄稿）
一九六四年五月三十日下午

今天談談反修內部刊物的問題。我看應該有三不怕的精神：第一不怕校，第二不怕低，第三不怕錯。因為它是內部未定稿，第一叫內部，第二叫未定，第三叫稿嘛！我看了會議簡報，各地方都搞得不錯。凡是沒有大錯誤的就可登，允許有些錯誤。只要：第一，沒有大的修正主義錯誤；第二，不誇誇其談，沒有內容；第三，不是抄襲來的，而是持之有故、言之有理就行了。各地準備在七一或十一，甚至過年出版，時間問題不大，問題是不能高指標。九評的水準高，不是我們的水準高，沒有主席、常委的領導，水準是搞不出來的。聽說大家的要求太高，都以一到八評蘇共中央公開信的文章為標準，要求高，要求大，想不鳴則已，一鳴驚人。還有怕犯錯誤，怕沾上修正主義的味道，那就不得了。這幾點要打破才行。我到廣東去也談到這個問題。總的看來，各地對辦內部刊物都很積極負責，態度很嚴肅，要求高、深。有這樣一個要求也是好的，並想了些辦法，調了些人，各地都抓得很緊。無論從當前形勢、各省的情況以及中宣部出的第一期《內部未定稿》來看，反修內部刊物是大有可為的。

從形勢來看：去年六月十四日至今快一年了，一年中國際共產主義運動中馬克思主義的水準在反修鬥爭中得到了很大的提高；不僅表現在我們的黨，各國左派共產黨的水準也大大提高了。例如阿爾巴尼亞、朝鮮、越南、印尼、日本的反修文章水準都很高，最近日共發表的駁斥志

賀義雄的文章就很好，其他如格里巴、希爾等同志的文章也很好。這又一次證明了馬克思主義要在和機會主義、修正主義做鬥爭中才能發展，不僅我們有了經驗，各兄弟黨也有了經驗，反過來我們要向他們學習。日本反對肯尼迪的那篇文章是學的我們的方法，他們寫了好文章，我們要向他們學習。去年十月我們向日共同志介紹了我們文章的生產過程，每一篇文章都要有八道工序。

（一）主席、常委原則、方針的指示。各地不可能模仿，就因為這一條各地辦不到。

（二）根據指示的方針，有十一人小組設計文章的藍圖。

（三）由一個小組，其中一人執筆，二三人協助，起個草稿。

（四）把草稿拿到十一人小組去討論，不是討論問題、詞句，是看文章的架子行不行。有時，文章設計的藍圖不行，又回到第二道工序。

（五）根據第二次設計的藍圖，小組再起草。

（六）起草後再拿到十一人小組討論。包括文章的段落、詞句。如果認為基本上可以的話，就進入第七道工序。

（七）送中央書記處審查，也許可以過關，也許重來。

（八）送主席審查。也許大致可以了，也許不成功。

其中每一道工序都反覆好幾次，所以有的稿子反覆了三十六次。我介紹這些是為了說明中央的文章水準高一些，不是哪個寫文章的本事大，而是從主席那裡出發，再回到主席那裡，我們只是做了些技術工作而已。我們向日本同志介紹後，他們很感興趣，所以他們的反對肯尼迪的文章就是用這個辦法寫的，在去年十二月初發表了。他們的做法比較細緻，這和他們與帝國主義做面對面的鬥爭有關。

去年七月中蘇會談後，我們就請示中央擴大反修鬥爭的戰線，不但釣魚臺要搞，各省、市委也搞。

另一方面，各種形勢也大大發展了。那時還不大自由，有這樣那樣的顧慮，而現在他們什麼都罵我們，我們就全解放了，寫文章可更放手了。鬥爭發展了，寫文章更可敞開講，像阿爾巴尼亞就什麼都可以揭

露，說赫想把斯大林殺掉。這是米高揚講的，也揭露出來了。我們逐漸地也可以這樣，例如我們講托洛茨基大有其人，就是指赫魯曉夫，這是米高揚告訴我們的。

再一方面，實踐證明，自發指示以來，地方上也已有了半年的準備工作。

我很欣賞刊物的名稱叫做《內部未定稿》。

我看條件現在是比較成熟了，能夠做好這項工作。所謂做好，第一是看是否練了兵，第二是看隊伍是否組織起來，第三是看戰線是否擴大了。

練兵有三方面好處：第一個好處是推動大家來搜集、研究、分析並掌握材料。有些同志提出材料不夠，我的看法是材料又多又少。材料並不少，修正主義寫的文章來不及看，問題是缺乏分析研究與掌握材料。如八評中每一篇文章公開的正、反面材料就有八九十萬字，但我們缺乏蘇聯社會經濟、軍事、工農業等方面的材料，這方面缺乏系統研究，要進一步深入研究這個問題。例如使館調查中有這樣一個材料，蘇聯的高薪階層的人數占總人數的百分之二，最高工資和最低工資相差一二百倍。我們在寫九評時就遇到了這個困難，要論證他們是假共產，是向資本主義退化，但具體材料感到不夠，所以大家反映材料不夠。一方面地方上有困難，另方面是沒有鑽進去之故。通過練兵還可有目的地讀些書，為了寫文章深感需要讀書。據我的經驗，讀書有兩種：一種是讀而備用，另一種是為用而讀。例如你要駁斥蘇斯洛夫報告中對列寧話的歪曲，就要將列寧的全文拿出來看，看它是否歪曲，看它如何斬頭、去尾、剖腹的。這樣讀書就比較深刻了。讀而備用需要，為用而學可以更深刻地領會馬、恩、列、斯和主席的著作。我們現在有些同志寫文章是紙老虎，既無基礎（即缺乏調查研究）又無上層建築（即缺少馬克思主義理論）。時間慢一些沒有關係，但要使練兵有的放矢，像林彪同志講的要活學活用。練兵的再一個好處是學會寫文章。讀了很多書的、能教書的，不一定就能寫好文章，相反，會寫文章的不一定會教書，因為這兩者不完全是一回事。教書的往往是要把許多概念概括起來，寫文章的

卻往往是從一個具體問題出發加以發揮。當然又能教書又能寫文章那是最好的了。這裡亦有技術，而這方面還是個薄弱環節。這是做好這項工作的首要問題。

關於組織隊伍問題：要從練兵中慢慢形成隊伍。即使釣魚臺那支小隊伍，現在是否可說已行了？恐怕也還不行。這支隊伍從五九年多開始編毛選以來快五年了。因此看來，隊伍形成要有一段時間。各大區如何在鬥爭中組成隊伍也是一個重要問題。

關於擴大戰線問題：就是要把反修鬥爭深入到各個方面，深入到哲學、政治經濟、理論等各方面去。

關於文章選題問題：有些地方擬了一些題目，這很好。題目亦要大、中、小結合，題目有的時候由我們出，有的時候則要由赫魯曉夫來出。我和林楓同志說，黨校畢業考試的題目就可要大家駁斥某一篇修正主義的文章，看看馬列主義能不能運用。採取這樣一種考試方法，林楓同志很贊成。這樣就可不突然襲擊，像押寶、丟排球一樣。這樣做，內部刊物就有文章了。聯絡部各司包幹，這樣文章可更具體，戰鬥力強，有用處。我在廣東時還和吳芝圃同志說，可以由幾個地方分工駁斥蘇斯洛夫報告的某一部分，因為它的文章又臭又長嘛！可出些小題目，例如「向冤鬼借的共產主義」、「土豆燒牛肉的共產主義」等。

文體要多樣化，可以有理論性的，政論性的，亦可寫短評或材料性的文章，雜文短篇、好的詩歌，都可以，給人欣賞，把眼界搞寬些。這樣可以有更多的人參加練兵。

總之，第一條不能以八評為標準，第二不能都重複這個題目。那麼是否一定大文章才好呢？我看不一定。西民同志建議文章以大、中、小結合，以中、小為主。中央出的《內部未定稿》第一期就是大、中、小的結合的。文章的水準是從低到高逐漸發展。我再重複一遍，要三不怕。現在回頭來看前面的八篇文章就低於八評的水準了。不要怕錯，這點各大區同志要和寫文章的同志講清楚，有錯可改。我們腦子裡時時刻刻想到是練兵的。第一是三不怕，第二就是敢想、敢寫、敢動。不要那麼多清規戒律，當然不是說有文必登。

關於組織力量問題：各地一般採取內外結合、專職與不專職結合的方法，這很好。把人集中起來寫文章有好處，但也有壞處，值得研究，也許分散會多寫出文章來。如果集中的話就要加強領導，深入基層是非常重要的。主席這次讚揚周揚同志決心下去。現在是外國人看我們是中國人，而中國人看我們是外國人。我們對中國情況不瞭解，這是不行的。集中一批人寫文章，要有帶兵的，全都是不專職的也有困難。總之，現在各省積極性很大，如果不要求太高的話可以把刊物搞起來，這樣就可以慢慢地把文章寫出來；文風不是一個格式，不至於顯得單調。

血歷史233　PC1077

新銳文創 文革前的康生
INDEPENDENT & UNIQUE

主　　編　　孫超、周言
責任編輯　　尹懷君、楊岱晴
圖文排版　　蔡忠翰
封面設計　　吳咏潔

出版策劃　　新銳文創
發 行 人　　宋政坤
法律顧問　　毛國樑　律師
製作發行　　秀威資訊科技股份有限公司
　　　　　　114 台北市內湖區瑞光路76巷65號1樓
　　　　　　電話：+886-2-2796-3638　傳真：+886-2-2796-1377
　　　　　　服務信箱：service@showwe.com.tw
　　　　　　http://www.showwe.com.tw
郵政劃撥　　19563868　戶名：秀威資訊科技股份有限公司
展售門市　　國家書店【松江門市】
　　　　　　104 台北市中山區松江路209號1樓
　　　　　　電話：+886-2-2518-0207　傳真：+886-2-2518-0778
網路訂購　　秀威網路書店：https://store.showwe.tw
　　　　　　國家網路書店：https://www.govbooks.com.tw

出版日期　　2022年10月　BOD一版
定　　價　　480元

讀者回函卡

國家圖書館出版品預行編目

文革前的康生 / 孫超, 周言主編. -- 一版. -- 臺北
市 : 新鋭文創, 2022.10
　　面；　公分. -- (血歷史；233)
BOD版
ISBN 978-626-7128-52-7(平裝)

1.CST: 康生 2.CST: 傳記 3.CST: 文化大革命
4.CST: 史料

782.887　　　　　　　　　　　111014613